我国政府职能转变及对行政审批制度改革探究

侯晓艳　著

中国商务出版社
CCTP
CHINA COMMERCE AND TRADE PRESS

图书在版编目(CIP)数据

我国政府职能转变及对行政审批制度改革探究/侯晓艳著. --北京:中国商务出版社,2019.12

ISBN 978-7-5103-3213-5

Ⅰ.①我… Ⅱ.①侯… Ⅲ.①政府职能－职能转变－研究－中国②行政管理－政治体制改革－研究－中国 Ⅳ.①D63

中国版本图书馆 CIP 数据核字(2019)第 282449 号

我国政府职能转变及对行政审批制度改革探究
WOGUO ZHENGFU ZHINENG ZHUANBIAN JI DUI XINGZHENG SHENPI ZHIDU GAIGE TANJIU
侯晓艳　著

出　　版:中国商务出版社有限公司
地　　址:北京市东城区安定门外大街东后巷 28 号　　**邮　　编**:100710
责任部门:职业教育事业部(010-64218072　295402859@qq.com)
责任编辑:魏　红

总 发 行:中国商务出版社发行部(010-64208388　64515150)
网　　址:http://www.cctpress.com
邮　　箱:cctp@cctpress.com

排　　版:北京亚吉飞数码科技有限公司
印　　刷:北京亚吉飞数码科技有限公司
开　　本:787 毫米×1092 毫米　1/16
印　　张:18.25　　**字　　数**:237 千字
版　　次:2021 年 1 月第 1 版　　**印　　次**:2021 年 1 月第 1 次印刷
书　　号:ISBN 978-7-5103-3213-5
定　　价:80.00 元

凡所购本版图书有印装质量问题,请与本社总编室联系。(电话:010-64212247)

前　言

政府职能是社会生产力发展、生产方式改变以及在此基础上社会生活方式改变综合作用下的产物，政府职能是研究政府问题的逻辑起点。政府职能的内容、结构与形式在不同的历史情境下有着不同的表现，对政府职能的界定要根据具体的社会实际来分析，政府职能决定着政府活动的方向、范围。随着我国社会的不断发展与变迁，我国政府的职能也应做出相应的调整、改变，研究政府职能的转变有着重要的价值。党的十八大报告明确提出，推进行政体制改革的核心在于政府职能转变。

第一次提出转变政府职能是在党的十二届四中全会上。党的十三大明确表明，转变政府职能是进行行政管理体制改革的关键。党的十四大报告提出，要加快转变政府职能，根本途径是推进政企分开。十五大报告指出，转变政府职能，必须遵循社会主义市场经济的诉求。党的十六大以来，政府在继续加快经济管理职能转变的同时，更加强调政府职能的全面履行。2008 年，《关于深化行政管理体制改革的意见》（以下简称《意见》）在十七届二中全会上通过，该《意见》强调，行政管理体制改革的深化必须要以政府职能转变为核心，只有通过改革，加快政府职能转变，才能全面正确地履行政府职能，才能实现政府职能向创造良好发展环境、提供优质公共服务、维护社会公平正义的根本转变。十八大对政府职能转变又提出了更为明确的要求，即在推进政企分开、政资分开、政事分开和政社分开的基础上，建设职能更科学、结构更优化、廉洁且高效、人民都满意的服务型政府。十八届三中全会对政府职能转变提出新的要求，要深化行政审批制度改革，通过创新政府行政管理方式来增强政府的公信力和执行力，从而建设法治政府和服务型政府。十八届五中全会更提出要进一步转变政府职能，必须深化行政管理体制改革，持续地推进简政放权，通过放管结合和优化服务，提高政府效能，从而激发市场的活力和社会的创造力。可见，从提出政府职能转变的要求至今，“职能转变”这一话题一直就是行政管理体制改革重要的主题之一。

行政审批作为实现政府职能的一种手段，自然也需要不断调整以适应政府职能的转变。深化行政审批制度改革，加快政府职能转变是党的十八大的重要部署。新一届政府上台后，党的十八大对政府职能转变又提出了更为明确的要求，把持续地简政放权作为加快推动政府职能转变的“当头炮”，把深化行政审批制度改革作为转变政府职能、激发市场、创造活力的切入点，并成为中国行政体制改革的主抓手。

自改革开放以来，我国经历了计划经济体制向市场经济体制的转变。在计划经济条件下，我国的行政审批制度是以命令与计划为手段的，政府的职能也体现为管制型政府。随着我国社会主义市场经济的不断建立、发展与完善，行政审批制度中的问题日益凸显出来，甚至有的在一定程度上阻碍了生产力的发展。所以，对行政审批制度进行改革显得尤为迫切。对此，从行政审批制度改革角度来透视政府职能转变是可行且有意义的。在此背景下，笔者策划并撰写了《我国政府职能转变及对行政审批制度改革探究》一书，以期推动我国政府职能转变、行政审批制度改革方面的研究与实践。

本书共有九章。第一章是政府职能相关的基础知识，包括政府职能的基本内涵、政府职能转变的历程与必要性。第二章重点研究了政府职能转变的理论基础及国外政府职能理论和模式借鉴。第三章至第七章分别具体探讨了推进政府机构改革、加强电子政务建设、构建服务型政府、构建法治政府、构建廉洁政府的相关内容。第八章视角转向行政审批制度改革，先介绍了行政审批的基本内容，说明了行政审批制度改革的重要意义，然后总结了当前我国行政审批制度改革中存在的困难。第九章分别探讨了以简政放权为核心、以规范管理为核心以及以优化服务为核心的行政审批改革。

本书既有理论研究，又紧贴工作实践，重点研究了我国政府职能转变中的关键内容，包括推进政府机构改革，加强电子政务建设，构建服务型政府、法治政府以及廉洁政府；同时探讨了行政审批制度改革相关问题，提出了推进以“放”“管”“服”为核心的行政审批制度改革。本书理论与实践相统一，相信对于推进我国政府职能转变与行政审批制度改革具有重要的意义。当然，无论是转变政府职能，还是对行政审批制度进行改革，都是十分艰巨的任务，还需要进一步的探索、研究。

在写作过程中，本书参考了很多与政府职能转变、行政审批制度改革有关的书籍与资料，同时借鉴了诸多专家、学者的观点，在此谨表示最诚挚的谢意，并将相关参考文献列于书后，如有遗漏，敬请谅解。

由于作者水平有限，书中疏漏之处在所难免，恳请广大读者批评指正。

作　者

2019 年 3 月

目　录

第一章　政府职能

政府职能是政府存在和运行的基础，是行政管理活动的逻辑起点，决定行政管理活动的内容、方向，反映了政府在国家和社会生活中的角色和定位，决定行政组织设置和规模以及行政权力的行使。在社会主义经济体制改革进入深水区，要求作为政治上层建筑的政府对其进行重新认识和定位，并予以相应的调整。党的十八大报告提出，行政体制改革是推动上层建筑适应经济基础的必然要求。要按照建立中国特色社会主义行政体制目标，深入推进政企分开、政资分开、政事分开、政社分开，建设职能科学、结构优化、廉洁高效、人民满意的服务型政府。以习近平总书记为核心的党中央按照十八大的要求，继续深入推进行政体制改革。在这个过程中，政府职能转变显然是行政体制改革的核心内容，本质是解决政府应该做的事和不应该做的事，重点是调节政府、市场、社会的关系，澄清三方的责任和任务。在 2013 年十二届人大一次会议期间，李克强总理表示这次国家机构改革方案核心是转变政府职能，也是简政放权。如果说机构改革是政府内部权力的优化配置，那么转变职能则是厘清和理顺政府与市场、社会之间的关系。政府管好它应该管的事。市场能办的，多放给市场。社会可以做好的，就交给社会。十八届三中全会对政府职能转变提出新的要求，要深化行政审批制度改革，通过创新政府行政管理方式来增强政府的公信力和执行力，从而建设法治政府和服务型政府。十八届五中更是提出，要进一步转变政府职能，必须深化行政管理体制改革，持续地推进简政放权，通过放管结合和优化服务，提高政府效能，从而激发市场的活力和社会的创造力。可见，“职能转变”一直就是行政管理体制改革重要的主题之一。

第一节　政府职能的基本内涵

在政府行为中，有一项核心内容，那就是政府职能。关于政府职能的内涵，学术界对其保持着多种认识，没有给出明确的界定。学者金太军认为，政府职能是政府作为国家行政机关，依法在国家的政治、经济以及其他社会事务的管理中所应履行的职责及其所应起的作用。张国庆认为，行政职能是狭义的政府即国家行政机关承担的国家职能，是相关政治权力主体按照一定的规则，经过一定的过程，通过多种表达形成实现彼此价值观念和利益关系的契合，从而赋予国家行政机关在广泛的国家政治生活、社会生活过程的各种任务的总称，是国家行政机关因其国家公共行政权力主体的地位而产生，并由宪法和法律加以明示规定的国家行政机关各种职责的总称。乔耀章认为，政府职能是政府根据社会发展需要而应履行的职责及其所应起的作用与能力。许文惠认为，政府职能简单地说就是一个社会的行政体系在整个社会系统中所扮演的角色和所发挥的作用。夏书章认为，行政职能是指行政机关在管理活动中的基本职能和功能作用，主要涉及政府管什么、怎么管、发挥什么作用的问题。沈亚平认为，政府职能是以国家行政机关为主的公共组织在一定历史时期内，依法对政治、经济、文化、社会诸领域的公共事物进行组织与管理过程中所承担的职责和发挥的作用。政府职能表现为职责和作用的统一。职责是工作或任务的性质与界限，作用是影响的大小和限度。行政职能实际上就是管理什么及其程度的问题，对于“如何管”的问题不在行政职能的范畴中，应将其排除在外。综合不同学者的认识，对于政府职能是否包含“怎么管”的问题存在不同的认识。有些学者认为“管什么”和“怎么管理”都是政府职能所包含的内容；而有些学者认为“管什么”解决的是行政职能确定的问题，“如何管”解决的是政府职能实现的问题，不能将二者混淆。

在本书中，政府职能是指政府在国家和社会中对整个社会在政治、经济、文化、社会等生活领域方面所进行的管理，并且由于管理的需要而所应该承担的职责以及具有的功能。它主要反映的是政府在国家和社会公共事务中所扮演的角色和政府“需要做什么、不需要做什么、能够做什么、应该怎么做”等重大理论问题和现实问题，也反映着公共行政的基本内容与活动方向。关于行政职能，可以从以下几个方面加以理解。

一、政府职能的主体主要是国家行政机关

行政管理学将政府职能的主体定位于政府、行政机关，当然行政职能的主体还包括经法律法规授权和政府委托行政权力、履行行政职能的组织。行政主体是一个标准的法律概念。近年来，行政主体理论受到大家的广泛讨论，其中不乏质疑的声音，但是主流观点仍然将行政主体作为政府职能的主体，置于行政组织法的核心位置。在行政法学的意义上，行政主体应当包括三个要素。第一，行政主体是一种组织，而不是个人。这种组织包括行政机关和法律、法规授权的组织。第二，行政主体是指依法拥有行政职权并以自己的名义行使行政职权的组织。是否拥有行政职权是界定行政主体的重要标准。第三，行政主体是指能够承担自己行为所产生的法律责任的组织。这主要表现为能以自己名义参加行政诉讼并能成为行政诉讼的被告。

二、政府职能的来源

职权法定原则指出，政府职能来源于法律设定和有权机关授权，这也明确了政府职能的以下两个来源。第一，法律的设定。这是指根据宪法和组织法的规定，在创设政府时，直接赋予政府的职能。例如，《宪法》第 89 条规定国务院行使的 18 条职权。其中，前 17 项职权就是宪法在创设国务院时明确赋予国务院的行政职权。第二，法律的授权。这是指有权机关根据法定权限和法定程序，明确授予政府的职能。例如，《个人所得税法》第 12 条规定，“对储蓄存款利息所得开征、减征、停征个人所得税及其具体

办法,由国务院规定”。这是典型的由立法机关通过立法程序授予国务院的行政职能。

三、政府职能的核心内容

政府职能的核心内容是公共服务和公共产品。

(一)公共服务

公共服务是服务型政府建设中政府的一项基本职责。据李军鹏教授考证,1912 年,法国公法学派代表莱昂·狄骥(Leon Dugui)首次提出“公共服务”概念。狄骥认为,任何因其与社会团结的实现与促进不可分割而必须由政府来加以规范和控制的活动,就是一项公共服务,只要它具有除非通过政府干预否则便不能得到保障的特征。

(二)公共产品

公共产品是指供全体社会成员共同使用和消费的物品。公共物品的显著特征就在于它的不可分性和非排他性。不可分性意味着一个灯塔可以由许多人使用,非排他性意味着排除服务的潜在使用者相对来说要付出很大的代价,并且是无效的。

(三)公共服务与公共产品的关系

围绕公共服务与公共产品的关系,学术界大致有两种观点。

1. 公共服务是公共产品的一个子集

国务院在 2012 年发布的《国家基本公共服务体系“十二五”规划》(以下简称《“十二五”规划》)中指出:“把基本公共服务制度作为公共产品向全民提供,是我国公共服务发展从理念到体制的创新。”不仅如此,《“十二五”规划》还对公共服务的范围进行了列举,如图 1-1 所示。

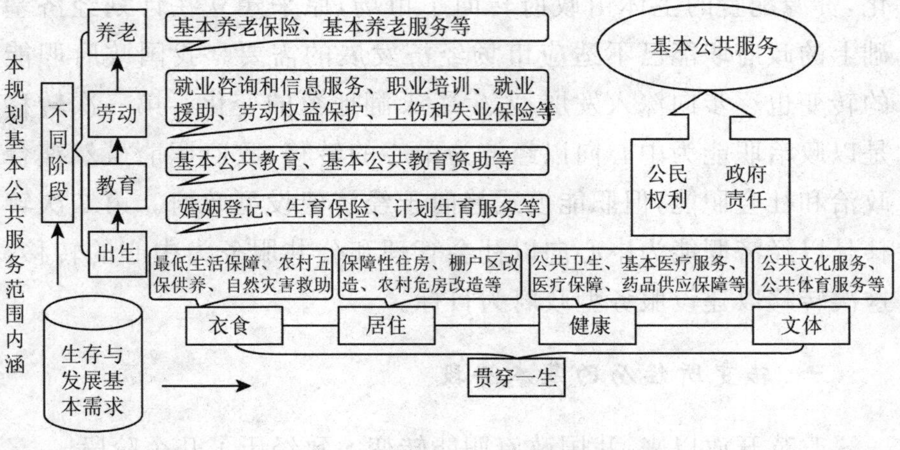

图 1-1 《"十二五"规划》规定的基本公共服务范围

2. 公共产品是公共服务的一个子集

当我们只把公共产品生产作为公共服务提供整个过程中的一个重要环节,或者将公共产品作为公共服务实现或公共利益兑现的载体时,公共产品就可以作为公共服务的一个重要子集或者必不可少的组成部分。

在学术上对公共服务和公共产品进行区分有一定的意义,并且这种意义大于在现实生活中对公共服务和公共产品的区分。

公共服务的内容就是公共产品,公共产品首先依赖于公共服务。公共服务就是指政府及其公共部门运用公共权力,通过多种机制和方式的灵活运用,以提供各种物质形态或非物质形态的公共物品为载体,以维护与促进公平为宗旨,以发展和维护公共利益为目标的公共行为的总称。

第二节 政府职能转变的历程

中华人民共和国成立以后,政府的职能形态进行了两次转移,两次政府职能转变都发生在改革开放之后,所以政府职能转变的提法应当是改革开放之后才有的。1978 年党的十一届三中全会的召开,拉开了我国改革开放的帷幕。随着改革的不断深化,资源配置的主体由政府转向了市场,原来建立在计划经济基础上的政府职能已不适应市场经济发展的需要。我国政府职能的转变也逐步向深入发展,发生了天翻地覆的变化。第一次转移是以政治职能为中心向以经济为中心的转移,政府职能虽然整合政治和社会职能,但职能模式趋向于经济建设型政府。第二次转移是以经济职能为中心向以社会管理和公共服务为中心的转移,这次转移以建设服务型政府为目标。

一、转变所经历的基本阶段

改革开放以来,我国政府职能转变大致经历了几个阶段。

(一)叩问开始的阶段

1980 年,邓小平发表题为《党和国家领导制度的改革》的讲话,这是该阶段开始的标志,直到 1987 年结束。邓小平的这篇讲话首次对我国原有体制进行全面分析,提出了我国原有体制的两个主要弊端。

1. 权力过分集中

邓小平在这篇讲话中分析了权力过分集中现象、家长制现象、干部领导职务终身制现象等。他的这一番分析引起了人们的深深思考,大大冲击了人们的传统观念。人们不禁思考我们国家在政府职能设计上的问题及其产生的原因,并对于一个社会主义国家的政府应该承担的责任有了一些反思。所有这些思考成为我国政府职能改革的推动力量。但由于这些问题涉及我们制度的根本问题,比较复杂,因此这只是一个开始思考的阶段。

2. 官僚主义

在我们党和国家政治生活中,广泛存在着一些特权现象,特别是官僚主义现象。究其原因,主要是人们的观念始终认为社会主义制度和计划管理制度必须对经济、政治、文化、社会都实行中央高度集权的管理体制，这个观念很难改变。另外一个次要原因就是和历史上的官僚主义有共同点。一些事情只要有一定的规章，放在企业、事业、社会单位，让他们真正按民主集中制自行处理，本来可以很好办。但是，我们的各级领导机关都管了很多不该管、管不好、管不了的事，本来可以很好办的事拿到党政领导机关、拿到中央部门来，统统都很难办。

(二)缩小政府职能的阶段

该阶段是从1987年到1992年。在邓小平的题为《党和国家领导制度的改革》的讲话的号召下，我国开启了党和国家领导制度改革的进程。然而，这个问题非常复杂，往往是放了收、收了放，往复无常，所以在政府职能的改革上还没有取得实质性效果。在经过了几年的摸索之后，直到1987年中国共产党召开第十三次全国代表大会，明确提出政府机构改革要以转变政府职能为核心，上述情况有了实质性的改变。这可以说是对前几年改革的一个集中总结。

要按照邓小平同志1980年在中央政治局扩大会议上所做的《党和国家领导制度的改革》的要求，开展以党政分开、下放权力为标志的政治体制改革和机构改革，必须抓住转变职能这个关键。当时，邓小平同志曾提出了“小政府、大社会”的改革口号。

党的十三大虽然还没有完全突破计划经济体制，但还是提出了“有计划的商品经济”概念，并提出深化改革的任务是围绕转变企业经营机制这个中心环节，分阶段地进行计划、投资、物资、财政、金融、外贸等方面体制的配套改革，逐步建立起有计划商品经济新体制的基本框架。

改革的内容包括按照经济体制改革和政企分开的要求，合并裁减专业管理部门和综合部门内部的专业机构，使政府对企业由直接管理为主转变为间接管理为主；从机构配置的科学性和整体性出发，适当加强决策咨询和调节、监督、审计、信息部门，转变综合部门的工作方式，提高政府对宏观经济活动的调节控制能力；

贯彻精简、统一、效能原则，清理整顿所有行政性公司和近几年升格的机构，撤销因人设事的机构，裁减人浮于事部门的人员。这些举措无疑在缩小政府职能上取得了实质性成果。

（三）按市场调整政府职能的阶段

这一阶段以1992年邓小平视察南方谈话，确立社会主义市场经济道路为起点，提出要解决"越位、缺位、错位"问题，而不再是一味地缩小政府职能，一直到2004年。

在南方谈话中，邓小平首先从解放生产力出发提出改革是解放生产力。所以，社会主义基本制度确立以后，要从根本上改变束缚生产力发展的经济体制，建立起朝气蓬勃的社会主义经济体制，促进生产力的发展。解放生产力的唯一途径就是走社会主义市场经济之路。

人们普遍认为，搞市场经济就是走资本主义道路。对此，邓小平的讲话打消了人们长期以来存在于心中的顾虑。他指出，计划经济和市场经济并不单独属于哪一种社会制度，资本主义也有计划，社会主义也有市场，计划多一点还是市场多一点，不是社会主义与资本主义的本质区别。中国发展的社会主义市场经济道路问题从此就消失了，而中国的改革也从此进入了一个新阶段。

以社会主义市场经济为目标，就需要明白市场所要承担的责任的问题，而且要在搞清楚这个问题之后，再解决政府职能的配置。市场的发展还会带来许多原来没有的问题，更需要政府来协调和处理。由此引发了政府职能的"正位"问题，不能只是一味缩小就可以，越位的要退位，错位的要正位，缺位的要补位。这就是要解决市场与政府各管什么的分工问题。

（四）审问政府职能性质的阶段

该阶段是从2004年至十八大召开，中央正式确定了服务型政府的改革目标，用"服务"要求来配置职能。我国领导人正式采用服务型政府的提法是2004年，是时任国务院总理的温家宝首次提出的。2005 年十届全国人大三次会议把“建设服务型政府”写进了《政府工作报告》。2006 年，中国共产党第十六届六中全会的决议《中共中央关于构建社会主义和谐社会若干重大问题的决定》，强调“建设服务型政府”。2007 年，中国共产党第十七次全国代表大会的政治报告，又重申了“建设服务型政府”的要求。2008 年党的十七届二中全会，除了坚持服务型政府的建设外，还进一步明确提出了“中国特色社会主义行政管理体制”的概念。这里明确认定了政府职能的社会主义性质。

“建设服务型政府”已作为全党全国的改革目标被确立起来。服务又是社会主义国家政府的本质特征，服务必须放在社会主义制度大背景下来考虑才能更好把握。因此，这一阶段的政府职能改革强化了其政治属性，主要是从“社会主义国家政府职能”角度来考虑的。党的十八大之后的改革也没有放松对这种社会主义性质的把握。

二、职能转变重点——经济职能

在传统计划经济体制下，政府直接掌握了企业的所有权和经营权。政府实际承担着三种不同性质的管理职能：一是政府部门直接从事企业生产、销售等具体事务，承担着企业生产经营者的职能；二是政府作为国有企业的所有者，承担着任命企业领导人、决定重大投资和利润分配政策等所有者的职能；三是政府作为全社会经济活动的管理者，又要对各种所有制、各种经济成分进行管理，平衡利益冲突，承担着一般社会经济管理者的职能。

企业作为经济细胞缺乏应有的自主性和自我发展的能力，完全成了政府附属物。政府与企业在职能上发生了严重的错位，不可避免地带来管理的混乱，压抑了企业的生机与活力，影响了社会生产力的发展。

针对传统体制的弊端，转变政府经济管理职能，扩大企业自主权，使企业成为自主经营、自负盈亏的经济实体，能够独立自主地在市场经济中运作，成为我国政府经济职能转变的主要内容。

围绕这一主要内容，在经济职能转变方面大致做了以下努力。

(一)调整政府与企业的利益分配关系

党的十一届三中全会召开到1984年，我国转变政府经济职能主要围绕“扩大企业自主权，调整国家与企业之间的利益分配关系”进行，中央工作会议认为我国现行经济管理体制集中过多，计划搞得过死。

这一阶段在处理政府与企业的关系上主要强调政府对于不同企业的经营活动，要给予不同程度的决策权，改变单纯依靠行政手段管理经济的做法，把经济手段与行政手段结合起来。但是，由于在指导思想上，我们仍然坚持“以计划经济为主”，仍然把企业的全民所有看成国家直接经营、管理企业，因此在如何扩大企业自主权上，未能够取得突破性的进展，政府经济职能转变也仅局限于调整政府与企业的利益分配关系上，深层次的改革问题没有涉及，具体采取的措施包括以下几个方面。

(1)1979年5月，国家经委、财政部等6个部门在北京、天津、上海首选了8家企业，进行了扩大自主权的试点。到1980年年底，试点企业扩大到6600个。

(2)1980年12月，中央工作会议又决定在扩权试点的基础上，对企业实行利润包干的经济责任制，这是在国家计划指导下，以提高社会经济效益为目的，实行责、权、利紧密结合的生产经营管理制度。到1981年，全国实行经济责任制的工业企业达到4200多个。

(3)1983年4月，国务院批准了财政部《关于国营企业利改税试行办法》的通知，通知规定了国营企业实行第一步利改税的办法。“以税代利”是改革国家与国有企业分配关系的一种方式，它有利于割断企业与其政府主管部门的利益联系，消除政府部门对企业不必要的行政干预，使企业从“条条”“块块”的束缚下解脱出来。在对国家与企业间的分配方式进行“以税代利”改革的同时，政府还以法规的形式确定了企业拥有的经营自主权。1983年4

月，国务院颁布的《国营工业企业暂行条例》明确规定："企业对国家规定由它经营管理的国家财产依法行使占有、使用和处分的权利。"

（二）分开企业的所有权与经营权

党的十二届三中全会认为，根据马克思主义理论和社会主义的实践，所有权和经营权是可以适当分开的，过去国家把全民所有同国家机构直接经营企业相混淆，对企业管得太多太死。

党的十二届三中全会提出了商品经济是社会经济发展不可逾越的阶段，我国社会主义经济是有计划商品经济的观点。党的十二届三中全会召开之后，政府经济职能的转变主要是遵循"有计划商品经济"的思路，尝试将企业的所有权与经营权适当分开。

党的十二届三中全会通过的《中共中央关于经济体制改革的决定》中明确规定了新时期政府经济管理的主要职能，具体如下。

第一，部署重点工程特别是能源、交通和原材料工业的建设。

第二，制定资源开发、技术改造和智力开发的方案。

第三，管理对经济技术的交流和合作。

第四，制定经济和社会发展的战略、计划、方针和政策。

第五，协调地区、部门、企业之间发展计划和经济关系。

第六，汇集和传播经济信息，掌握和运用经济调节手段制定并监督执行经济法规，按规定的范围任免干部。

至此，我国政府职能转变有较大的突破，提出了企业"两权分离"的改革原则，并试图以此促进政企职责分开和国有企业向市场主体的转变。这就把政府对企业的管理由过去微观管理转移到宏观管理上来。

《中共中央关于经济体制改革的决定》进一步对政府职能转变提出具体要求："今后各级政府部门原则上不再直接经营管理企业。至于少数由国家赋予直接经营管理企业责任的政府经济部门，也必须按照简政放权的精神，正确处理同所属企业的关系，以增强企业和基层自主经营的活动。"

政府合并裁减了一些专业管理部门和综合部门内部的专业机构,减少对企业的直接管理,加强了决策咨询和宏观调控机构的建设。经过以上改革,我国国有企业以往那种作为政府机构行政附属物的地位开始发生根本性变化。

政府和企业之间逐步建立了以承包经营责任制为主体的“两权分离”的相互关系,政府与企业签订承包经营合同,实行“包死基数,保证上交,超收多留,欠收自补”政策,实际上是负盈不负亏,而且企业为了多留利,就拼设备、吃老本、做假账,出现了大量的短期行为。对企业实行工资总额和经济效益挂钩,逐步把竞争机制、风险机制引入承包制中,并改革了企业内部的人事劳动制度。但是,由于企业收益与承包基数谈判的结果联系紧密,企业对上级主管机关纵向从属有所加强。在这种体制下,产权界定更加模糊,同一份企业资产事实上有两个所有者,一个是拥有占有权、使用权、处置权的企业,一个是号称掌握着最终所有权的国家。这种情况使相互侵权的行为普遍发生。真正实现政企分开,转变政府职能,必须注重培育市场,进行一系列制度创新。

(三)扩大市场调节的范围

党的十三大明确指出,社会主义有计划商品经济体制,应该是计划与市场内在统一的体制,新的运行机制应当是“国家调节市场,市场引导企业”的机制。党的十三大召开后,我国政府经济职能转变主要是按照“国家调节市场,市场引导企业”的思路进行。

七届全国人大一次会议通过了《中华人民共和国全民所有制工业企业法》,其中规定企业的财产属于全民所有,国家依照所有权和经营权分离的原则授予企业经营管理权。企业对国家授予其经营管理的财产享有占有、使用和依法处分的权利。同时,还具体确定了企业和政府的基本关系。

由此看来,我们党深化了对计划与市场关系的认识。政府进一步向企业放权,完善经济承包责任制。企业的产、供、销基本上不再由政府负责，而改为由市场进行调节。在社会主义经济活动中不断扩大市场调节的范围，增强市场机制的作用。

政府经济部门进一步调整，专业管理部门大幅度精减。为了适应国家企业承包经营责任制的实行，加强对国有资产的管理，保障国有资产的增值和保值，成立了国家国有资产管理局。在此基础上成立了新的国家计划委员会，负责宏观调控管理职能。

但是，相当一部分生产要素由国家计划调拨，市场与计划双轨制的运行制造了一些混乱。并且，关于如何建立社会主义市场经济体制，没有一个明确的说法，市场没有得到很好的发育，因此无法完全承担政府转出去的部分职能。另外，政府把一些权力下放给企业后，企业的自我约束能力还没有达到应有的水准，对自己的监督不够，一些经营者甚至肆意妄为，导致了企业的巨大亏损，最后国有资产也流失了。

（四）重新界定政府的经济职能

党的十四大明确提出了我国经济体制改革的目标是建立社会主义市场经济体制。同年，国务院颁布了《全民所有制企业转换经营机制条例》，将12项权力交还给企业，全面落实企业的自主权。1993年3月上旬，根据党的十四大精神，党的十四届三中全会审议通过了《关于党政机构改革方案》，而不久召开的八届全国人大一次会议则审议通过了《国务院机构改革方案》，从而掀开了新一轮改革的序幕。党的十四大以后，根据社会主义市场经济体制的要求，坚持政企分开，精简、统一、效能和依法行政的原则，重新界定政府的经济职能，引导企业建立现代企业制度，把企业推向市场。虽然在转变政府职能上做了很多工作，但是由于历史条件的制约和宏观环境的限制，政府与国有企业分开问题一直未能找到彻底的解决办法，这方面的问题仍有许多未能从根本上解决。具体所做的工作如下。

(1)综合运用经济手段、法律手段和必要的行政手段，调节企业行为。

(2)政府的行政管理职能主要是统筹规划、掌握政策、信息引导、组织协调、提供服务和检查监督。

(3)要加强培育和发展市场的职能,尽快在全社会范围内完善市场机制。

(4)在实现政企职责分开、转变政府职能之后,实现政企分开,政府集中精力搞好国民经济的宏观调控,对企业由直接管理为主过渡到间接调控为主,把企业生产经营管理的权力切实交给企业。

(5)根据精简、统一、效能原则进行政府机构改革,把国家综合经济部门改组为宏观调控部门,调整和减少专业经济部门,加强执法监管部门,培育和发展社会中介组织。

(6)坚持和完善社会主义市场经济体制,使市场在国家宏观调控下对资源配置起基础性作用。

(7)加快推进国有企业改革,建立有效的国有资产管理、监督和营运机制,保证国有资产的保值增值,防止国有资产流失。

根据党的十五大精神,经九届全国人大一次会议审议决定,我国于1998年开展了新一轮的政府机构改革。

(1)从体制和机制上对原来国务院专业部门的根本性改造。把原来的多数专业经济部门改组为由经贸委管理的国家局,这些局不是原来各部门的缩小和降级,而是不再承担对企业的直接管理任务,只负责行业规划和行业管理,引导行业结构调整,维护行业平等竞争秩序。

(2)在把综合经济部门改组为宏观调控部门的过程中,彻底改变了传统的计划投资方式,建立了政企分开的投资体系。项目登记制代替了项目审批制,只有少数以社会效益为主的大型基础设施项目,才以国家投放资本金为主,同时由政策性银行通过金融债券等渠道来安排建设。凡是竞争性项目的投资,一概由企业自主决策、自担风险,所需贷款由商业银行自主决定、自负盈亏。总体上说,这次改革在政企分开、转变政府职能方面取得了实质性进展,切实把政企关系理顺。原来的综合经济部门就可把职能由综合管理基本上转移到宏观调控上来。

(3)建立了稽查特派员制度,进一步规范了政府与国有企业的关系,对企业的具体生产经营决策则不再进行干预。企业依法自主经营、自负盈亏、照章纳税,追求市场份额与经济效益;同时对国有资本负有保值增值的责任,不能损害所有者权益。政府只按投入企业的资本享有所有者权益,对企业债务承担相应的有限责任;作为所有者监督企业资产运营和盈亏情况;根据稽查特派员的查账结果评估企业的绩效,负责企业主要领导人员的任免。

以上两次改革,使得政企分开问题得到了进一步解决,政府职能也得到了切实的转变。

(五)深化行政管理体制改革

党的十六大与党的十七大后,当代世界和中国的发展变化对党和国家工作提出了新要求,这些新要求是我国行政改革的指导思想,有利于加强和改进党的建设、推进我国社会主义自我完善和发展。这从根本上促进了政府职能的转变。

1. 党的十六大的改革

党的十六大继承了马克思列宁主义、毛泽东思想和邓小平理论,明确确立了“三个代表”重要思想,进一步提出了深化行政管理体制改革的任务,要求进一步转变政府职能,改进管理方式,形成行为规范、运转协调、公正透明、廉洁高效的行政管理体制。

(1)党的十六大的要求

党的十六大的具体要求如下。

第一,为了切实解决层次过多、职能交叉、人员庞杂、权责脱节和多重多头执法等问题,必须按照精简、统一、效能的原则和决策、执行、监督相协调的要求,继续推进政府机构改革、科学规范部门职能、合理设置机构、优化人员结构、实现机构和编制的法定化。

第二，按照政事分开原则，改革事业单位管理体制。

第三，依法规范中央和地方的职能和权限，正确处理中央垂直管理部门和地方政府的关系。

(2)所做的具体工作

为了落实以上要求，我们做了很多工作。

①创造各类市场主体平等使用生产要素的环境，深化流通体制改革，发展现代流通方式。

②为了在更大程度上发挥市场在资源配置中的基础性作用，加快建立健全统一、开放、竞争、有序的现代市场体系。

③整顿和规范市场经济秩序，健全现代市场经济的社会信用体系，打破行业垄断和地区封锁，促进商品和生产要素在全国市场自由流动。

④推进了资本市场的改革开放和稳定发展。

⑤为了保障中国最广大人民的根本利益，政府千方百计扩大就业，在不断改善人民生活方面承担了重大责任。

⑥加强和完善了政府的宏观调控。

第一，深化推进国有企业的改革，如除极少数必须由国家独资经营的企业外，积极推行股份制改造，发展混合所有制经济；进一步探索公有制特别是国有制的多种有效实现形式，大力推进企业的体制、技术和管理创新。

第二，完善国家计划和财政政策、货币政策等相互配合的宏观调控体系，发挥经济杠杆的调节作用，如深化财政、税收、金融和投融资体制改革，完善预算决策和管理制度，加强对财政收支的监督，强化税收征管等。

第三，完善政府的经济调节、市场监管、社会管理和公共服务等职能。

第四，稳步推进利率市场化改革，优化金融资源配置，加强金融监管，防范和化解金融风险，使金融更好地为经济社会发展服务。

第五，落实扩大国内需求的方针，根据形势需要实施相应的宏观经济政策,调整投资和消费关系,逐步提高消费在国内生产总值中的比重。

第六,在重要企业由国家控股的前提下,实行投资主体多元化。按照现代企业制度的要求,推进国有大中型企业实行规范的公司制改革,完善法人治理结构。

第七,把促进经济增长、增加就业、稳定物价、保持国际收支平衡作为宏观调控的主要目标。

第八,推进垄断行业改革,积极引入竞争机制,进一步放开搞活国有中小企业以及深化集体企业改革,继续支持和帮助多种形式的集体经济的发展。

⑦为落实"代表先进文化的前进方向"要求,在大力发展社会主义先进文化、建设社会主义精神文明方面采取了许多措施。

⑧在发展产权、土地、劳动力和技术等市场方面也迈出了新的步伐。

2. 党的十七大的改革

党的十六届三中全会提出了科学发展观,促进经济社会和人的全面发展,坚持统筹城乡发展、统筹区域发展、统筹经济社会发展、统筹人与自然和谐发展、统筹国内发展和对外开放的要求。党的十七大进一步指出:科学发展观的第一要义是发展,核心是以人为本,基本要求是全面协调可持续,根本方法是统筹兼顾。这为进一步加强政府工作和转变政府职能提出了新的明确要求。

(1)党的十七大的要求

第一,必须坚持把发展作为党执政兴国的第一要务,因而政府工作必须牢牢扭住经济建设这个中心,坚持聚精会神搞建设、一心一意谋发展,不断解放和发展社会生产力。

第二,必须坚持全面协调可持续发展。要按照中国特色社会主义事业总体布局,全面承担经济建设、政治建设、文化建设、社会建设职能,促进现代化建设各个环节、各个方面相协调。促进生产关系与生产力、上层建筑与经济基础的协调。坚持生产发展、生活富裕、生态良好的文明发展道路。建设资源节约型、环境友好型社会，实现速度和结构质量效益相统一、经济发展与人口资源环境相协调，使人民在良好生态环境中生产生活，实现经济社会永续发展。

第三，必须坚持以人为本。落实党的全心全意为人民服务的根本宗旨，政府要把实现好、维护好、发展好最广大人民的根本利益作为工作的出发点和落脚点，尊重人民主体地位，发挥人民首创精神，保障人民各项权益，走共同富裕道路，促进人的全面发展。做到发展为了人民、发展依靠人民、发展成果由人民共享。

第四，必须坚持统筹兼顾。政府必须正确认识和处理发展中的各种重大关系，统筹城乡发展、区域发展、经济社会发展、人与自然和谐发展、国内发展和对外开放。统筹中央和地方关系，统筹个人利益和集体利益、局部利益和整体利益、当前利益和长远利益，充分调动各方面积极性。统筹国内国际两个大局，树立世界眼光，加强战略思维，善于从国际形势发展变化中把握发展机遇、应对风险挑战，营造良好国际环境。既要总揽全局、统筹规划，又要抓住牵动全局的主要工作、事关群众利益的突出问题，着力推进、重点突破。

(2)所做的具体工作

为了落实以上要求，基本上是在深化行政管理体制改革、建设服务型政府上下功夫，主要做的工作如下。

第一，加快推进政企分开、政资分开、政事分开、政府与市场中介组织分开，规范行政行为。

第二，深化垄断行业改革，引入竞争机制，加强政府监管和社会监督。

第三，着力转变职能、理顺关系、优化结构、提高效能。

第四，加快形成统一开放、竞争有序的现代市场体系，发展各类生产要素市场。

第五，加大机构整合力度，探索实行职能有机统一的大部门体制，健全部门间协调配合机制。

第六，健全政府职责体系，完善公共服务体系，强化社会管理和公共服务职能。

第七，精简和规范各类议事协调机构及其办事机构，着力解决机构重叠、职责交叉、政出多门问题。

第八，深化国有企业公司制股份制改革，健全现代企业制度，优化国有经济布局和结构，增强国有经济活力、控制力、影响力。

第九，加强行政执法部门建设，减少和规范行政审批，减少政府对微观经济运行的干预。

第十，完善反映市场供求关系、资源稀缺程度、环境损害成本的生产要素和资源价格形成机制，规范发展行业协会和市场中介组织，健全社会信用体系。

综上所述，经过三十多年的改革，我国政府经济职能已逐渐从微观管理转向了宏观管理，政府与企业之间传统的主仆依附关系已有了根本性转变，企业开始逐渐成为具有独立法人地位的经济实体。当然，改革中还有一些新的问题，需要我们进一步解决。

第三节　政府职能转变的必要性

新常态下的经济运行特征预示了我国未来的经济走向。为了保持经济可持续增长的状态，旧常态下不合理的政策制度就需要被放弃掉。经济新常态的显现与加快政府职能转变相互影响，稳态的经济增长有赖于政府职能转变的速率，而新的经济增长趋势又会倒逼政府进一步加快转变职能，最终构建起合理的政府与市场关系，形成成熟的社会主义市场经济体制。

一、转变经济发展方式

从经济发展的短期和长期看，要想实现旧常态向新常态转变，本质上需要改革为其提供有利于社会创新的动力机制，发现经济增长的内在可能性，以科技创新提高全要素产出率，实现内生增长。

旧常态下经济发展方式主要为要素驱动、资本驱动，这种经济发展方式在短期内成效明显，但日益受到内部资源和外部市场的约束。因为它主要依赖于劳动力、土地等资源要素量大价廉的优势，通过大规模的资本投入取得高速发展。

新常态下，仍依赖过去外延式扩大再生产，以加大投资等经济刺激手段对改善经济增长质量、规避潜在风险越来越不可行。在过去，政府投资主导弱化企业创新紧迫感、低成本外型出口战略路径依赖，所以我国的科技创新水平偏低，工业制造业处于产业链低端。经济建设型政府职能导向虽然加快了基础设施建设，但是降低了行政主导的固定资产投资使用效率，无法完全满足社会需求，加大了地方政府债务压力。

（一）创新制度

企业和家庭成员作为市场主体当事人，最能了解社会需求，可主动根据信息变化调整行为。制度具有为每一个追求利益最大化的行为主体提供约束条件和塑造新的激励机制的功能。

（二）政府作为市场监管者

加快政府职能转变，避免政府对市场的直接干预，履行好市场监管者角色将有利于市场主体降低交易成本，形成对创新的稳定收益预期，进而激发创新创业的激情，实现经济发展由要素驱动、资本驱动向创新驱动转变。

（三）明确市场主体

激发市场活力，向创新要动力，关键要转换政府角色，加快行政审批制度改革，破除市场中存在的不合理垄断，通过产权制度改革，形成更多产权清晰、责任明确的市场主体，让各类市场主体在激烈的竞争中通过创新求生存。

二、改善经济结构

政府存在的主要目标是改善和提升居民生活质量，以人为本，改革不合理的收入分配制度，释放消费需求潜力，为经济发展提供持久的内生动力。

新常态下，资本逐渐丰富而廉价，劳动力相对稀缺而昂贵，资本替代劳动越来越明显，技术水平升级的重要性也越来越突出，使生产要素质量与经济结构变迁相适应，将有效推动经济增长模式从规模扩张向效率提升，实现经济内涵式发展。

实现经济结构转型升级，有赖于政府宏观政策的调整。诸多因素对经济结构的调整施加影响，但是要想改变经济结构的失衡状态，关键是发挥市场机制对优化配置资源的决定作用。在宏观层面，注重财政税收、金融、国有资本等重点领域改革，以明晰的职责功能定位履行其促进经济增长的职能。在微观层面，注重商品与生产要素的价格改革。

投资需求结构是影响经济结构的基础。长期以来，经济结构的不合理突出表现为高储蓄、高投资的经济增长特点。这进一步导致了消费需求低迷、贫富差距拉大、三次产业结构不合理、国际收支结构不平衡等问题。要想实现新常态下宏观经济的长期健康发展，必须从产业结构优化升级寻找力量。因此，要更加注重国计民生的第一产业和第三产业，用先进的科学技术、工业技术改造提升农业与现代服务业，促进消费需求的扩大与升级，要合理界定政府经济职能，政府要切实履行好市场经济条件下提供公共产品、宏观调控、调节收入分配等职能。

三、发现经济增长可能性

在各种资源得到最优或充分配置下，潜在经济增长率是一国所能达到的最大经济增长率。挖掘经济增长潜力关键在资源的高效配置。党的十八届三中全会提出要发挥市场在资源配置中的决定性作用，通过全面深化改革，可有效提升经济效率，破除制约宏观经济供给面与需求面存在的体制机制障碍。

改革开放以来，资源由市场配置的基本地位得到确立，计划经济体制向市场经济体制的转变很大程度上消解了制度制约经济增长的内在潜力。从宏观经济原理分析，这种发展方式主要着眼短期的需求端，可持续性不足。它主要在工业化、城镇化以及市场化背景下依靠资源优势、成本优势、市场优势，通过加大投入，融入全球分工体系形成规模经济，这导致了发展方式不可持续、资源环境压力加大、容易遭受外部冲击等问题。

从“九五计划”到“十一五”规划，我国一直在推动经济发展方式转型，但受客观环境的限制和政府职能转变不到位的影响，经济转型没有取得巨大进展。2011 年以来，经济增长逐渐放缓，经济下行压力逐步加大。

政府具有行政管理者、宏观调控者和国有资产所有人三重角色。长期以来，由于三种角色的交叉与模糊，粗放型经济增长没有得到根本转变。新常态下政府履行职责的前提，有利于纠正改革开放以来渐进式改革中面临的政府与市场关系界限模糊、市场的主导权等问题，也为纠正政府职能的越位、缺位与错位提供了基本思路。防范和消解新常态下的经济风险，从客观形势上要求政府转变惯有的行为方式，遵循经济发展规律，将职能从直接干预经济转变到为市场提供“管理与服务”上来。

第二章　政府职能转变的理论基础及国外政府职能理论和模式借鉴

“行政法治”是政府职能转变的理论基础，同时诸多国外政府职能理论与模式也为我国政府职能转变提供了借鉴意义。

第一节　行政法治——政府职能转变的理论依据

现代政府职能的转变必须在法治的框架内进行，这已经是一个不争的事实。“从与古代法治对立的意义上来说，现代法治的精髓是政府各部门的依法行政、依法审判和规范立法，也就是依法治国。”①

一、　行政法治的历史发展

（一）国外行政法治的历史发展

探讨行政法治的发展史，必须将其与法治国的发展历程结合在一起。众所周知，法治国思想是德国的产物，因此对国外行政法治的历史考察，就以德国为样本展开叙述。

关于德国法治国的历史发展，学者们有着不同的观点。例如，刘刚认为德国的法治国发展经历了三个时期。(1)开明君主制时期。以理念的形式与绝对君主制的结合，通过君主自觉遵守法治理念而使绝对君主制变为开明君主制。(2)君主立宪时期。君主立宪制是德国法治国历史发展中的关键阶段，在某种意义上

① 张文显．法哲学通论[M]. 沈阳：辽宁人民出版社，2009：368.

甚至可以说君主立宪制是最能展现法治国政治诉求的政体格局，其最根本的政治诉求是制约国家权力。(3)宪政民主制时期。在民主制下，实现法治国原则所要求的制约议会之诉求的方式有两种：其一，宣称宪法至上和基本权利保护；其二，确立某种形式的宪法守护机制。

1. 前法治国时期的行政法治

德国在进入法治国之前这段时期，按照德国行政法学家奥托·迈耶的观点又可以分为邦君权国与警察国两个阶段。其中，邦君权国时期一般指的就是始建于公元 919 年的神圣罗马帝国(史称“德意志第一帝国”)于 13 世纪中期开始走向封建割据至 18 世纪中期这段时间。在邦君权国时期，因皇权式微、地方封建势力强大，建立了不少的邦君权国，从而导致德意志帝国始终都不是一个中央集权的统一国家。但是，很多侯国初步实现了统治权与行政权的分离。在邦君权国时期是不存在真正意义上的行政法的，也是没有现代意义上的行政法治这一概念的。

属于神圣罗马帝国时期最强大的邦国之一的普鲁士自从腓特烈二世当政至 1871 年德意志第二帝国成立这段时期一般被认为是德国的警察国期间。这一时期是连接德国中世纪专制主义的邦君权国与近代君主立宪主义的法治国的中间一环。在这一时期，随着欧洲资产阶级启蒙思想在德意志民族的传播，尤其是 1803 年帝国专员委员会推行的国家统一，使得某些开明邦君主开始积极地进行国家政策改革，标志着德意志民族进入开明君主专制主义时期，“成为通向宪政国家道路的先声”。[①] 正是在这一背景下产生了国家在行使不同的国家行为时在法律意义上被划分为不同身份的公、私法人的国库理论。当臣民与国家发生财产上的争议时，不但可以诉讼并且是作为民事案件受普通民事法院管辖的，当然也是适用民法规范来裁判的。但是，只能列国库为被

① [德]汉斯·沃尔夫、奥托·巴霍夫、罗尔夫·施托贝尔著，高家伟译．行政法(第一册)[M]. 北京：商务印书馆，2002：70.

告，国库才是具有私法人人格的适格被告。如果国家在公共行政中以公法人的身份侵害了臣民的个人权利，那么臣民是不可以以国家为被告提起诉讼的，因为此时的行政机关具有公法人的身份不可诉。这一理论使得国库成为国家的替罪羊，国家仍然以其公法人的身份进行着高权行政，行政的范围几乎涉及所有的生活领域。这一时期虽然出现了公、私法人二元化的分类，“但是，专制君主（领主）作为绝对的法律卫士和自由的法律创造者（这是‘绝对’一词的含义），根据必要性和公共利益条款可以变更或者废除实在法，甚至可以通过其公权请求权干预救济程序。”并且，由于国家的“司法”和“行政”职能都是由行使国家高权行政任务的行政机关来行使的，因此在警察国时期也是不存在现代行政法治理念和制度形式的。但是，法治国理念在这一阶段毕竟“促成国家目的的转变，国家不再以实现神的意志为宗旨，而是把保障人的尘世安宁作为自身目的”。[①] 特别是在 1848 年革命以后，德国法治国理念获得了一定的机制保障，为现代行政法治的确立奠定了基础。

2. 形式法治国时期的行政法治

随着欧洲资本主义经济发展进入自由资本主义阶段，资产阶级提倡经济自由主义或自由放任主义，强烈要求实行完全的自由竞争政策，反对封建割据和闭关自守，主张国家不干预经济生活。其在政治上提出的要求就是以“自由”“平等”“博爱”为口号建立资产阶级民主共和国。在英、法、美各国的资产阶级相继采取不同的方式取得资产阶级革命的胜利掌握国家政权之后，德国的专制邦国之一普鲁士通过发动相当于德国资产阶级革命的三次王朝战争实现了德意志的统一，于 1871 年建立了德意志第二帝国，通过制定帝国宪法以及实行一系列的自上而下的改革，德国自由资本主义经济开始进入全面发展的时期。与经济发展的诉求相

---

① 刘刚．德国“法治国”的历史由来［J］．交大法学，2014，(4)：16．

呼应，德国在法治建设方面开始盛行法律实证主义思想。这一时期法律实证主义的目的就是要建立以对国家权力限制为目标的宪政制度。

这一时期行政法学发展的影响就是催生了严格的依法行政原则。“根据依法行政原则，对公民自由和财产的侵害必须得到（公民代表组织制定的）法律授权（所谓的法律保留），正式法律只能通过新的正式法律修改，行政机关不得变更、废除或者废止法律（所谓的法律优先）。”德国行政法治正式进入形式法治国时代或自由法治国时代。

3. 实质法治国时期的行政法治

随着资本主义经济进入私人垄断阶段，“工业社会逐渐加重了威胁性社会问题”，如过分强调自由竞争、贫富分化严重、资产阶级与无产阶级矛盾加探、周期性的生产过剩危机的频繁爆发等，这些现实社会问题迫使国家做出反应，国家的职责不仅限于为经济繁荣提供安定的社会秩序，还应该为社会的实质的公平正义承担责任，尤其应为经济社会上的弱者提供基本的生活需求保障。两次世界大战的惨痛经历使得人们不得不考虑对于法治国概念的重建以及对于国家目的的再定位。该时期对于国家目的的再定位主张通过国家的给付性社会改革来解决社会问题，而不是马克思主义者们所主张的通过对资本主义社会秩序的革命性颠覆而实现，即国家应当通过积极地“社会政策”来贯彻“社会公正”的理念，并由此成为一个“社会国家”，其显著标志就是公民对于政府的给付请求权的产生，德国开始进入实质法治国时期。

实质法治国在行政领域的体现就是社会法治国的产生。对其最具代表性的定义就是“社会国意味着扶助弱者，致力每一个人的尊严的生存保障，并依据正义原则，分配经济资源；……因此，社会国的概念是指国家对社会正义、公共福祉与社会安全，通过制定规范、法院判决、收取捐税和提供补助等方式，对人民的请求负有广泛的责任，或者是依据宪法应该负有这种责任”。①在该背景下，政府要对经济和社会生活进行全面的干预，不仅为公民提供安全的社会环境，还要为提供促进其各方面全面发展的给付与设施服务，积极地为国民提供“生存照顾”，因此该时期的行政也被称为“给付行政”。此时的立法者在法律的制定时更加注重法律的实质公平以及其他隐藏在法律条文背后的价值的追寻，依法行政不再是行政机关做出行政行为时所遵循的唯一原则，同时还有保障公民对于行政行为的信赖、行政效果与手段之间要符合比例等。这些都表明行政目的由之前的对合法性的单一性追求向合法性、合目的性追求的转变，行政权的行使由自由法治国时期的“依法律行政”变成真正的“法治行政”。

（二）我国行政法治的历史发展

由于我国没有法治文化的传统积淀，并且受我国封建专制传统政治文化影响较深，我国的政府历来都是全能集权式的，导致我国的法治建设整体起步较晚，即便是改革开放之后很长一段时间也并没有在我国的政治或者国家层面上有所正式体现。“行政法治”这一概念是 20 世纪 90 年代才有的。1993 年，李鹏总理在八届人大一次会议上所做的政府工作报告中第一次正式提出“依法行政”，要求“各级政府都要依法行政，严格执法办事。一切公职人员都要带头学法懂法，做执法守法的模范”。1997 年，党的十五大报告第一次确立了依法治国的基本方略。1999 年 3 月，“依法治国，建设社会主义法治国家”才被正式写入我国宪法，标志着我们国家开始逐渐摒弃“人治”向“法治国家”迈进，是我国政治文明取得的一项重大进步。自此以后，依法执政与依法行政成为推进我国“依法治国”的两个着力点。国务院于 2004 年 3 月颁布的《全面推进依法治国实施纲要》明确提出了我国依法行政的目标是建设“法治政府”，该实施纲要构建起了我国行政法治建设的完

① 许育典．宪法[M]．台北：元照出版公司，2006：77.

整机制：主体是政府，途径是依法行政，内容是合法行政、合理行政、程序正当等七个方面。

二、依法行政的基本原则

行政法治在不同的时代确实有不同的内涵，贯穿始终的却是行政法治的基本原则。也正是因为这些基本原则的约束，才使得行政法治从来没有偏离法治的轨道，并且日臻完善。自从奥托·迈耶在《德国行政法》一书中提出行政法治的基本原则以来，对行政法治的研究一直遵循着奥托·迈耶设定的基本框架进行。下面采纳奥托·迈耶的观点，将行政法治的基本原则划分为职权法定原则、法律优先原则、法律保留原则。

（一）职权法定原则

职权法定原则又称“法律创制原则”，是“法无明文规定即禁止”的公权力运行原则在政法领域的直接体现，是行政法治的首要原则。正如法国启蒙思想家罗伯斯庇尔所说：“人民是主权者，政府是人民的创造物和所有物，社会服务人员是人民的公仆。”[①]自近代资产阶级革命以来，西方国家大多以天赋人权、人民主权、法律至上等基本原则作为其实行民主宪政的理论基础，人民才是国家权力的所有者，并且实行代议民主制，这就导致了权力的所有者与权力行使者的分离。于是，又把“法治”“三权分立”确立为实施宪政所应遵守的基本原则来预防公权力行使者权力的滥用，行政权作为国家三大公权力之一，自然也是要受到法治原则的制约的，而作为行政权运行起点的行政机关职权来源的合法性就成为行政法治首先要回答的问题。

职权法定原则，即行政机关一切职权都来源于法律的授予。奥托·迈耶在《德国行政法》中谈及法治原则的构成时，首先强调的就是职权法定。迈耶认为：“合乎宪法的法律的最重要的特征

① [法]罗伯斯庇尔著，赵涵奥译．革命法制和审判[M]．北京：商务印书馆，2012：4—5.

是包含于其中的权力，即作为法律规定施行的能力，这也是法律得以命名的原因。法律规定是应对每个人都适用的决定，这个决定使得一个人依照普遍标准描述的事实得以实现。”[①]行政权作为一项国家权力，自然也只有包含于法律之中，才能获得合法性地位。“公权力的作用有赖于普遍的、事先确定的标准，并依据固定的规则实施。法律规定就是完全具有约束力的规则。”职权法定原则不仅是民主宪政的内在要求，也是遏制腐败的手段之一。其基本含义是：行政机关的创设以及职责职权都要有法律的规定或者授予，行政机关在行使权力做出决定时首先要考虑的就是对该事项法律是否授权给他，有没有自由裁量的余地，即“法无规定即禁止”，否则就构成越权无效。职权法定原则是规范和控制行政权的第一步，它要求行政机关的一切职权都必须在法律的规定内活动，不得滥用职权或者越权随意侵害公民的合法权益，因为对于公民的私权利而言，“法无明文规定即自由”。由此可见，职权法定的基本特征就是主体的法定性、权力的有限性与授权的明确性。

（二）法律优先原则

法律优先是行政法治的一项基本原则。奥托·迈耶认为：“以法律形式出现的国家意志优先于所有以其他形式出现的国家意志；法律只能以法律形式才能废止，而法律却能废止所有与之冲突的意志表达，或使之根本不起作用。这就是我们所说的法律优先。”此后，日本、德国等大陆法系国家都陆续将法律优先原则作为行政法治的基本原则之一。

法律优先作为划分我国法律位阶的原则标准，已不仅仅适用于国家立法权限与行政立法权限的区分，现在引申为各种法律规范（法律体系）之间存在法律效力上的高低有序的位阶，上位法的效力优越于下位法，下位法的制定不得与上位法相抵触或必须以

① ［德］奥托·迈耶著，刘飞译．德国行政法［M］．北京：商务印书馆，2002：68．

上位法为依据，否则下位法就是无效的。应松年教授认为："法律优先具有以下含义。第一，在已有的法律规定的情况下，任何其他法律规范，包括行政法规、地方性法规和规章，都不得与法律相抵触，凡有抵触，都以法律为准。同样，凡是上一位阶的法律规范已经对某一事项做出规定的，下一位阶的法律规范不得与之相抵触。第二，在法律尚未规定，其他法律规范做了规定时，一旦法律就此事项做出规定，法律优先，其他法律规范的规定都必须服从法律。同样，在上位阶法律规范尚无规定，下位阶法律规范做了规定时，一旦上位阶规范就此事项做出规定，下位阶规范必须服从。"[①]在我国，当前的法律体系位阶的划分一般就是：宪法优于法律，法律优于行政法规、地方性法规、行政规章（部门规章与地方政府规章），行政法规优于地方性法规、行政规章（部门规章与地方政府规章），地方性法规优于同级地方政府规章以及下级地方性法规及其同级地方政府规章。

(三)法律保留原则

1886 年，奥托·迈耶在其撰写的《法国行政法原理》一书中首次提出了法律保留的概念，认为行政权必须依附在法律之下，行政只有获得法律的授权，方能干涉人民的自由与财产；就立法方面来说，某些重要的事项只能由议会制定法律来进行调整，行政机关不得以行政立法的方式为公民的权利和自由设置任何限制或拘束。

在自由法治国时期，传统自由主义思想盛行，私人权利和自由神圣不可侵犯，人民通过代表人民意愿的代表机关，如议会制定法律的方式对政府权力或者君主的专制进行限制，以防范其对公民个人权利与自由的侵犯，也就是实行法治，因此行政机关对公民自由和财产的干预必须要以对干预的事项、范围和目的进行明确规定的法律为依据才可以。然而，随着社会的快速发展，尤

① 应松年．行政法学新论[M]．北京：中国方正出版社，1999：45—46．

其是 20 世纪“给付行政”“福利行政”的出现，政府的职能得到了极大地扩张，宪政国家进入社会国家或者行政国家，之前拥有完整立法权的议会也不得不把一部分立法事项授予行政机关，即实行授权立法，使得议会保留或者绝对保留向相对保留或者间接法律保留方向发展。因此，奥托·迈耶在 1895 年出版的《德国行政法》中，对法律保留这一概念进行重新定义与完善，“奥托·迈耶首先改变了先前对行政的法律依附性的认识，认为行政有其自行作用的领域——主要是国家没有干涉个人自由与财产的‘政府行为’（如当时正在兴起的社会保险方面的行政）以及特别权力关系；而法律保留就是指在行政自行作用的范围以外，议会法律是行政的必要基础，行政只有获得议会法律的授权，才能干涉公民的基本权利与自由”。[①] 当然，这也是传统的以“侵害保留”为特征的法律保留原则。

到底哪些属于法律绝对要保留的事项，哪些是可以授权给行政机关的事项，哪些是行政机关可以自行决定的事项？所有这些问题以什么标准来进行判断，这就涉及法律保留的范围和密度问题。一般认为，现代的法律保留早已不再局限于干预行政而扩大到给付行政、内部行政等领域。鉴于法律保留范围扩大这种趋势，关于如何确定保留标准的学说也变得越来越多样化，目前影响最大的就是“重要性理论”，该理论最早是由德国联邦宪法法院提出的，其主要观点就是根据民主与法治国家原则，越是对公民权利和公共利益重要的事情，对立法机关的要求就越高，应由法律加以规定调整，重要性次之的则可以授权行政机关，对公共生活和公民权利几乎没有影响的事项可以不实行保留。重要性理论虽然明确、简单，但是也很模糊、抽象，不易把握。而且，恰恰因为重要性理论的这些特点，使它能够适应社会变化的同时能对立法实践和司法审判起着指导作用。

---

① 邓毅．德国法律保留原则论析[J]．行政法学研究，2006，(1)：18.

第二节 国外政府职能理论

本节主要介绍几种关于政府职能的理论，并对其进行简要分析。

一、"守夜人"与"有限政府"理论

国外对政府职能问题的系统看法，最早表达在资产阶级革命时期。当时，资产阶级思想家针对封建统治阶级任意践踏人民生命、自由、财产等权利的专制暴政，明确提出了有限政府原则。他们一般以自然法和契约论为理论武器，批判封建等级制度和君主专制的不合理性，论证符合资产阶级利益要求的政府形式和政府职能原则。他们认为，政府的权力不能是任意的和专横的，它应该被严格地限制在保护人权的范围之内，超出了这个范围，就违背了人民成立国家的目的，人民就有权进行反抗并成立新的政府。这种政府被后人形象地比作"守夜人"政府，这种国家也被称作"警察国家"。也就是说，这种政府职能的特征是消极地保护个人权利，而不是积极地促进个人和社会发展。为此，有人也把这种"警察国家"称作"消极国家"。为了保证这种"消极国家"正确地履行其职能，资产阶级思想家又提出了分权原则，认为只有采取分权形式，才能确保政府不至于滥用权力，不至于超出自己的职能范围。

资产阶级的上述人权原则、有限政府原则和分权原则是指导资本主义政府建立的基本理论根据，也是资产阶级革命时期占主导地位的政治思想。

（一）洛克的"有限手段"政府职能理论

洛克用自然法、社会契约等理论假设来论证自己的政治理想。他首先设想了一个自然状态，认为人类在建立国家、成立政府之前就处于这种状态之中。在这里，有一种人人都应遵守的自

然法在起着支配作用。这种自然法就是人类的理性。但是，自然状态并不是完美无缺的，仍有许多缺点，其中主要的缺点有如下几点。第一，在自然状态中，缺少一种确定的、规定了的、众所周知的成文法律作为判断是非的标准和裁判纠纷的尺度。第二，在自然状态中，缺少一个有权依照既定的法律来裁决一切争执的知名的和公正的裁判者，所以有人在受到侵害而行使个人裁判权时，会因情感和报复之心而使自己的判决超出适当的范围。第三，在自然状态中，往往缺少权力来支持正确的判决，使它得到应有的执行，结果有些执行正确判决的人可能会因被惩罚者的反抗而招致危险。在洛克看来，自然状态中的这些缺点使人们享受的自然权利无法得到根本的保障，也正是这一点，才推动人类由自然状态向政治社会状态过渡。

洛克设想，当人们感到在自然状态中越来越不方便的时候，大家为了彼此之间的舒适、安全和和平的生活，为了安享他们的财产并有更大的保障来防止共同体以外任何人的侵犯，就会联合起来互相协议，自愿放弃自己的两种权力（为了保护自己和他人而做自认为合适的任何事情的权力以及处罚他人的权力），把它们交给社会。于是，就形成了立法权和行政权，也就是形成了国家即政府。他认为，政府的权力必定是有限的，政府是一个有限的手段，而人的不可转让、不可剥夺的权利才是目的。

洛克对政府职能来源的论述显然是非科学的。他把国家或政府产生的自然历史过程，歪曲为人们经过理性思考后订立契约的过程显然是一种空想；把阶级冲突的事实和调节这种冲突的需要，歪曲为享受自然权利的障碍和保护自然权利的要求，这都抹杀最初的阶级斗争在政府起源和政府职能确立中的作用，掩盖了政府的本来面目。但是，其理论在反对封建统治、建立资本主义政治制度中又体现出很大的积极作用，仅就理论发展的角度来看，他把政府当作工具，把政府看作有限政府，其作用、职能、权力都是有限的，以及政府发挥职能要依据人民的要求或认可，人民有权改变政府等思想，都是人类有关政府认识的一个进步，是对历史上国家崇拜或政府权力崇拜的一个超越。

(二)功利主义者的政府职能观

洛克的政府理论以及所有用自然法、契约论解释政府起源和政治活动原则的理论,到18世纪末都开始受到来自资产阶级内部的批评。在这些批评者中,比较著名的是英国的功利主义者,边沁和约翰·密尔是主要代表。

当然,功利主义者批评以洛克为代表的政府理论,并不是完全否定洛克所确立的政府职能原则,而是要更正政府论证的理论基础,并改变原有原则的僵硬性质,以适应资产阶级变化中的利益和要求。为此,边沁批评自然法、天赋权利和社会契约是一种虚构,认为虚构的东西不应作为理论论证的基础。正因为如此,他对政府如何起源问题没有多大兴趣,而是强调政府活动的原则用不着从政府起源的过程中去寻找,只要能够揭示人性的规律,就可以发现这种原则。在这种认识的指导下,他吸取了18世纪法国唯物主义者的一些思想,发展出一套系统的功利主义理论,并以这种理论为基础,论证了政府职能的原则。

边沁认为,人类的一切活动,包括社会、政治、经济、道德等,都起源于人的本性,而人性和自然界的其他事物一样都有着自己独特的规律。人性的独特规律就是"趋乐避苦"。从功利原则出发,边沁主张政府应该担负起保障人的健康、物价管理、粮食供应和公民教育等广泛的任务,应该用赏罚的办法来增进社会的幸福。边沁的这些主张尽管为政府干预开了方便之门,但并没有发展到20世纪现代自由主义者强调国家干预的地步。相反,他一再强调政府不要干涉私人经济生活,政府的格言应当是"安静些",其行动应尽可能受到限制。

密尔作为边沁的学生深受其老师的影响。尽管他修正了功利主义学说,但从功利出发分析现实问题的方法被继承下来。他和他的老师一样都把政府看作实现社会功利的一种手段,不过他的表述更为具体和精细。他认为:"政府的固有职能不是一成不变的东西，在不同的社会形态而有所不同，在落后的社会形态比在先进的社会形态要广泛得多。”[1]但是，不管政府职能如何变化，衡量政府好坏的唯一标准就是社会利益的总和。然而，密尔理解的社会利益和边沁理解的社会利益有很大的不同，这主要表现在边沁强调感官的快乐，而密尔则注重理智、情感和道德情操的快乐。因此，密尔又进一步把社会利益这个总的标准划分为两个具体的评价标准，即一个好的政府的第一个标准是能够促进人民本身的美德、智慧以及实际活动和效率方面的进步，也就是能够培养社会成员的好的品质；第二个标准是能够将现有的道德的、智力的知识和积极的价值组织起来，以便对公共事务发挥最大效果。在密尔看来，这两个评价政府好坏的标准就是政府的两个最基本的职能。

边沁和密尔从功利的观点看待政府职能问题，显然比洛克从自然法的角度看问题要现实得多。不过，他们的基本精神还是一致的：政府作为“守夜人”的角色还基本没有变；私有财产依然是守护的主要对象；从个人出发，而不是从个人和整体的辩证关系出发，依然是他们分析问题的共同方法。这些都表明，他们的理论仍带有明显的历史和阶级局限性。然而，功利主义者的理论贡献也是不可抹杀的。他们特别是密尔对个人发展的社会意义的论述，以及对政府过分限制个人自由所造成的危害的论述，还是有一定启发意义的。过去，我们一度片面地从整体看问题，忽视了要素和个体的作用，其教训是深刻的。今天，当我们辩证地看待政府管理和个人主动性的相互关系时，当我们为了调动社会一切方面的积极性，而把市场机制引入我国时，密尔的论述还是能够开阔我们的思路的。

（三）亚当·斯密：“看不见的手”与政府职能

亚当·斯密反对政府干预经济生活、承担经济管理的职能，

---

① [英]约翰·密尔著，汪瑄译．代议制政府[M]．北京：商务印书馆，1982：17.

他发展出了一套系统的、至今仍被一些人奉为圭臬的市场经济理论。

亚当·斯密认为，正是市场价格机制的自动调节作用，使经济体系在没有人有意识计划的情况下，实现了各方均衡；在每个人都追求个人利益时，也实现了整体的利益。他把这种自动调节的市场机制形象地比喻为一只“看不见的手”，认为有了这种看不见的手，就用不着政府去用看得见的手对经济活动指手画脚。所以，他反对重商主义者的政府干预主张，批评限制竞争和贸易的各种规章制度，要求实行自由竞争和自由贸易，也就是要求政府不要干预经济活动，实行放任主义政策。

亚当·斯密把政府的职能规定为三项，即国防、司法行政以及建设和维护某些公共工程与机构。他认为，前两项职能是防卫性质的，其中国防的职能是“保护本国社会的安全，使之不受其他独立社会的暴行与侵略”；司法机关的职能是“尽可能保护社会上的各个人，使其不受社会上任何其他人的分割或压迫”。[①] 实际上，亚当·斯密讲的这两种防卫性职能主要还是为了保护私有财产。公共工程主要指一些公共设施的建设，如进行商业贸易必须具备的道路、桥梁、运河、港口等。公共机构主要指一些国家建立的保护贸易的要塞和在所有国家设立的大使馆以及公共教育机构。关于教育，他认为分工的发展会阻碍许多工人的个性发展，因此国家有义务消除这一弊端，那就是鼓励甚至强迫所有无力受教育的人接受公共当局提供的初等教育。

亚当·斯密的上述理论是自由资本主义时期资产阶级对政府职能的一种比较典型的看法。不过，正如后来许多学者所批评的那样，亚当·斯密的市场理论是过分理想化的。在现实生活中，许多生产领域由于资源等客观条件的限制，无法实现完全的竞争，这样建立在完全竞争假设基础上的各种均衡和好处也就成了空中楼阁。不过，亚当·斯密的贡献毕竟是很大的，他对市场

---

① [英]亚当·斯密著，郭大力、王亚南译．国民财富的性质和原因的研究(下卷)[M]．北京：商务印书馆，1981：252—253.

调节作用的论述至今仍有现实意义,他对政府第三职能的看法也不无借鉴的价值。

二、政府干预与福利国家理论

19 世纪末,随着资本主义自由阶段向垄断阶段的发展,自由放任政策和"守夜人"政府理论越来越不适应社会的要求。这时,由于社会贫富分化的加剧,阶级矛盾和阶级斗争日益尖锐,无产阶级政党纷纷建立并迅速发展,社会主义运动蓬蓬勃勃、日益高涨。资产阶级逐渐感到,如不调整原来的政策和理论,就将威胁到自己的统治和地位。于是,一些资产阶级哲学家、政治学家和经济学家开始修改原来的政府理论和政策主张,试图通过政府干预和发展社会福利来改善政府的形象、缓和社会的矛盾,这样传统自由主义也就发展到现代自由主义(也称"新自由主义")阶段。那些继续坚持放任主义政策和"守夜人"政府理论的人,开始被称为"保守主义者"。这次政府职能的转变过程,从理论酝酿到实际确立,大约经历了近半个世纪。其间,几经反复,几多斗争,直到罗斯福新政的实施,这种新的职能和理论才基本稳定下来。

(一)格林:新自由主义与政府职能

最早意识到政府职能转变的必要性并给予系统论证的思想家之一是 19 世纪末叶的英国唯心主义哲学家、新自由主义创始人托马斯·格林。格林的新自由主义不仅新在对政府的看法上,而且新在整个体系的理论基础和价值观上。

1. 修正了个人主义理论

格林从康德和黑格尔,乃至从古希腊的城邦主义思想中汲取养料,把个人和社会之间的对立调和起来。他认为,个人生命与社会生命息息相关、密不可分,而且只有社会生命才使个人具有价值和意义,只有社会生命才赋予个人以充分的道德发展的力量。因此,个人及其全部权利和自由只有在社会中才能得到实现，而社会也有义务促进个人和社会的充分的道德发展。

2. 修正了传统的个人权利概念

格林认为，权利既不是自然状态中孤立的个人所有，也不是法律所赋予的，而是一个人出于自我意识的本性而提出的要求。但是，这个自我不仅意识到它自身，而且也意识到别的自我，意识到这些别的自我具有和它本身同样的性格，即具有同样的善良意志和同样的目标。因此，这个自我不但决心要实现它本身之善，而且决心要实现它和他人的关系之善，即社会之善。在他看来，构成社会的这种关系之善便意味着一种权利体制。在这种体制下，每个人都承认他的同胞，也要求他的同胞承认自己有追求理想目标的力量。于是，这种承认便使出于自我意识的本性而提出的要求转化成了权利。这种权利只有在个人是社会的成员并借助造成社会承认的社会理想目标的力量时才能属于个人。

3. 修正了传统的自由观念

传统自由主义思潮的基本价值观念是个人自由。但这种个人自由强调的重点是摆脱社会对个人的限制，其含义主要是指在不妨碍别人自由的前提下可以为所欲为的权利。这种自由观被人们称为“消极自由观”。格林不满意这种以个人和社会对立为前提的自由观念，主张从积极的意义上去理解自由。他认为，自由只能是实现善良意志的自由，是追求这种意志向它本身提出的种种目标的自由。因此，自由不是无拘无束的消极现象，而是“从事值得去做或享受值得享受的事物的一种积极的力量或能力”。[①]简单来说，格林讲的自由就是按现有条件发展个人道德能力的自由。

---

① ［美］乔治·霍兰·萨拜因著，刘山等译．政治学说史（下册）［M］．北京：商务印书馆，1986：799.

4. 政府职能观

他认为，国家（政府）的职能是一种消极的职能，因为它只能保证忠于职守的行为，但不能从责任感上保证人们去采取行动。所以，为了保持和扩大道德的行动范围，国家所要做的不是谋求进入自由意志的内部中去，代替社会成员使他自己变得更好，而是疏通自由意志向外表现为行动的渠道，拆除妨碍社会成员使自己变得更好的障碍，使其能够做那些“值得去做的事情”。在格林看来，国家的职能就是实施权利，而不是强迫其成员实施道德行为。

格林的这种政府职能观相对于个人道德选择的积极主动行为来说，自然是消极的；但相对于传统自由主义的守夜人职能来说，则是非常积极的。格林的这些思想深刻地影响了现代自由主义的发展。其后的一些思想家除了继承格林的一些思想外，还从国家本身的性质、垄断组织限制竞争导致的不公平、没有经济的安全就不能实现真正的自由等角度，论证了政府干预经济生活的必要性。不过，对政府干预论证最有力、对政府政策影响也最大的是活跃于 20 世纪上半叶的英国著名经济学家约翰·梅纳德·凯恩斯。

(二)凯恩斯的政府干预理论

凯恩斯主义是 1929—1933 年资本主义世界大危机的产物。这次危机打破了自由市场的神话，也迫使资本主义国家放弃自由放任政策，走上政府干预的道路。凯恩斯在 1936 年出版的《就业、利息和货币通论》一书，就是为资本主义国家的政府干预政策从经济学方面提供理论根据的。

凯恩斯强调政府调节资本主义经济的作用是以实现充分就业为理由的。他讲的充分就业指的就是没有“非自愿”失业的存在。他认为，资本主义国家的主要问题是失业问题，而未能实现充分就业，原因是“有效需求”不足所造成的。所谓“有效需求”，就是商品的总供给价格和总需求价格达到均衡状态时的总需求。按照凯恩斯的说法，在没有政府干预的情况下，这种总供给价格和总需求价格的均衡一般都是小于充分就业的均衡。只有通过政府干预，自觉调节经济生活，才能刺激有效需求，保证充分就业。

凯恩斯认为，资本主义本身由于三种基本心理因素的作用，已经无法保证充分就业和避免经济危机了。只有扩大政府的权力，加强政府对经济的调节，才能避免这种灾难。既然要实现充分就业就必须刺激有效需求，而有效需求是由消费需求和投资需求所构成的，所以凯恩斯强调的政府干预的重点就是刺激消费和投资。他认为，国家必须"指导消费倾向"，并"鼓励一般人之消费倾向"；国家应"多负起直接投资之责"，应当"设法增加并补充投资引导"。[①] 为了刺激消费和投资，他主张实行赤字财政政策、通货膨胀政策和对外扩张政策。他认为，通过增加政府支出，特别是战争引起的政府支出，就可以有效地增加社会需求；或者政府通过减免税收，也可以鼓励消费者增加消费，或鼓励企业家进行投资。另外，政府通过通货膨胀的手段可以弥补赤字，也可以达到压低利息率以鼓励投资、压低实际工资以提高利润的目的。

凯恩斯这种通过政府调节总需求（又称"需求管理"）来对付资本主义经济危机的办法，显然还不是一种从根本上解决问题的办法。尽管它在一定时期内会显示一定效果，但并不能消除经济危机的深刻根源（这种根源在于资本对劳动的残酷掠夺），因而其措施也只能是浅层次的。而且，把握不好，还会造成国民经济的畸形发展，加剧两大部类或者不同部类各部门之间的不平衡，从而导致新的危机。当然，凯恩斯的理论毕竟反映了他那个时代西方主要国家加强政府干预的必然趋势，而且他提出的宏观财政政策和宏观货币政策，作为政府调节经济的手段，也确实起到了一定作用。更主要的是，他在自由放任主义无能力救治社会弊病的

① ［英］约翰·梅纳德·凯恩斯著，徐毓枫译．就业、利息和货币通论［M］．北京：生活·读书·新知三联书店，1957：321.

背景下，正确指出了政府这只“看得见的手”的作用，使各国政府实际上都是两只手并用，这一点到现在也还有重大指导作用。

三、政府干预的反面发展——新自由主义经济学的政府职能观

凯恩斯主义政策的实行、政府干预的加强以及“福利国家”的发展，曾经给西方社会带来了一度的繁荣。一些资产阶级学者也曾满怀信心地把凯恩斯主义看成能够根治资本主义弊端的灵丹妙药。然而，当战后西方经历了一个相对平稳的发展时期之后，由于各方面矛盾的积累，人们终于发现随着通货膨胀和巨额财政赤字的日益严重，资本主义不仅旧病未去，而且又添了新病。实际上，亚当·斯密的追随者在西方从来也没有绝迹过。也就在这时，西方经济学界逐渐成长起来一个新的学派——新自由主义经济学。这个学派在政治上一般被称为“保守主义者”或“自由保守主义者”。随着 20 世纪 70 年代初世界性经济危机的爆发，凯恩斯主义威信的下降以及保守主义在西方政治舞台上逐渐得势，这个学派迅速发展成一支蔚为壮观的力量，成为目前西方取代凯恩斯主义而居主导地位的经济学流派。新自由主义经济学除了哈耶克和德国的新自由主义以外，还包括美国的“货币主义思潮”“人力资本理论”“所有权运动”和“公共选择学派”等。这一流派在政府职能问题上的主张主要是对政府干预经济生活的消极作用做了大量的理论分析和实证研究，并对如何限制政府权力的扩张和改善政府的经济职能提出了一些有启发意义的建议。

对政府过分干预经济生活导致的政治危害的分析，最集中地体现在英籍奥地利经济学家和政治思想家弗里德里希·冯·哈耶克的著作中。他批评的政府干预主要是指政府统制一切经济活动的干预，实际上就是指高度集中的计划经济。他通过分析得出了以下几点结论。

第一，政府统制一切经济活动必然导致民主的毁灭。

第二，政府统制一切经济活动与法治也是不相容的。

第三，政府统制一切经济活动也不利于实现真正的自由。

第四，政府统制一切经济活动也会造成思想上的统制。

四、重新澄清政府作用——对新自由主义政府职能观的批评

20世纪七八十年代，新自由主义思潮统治了人们的头脑，加之人们日益看清原来苏东与中国等社会主义国家实行的计划经济模式的弊端，人们对作为整个社会经济代理人的政府职能模式产生失望情绪，整个世界的政府职能理论趋向自由放任。发生于20世纪七八十年代的以英、美为代表的“新公共管理”改革也充分反映了这种情况。然而，问题发展到一定程度就会走向反面。当把自由放任强调到过了头的时候，人们出于对原来实行亚当·斯密新主张的“守夜警察”政府职能论的反思，更出于对几十年正反两方面各种实践经验的检视，自然会客观冷静地对待这个问题。尤其是，新古典宏观经济学、新自由主义经济学各流派旨在排除政府干预作用的政策主张，实行的效果并不理想，有的甚至很不理想，自然导致人们对其热情的锐减。于是，不少学者提出，新自由主义理论对政府作用的论述，有些虽有一定道理，但走得太远，必须纠正；而他们的政策主张又离政府实际太远，缺乏实行的基础，事实上各国也并不完全那样做，必须调整。正是在这种背景下，西方学术界又产生了新凯恩斯主义和其他要求政府适当干预社会与经济生活、为政府权力适度恢复名誉的种种理论主张。例如，重申政府干预的“新凯恩斯主义思潮”和将政府视为“裁判员的”政府职能观等。

第三节　国外以往政府职能模式

政府职能模式是由各种历史和现实因素相互作用而形成的。由于各国社会经济制度不同，社会生产力的发展水平不同，决定了政府在社会经济生活中扮演着不同的角色，具有不同的管理职能，从而构造了不同的政府职能模式。从近代以来，国外已有的

政府职能模式很多,但归纳起来,大致可分为三种,即放任型政府职能模式、集权型政府职能模式、辅助型政府职能模式。这些模式在社会的发展变迁中大多都已进行了调整,对我国政府职能模式的转变有着借鉴意义。

一、放任型政府职能模式

放任型政府职能模式即“小政府”模式,是指政府职能的行使较多地依赖于市场机制的作用,凡是市场能够解决的问题,政府不再干预。国民经济的运行完全靠市场机制的自由运作,政府只对市场经济的运行创造必要的外部条件,同时实行有限度的宏观调控。当然,绝对自由放任的国家是极少的。但有的国家比较倾向这种做法,从某种意义上说,我们可以把英国、美国等作为代表。

(一)放任型政府职能模式的形成

放任型政府职能模式经历了一个由自由放任向现代放任过渡的发展过程。十八九世纪,大部分西方国家都处于自由经济阶段,当时在政府职能模式选择上占统治地位的是英国古典经济学家亚当·斯密的观点,即“管得最少的政府是最好的政府”,政府只是市场经济运作之外的“守夜人”。按亚当·斯密的观点,商品交换和社会分工是最基本的社会经济活动,只要政府不加干预,通过市场这只“看不见的手”,资本就可以找到最便利的使用渠道,资源也能得到最合理的配置,供求力量会在充分就业的情况下自动达到均衡状态。亚当·斯密的理论很快被欧美一些国家接受。美国在宪法修正案第 14 条第 1 款中明确规定:“任何一州,都不得制定或实施限制合众国公民的特权或豁免权的任何法律,不经正当法律程序,不得剥夺任何人的生命、自由或财产;在州管辖范围内,也不得拒绝给予任何人以平等法律保护。”[①]

这些条款后来被解释为:限制议会干预企业活动,这样就使

① 姜士林等. 世界宪法全书[M]. 青岛:青岛出版社,1997:1620.

政府经济和社会职能的发挥受到了很大的限制。美国联邦政府当时只有三个部门,主要负责征税、国防和外交事务的管理,其余的社会经济管理则完全放任市场这只“无形的手”自发调节。

到了19世纪末20世纪初,资本主义由自由竞争阶段发展到垄断阶段。生产和资本日益高度集中,经济商品化程度不断提高,仅靠市场这只“看不见的手”已无法自动调节愈演愈烈的市场供求矛盾,无法解决大量的社会问题。随着社会生产力的发展,社会事务日益增多,也使政府行政管理的范围不断扩大,要求政府具有更多的社会经济管理职能,完全自由放任的政府职能模式开始暴露其弊端。特别是到了20世纪30年代,资本主义世界爆发了空前的经济危机,从根本上动摇了市场自发均衡以及“管得最少的政府是最好的政府”的传统理论,主张国家全面干预、调节经济的凯恩斯主义应运而生,从而促使自由放任型政府职能模式向现代放任型政府职能模式转变。

在美国,罗斯福通过他的“新政”首次进行了通过国家全面干预经济来摆脱危机,为经济发展开辟道路的尝试。美国政府颁布了一系列法律、法规,制定了金融、信贷和货币政策,着力整顿金融业,通过加强对银行、信贷和信用的控制,紧紧地把整个国民经济控制在自己手中。并且,国家成立了农业调整局、全国产业复兴局等,加强了政府对农业、工业的干预和调节。与此同时,政府大力举办公共工程,建立社会保障制度。罗斯福“新政”的实施表明:美国政府不再是那种不管经济、放任市场自由运作的政府。为了国家政治、经济发展,美国政府已经把经济调节功能纳入行政管理的范畴,承担了更多的社会经济管理职能。第二次世界大战期间,美国政府进一步加强对经济的干预和调节,采用大量的立法、政府命令,对劳工组织、生产企业、运输业、金融货币机构等进行管理,不断扩大政府对经济的干预程度和范围。

然而,从20世纪70年代开始,西方发达国家出现了经济“滞涨”现象,保守主义经济理论重新抬头,政府职能模式又发生了新的变化。20世纪70年代,里根入主白宫后明确宣布,要设法“消除烦琐的、不合理而且无意义的规章制度”,减少政府对经济的干预,鼓励企业自由竞争。在里根执政期间,美国政府大规模地取消政府规章制度,对农业、交通、能源、金融、通信、劳动等方面实行的价格、产量、生产方式和行业进入等限制性规章进行削减和改革,解除政府和立法方面对经济中各种微观活动的束缚,减少直接干预,让市场机制充分发挥作用。英国撒切尔夫人上台后,对国内经济政策也进行了一系列重大的调整和改革。她反对工党强化政府在经济领域中的作用的主张,而提倡自由竞争的市场经济,限制国家过多地干预经济活动。在她执政时期,曾撤销了3000多个计划、咨询和监督机构,取消了物价管制委员会,降低了某些政府机构的职能。但是现实生活中,美国、英国的市场经济体制早已不是传统意义上的市场经济体制了,两国政府的职能模式也不可能完全回归到自由竞争时期。虽然,里根政府、撒切尔政府主张减少政府对经济的干预,但并不意味着政府从市场经济运作中完全退出来,重新充当“守夜人”的角色,只是政府行使职能的方式有所变化而已。

从美国、英国政府模式的演变中我们可以看到,其政府模式经历了一个由自由放任型向现代放任型发展的过程。随着垄断资本主义的发展,国家对市场经济已采取适度干预政策。但总体来看,美国、英国政府对市场的干预比起日、德、法等国要小得多,基本上还属于一种放任型政府职能模式。美国、英国政府职能模式的演变,一方面反映了现代市场经济发展的某种规律,另一方面又带有本国的特色。当然,进入20世纪90年代以后尤其是最近几年,他们在实际做法上又有所调整,但并没有超放任型模式范畴。

(二)放任型政府职能模式的特点

美国作为放任型政府职能模式的代表,其政府职能设置具有以下特点。

第一,按照分权原则划分中央与地方权力。按照美国宪法规定，在政体上实行分权制衡，建立立法、司法、行政分立的体制，即立法权属于国会，行政权属于总统及其政府，司法权属于法院。三者彼此独立、相互制约。在中央和地方关系上，美国政府也按照分权原则来划分中央与地方权力。美国行政体制大体分为中央、州和地方三级政府。其中，各州对联邦拥有一定的独立性，各州有自己的宪法和立法机关，其他地方政府的产生或成立要经过州的批准，并要接受州的领导和监督。联邦政府和州政府在职能权限方面进行了明确分工，双方各司其职、各负其责。根据联邦宪法的规定，联邦政府主要负责发行货币、邮政、内外贸易、国防、外交、公共福利、公共安全等方面的管理。州政府则具有公共卫生、教育、公共工程、公用事业、州内工商业管理等方面的职能。总体来看，关系到国家整体利益的各种权力、职能授予了联邦政府，使联邦政府权限高于各州；而关系到地方各自利益的权力、职能则留给了各州政府。同时，有些职能联邦和州政府可以共同拥有，如征税、借款、公共福利、环境保护等。当然，联邦政府和州政府在职能权限的划分方面并不是一成不变的，而是随着社会经济的发展、社会管理事务的增多，中央与地方政治力量的消长处于不断变动之中。

第二，政府不干预企业的经营活动。美国政府的经济管理职能比较弱，政府对企业的生产、经营、销售和分配等活动基本上不加干涉，完全由企业依据市场上的价格机制作用，以市场竞争为基础进行。美国政府主要通过经济监督的方式来规范企业的经营行为，实施对国民经济的宏观调控。美国政府的经济监督主要采取经济立法和制定经济政策两种方式。其中经济立法是美国政府干预经济的重要手段，就经济立法的内容来看，大体可分为三类：一是调整和处理企业之间关系的法规，如保证竞争、反对垄断的《谢尔曼反托拉斯法》《克莱顿反托拉斯法》和《联邦贸易委员会法案》等；二是调整和处理雇主和雇员之间关系的法规，如《公平劳动标准法》《全国劳工关系法》等；三是保障社会利益的法规，如《社会保障法》《证券投资者保护法》《食品卫生与药品法》等。

政府通过经济立法对企业的经济活动进行监督管理，规范市场竞争秩序，以消除垄断资本发展过程中所造成的封锁市场垄断价格、排斥竞争、坑害消费者、污染环境等扰乱正常经济秩序、损害公众利益的不良行为。制定经济政策是美国政府调控经济的另一重要手段。美国的经济政策包括财政政策、金融政策、收入政策、外汇政策和贸易政策等。政府通过宏观经济政策的实施，尽可能为企业创造一种"公平合理"的市场竞争环境，克服在自发经济条件下所造成的部门间、行业间、地区间的经济发展不平衡，保障和保护国家和社会的公众利益。

第三，政府服务与社会保障职能较强。美国政府虽然不干预企业的经营活动，但尽量给企业提供优质服务。这些服务包括为企业提供金融、贸易、科技信息与帮助，提供基础设施建设、社会安全以及法律咨询等。为了缓和社会矛盾，美国政府大力加强社会保障职能，举办各种社会福利事业。例如，联邦政府为保证义务教育法的实施，明确规定学龄儿童及青少年都可以免费进公立中小学读书。在高等教育方面，美国各州都举办公立的州立大学，收费较低，对本州居民收费更低。美国政府通过加强社会保障职能等措施，在一定程度上缓和了社会矛盾，起到了稳定社会的作用。

英国政府的职能模式大体上与美国政府相似。第一，英国政府一般不直接干预企业的经济活动，企业在市场经济中享有充分的自主权。政府主要通过财政、金融政策对国民经济实行间接调控。在英国政府机构中与经济管理有关的大约有 6 个部门，其中重要的有财政部、能源部、贸易和工业部等。第二，英国在社会保障方面比美国政府具有更强的社会保障职能。英国是发达市场经济中第一个全面实施社会福利政策并建立起一整套社会福利制度的国家。社会福利制度以及"福利国家"政策成为英国政府宏观经济政策的重要组成部分。英国社会福利内容非常广泛，已涉及英国公民生、老、病、死、伤、残、孤、寡、失业和教育等各个方面。社会福利政策的实施对英国的经济发展、社会稳定以及人民生活水平的提高都起了一定的推动作用。但是,庞大的公共开支也加重了政府的财政负担,带来了一系列消极影响。

美、英两国采用放任型政府职能模式,希望通过减少政府对经济的干预,达到抑制通货膨胀、增加就业、刺激经济增长的目的。虽然在里根执政、撒切尔夫人执政时期,曾一度使美国、英国经济状况有所好转。但是,好景不长,两国经济最终回落到了经济增长速度缓慢,失业率、通货膨胀居高不下的老路。实践证明,解决通货膨胀、失业和经济增长问题,单靠市场机制是难以奏效的,必须适度加强国家对经济的干预,使“有形的手”与“无形的手”很好地结合起来,共同发挥作用。这也就是后来美国克林顿政府与英国布莱尔政府在这上面有所调整的根本原因。后来的历届政府也都大致继承了这种调整后的政策。

二、集权型政府职能模式

集权型政府职能模式即“大政府”模式,是指一切权力高度集中,政府无所不包、无所不管。企业作为政府的附属物被置于政府的直接支配下而没有独立性。市场主体被政府主体取代,政府在资源配置中发挥绝对支配作用。集权型政府职能模式主要在实行计划经济体制的社会主义国家实行,尤其以苏联为代表。

(一)集权型政府职能模式的形成

集权型政府职能模式的形成有一个发展过程。从理论上分析,马克思、恩格斯对无产阶级夺取政权以后建立什么样的国家形态和管理方式曾发表过一系列论述。马克思、恩格斯根据欧洲发达资本主义国家的经济发展状况,认为无产阶级夺取政权以后国家要把生产资料集中在自己手里,进而有计划地领导和管理整个国民经济,以解决生产的社会化与生产资料私人占有制的矛盾。列宁也认为,社会主义革命成功以后要“剥夺资本家,把全体公民变为一个大‘辛迪加’即整个国家的工作人员和职员,并使整个辛迪加的全部工作完全服从真正民主的国家,即工兵代表苏维埃国家”。[①] 这里全体公民都成了国家（武装工人）的雇员。全体公民都成了一个全民的、国家的“辛迪加”的职员和工人。“整个社会将成为一个管理处，成为一个劳动平等、报酬平等的工厂。”[②]

列宁还设想新建立的革命政权不应当是议会式的机构，而应当是同时兼管立法和行政的工作机构，也就是“把国家的立法工作和行政工作结合起来，把管理和立法合在一起”。

十月革命后，列宁设想的这种“大政府”模式被付诸实践。按照列宁的这些思想建立起了最高立法机关苏维埃全国代表大会及其中央执行委员会和最高人民政府即人民委员会（后来改为部长会议）。按照“议行合一”的原则，最高立法权应该属于直接代表人民意志的苏维埃全国代表大会及其中央执行委员会。但是，由于当时情况紧急，大部分重要法令都未能经过苏维埃全国代表大会及其中央执委会，而是由作为行政机关的人民委员会直接制定和执行。这样便在“议行合一”的形式下，使建国初期苏维埃政府不适当地兼有了行政和立法的双重职能，形成了中央政府集权的最初格局。在经济上，新生的苏维埃政权为了击败外国武装干涉和平定国内的反革命叛乱，紧急制定了战时共产主义政策，实行了高度集中的经济管理。国家成立了管理工业的管理总局、管理农业的工人征粮队和贫农委员会以及管理分配的消费公社，初步建立了计划经济的管理模式。尽管国内战争和反对帝国主义武装干涉的战争结束以后，列宁及时总结了“战时共产主义政策”的经验教训，开始实施新经济政策，希望通过市场来发展商品经济，发挥市场在调节、刺激经济中的作用。但是同时，他认为新经济政策是一种不得已的“退却”。他在 1921 年谈道：“我们已经退向国家资本主义了。……现在我们正退向国家调节商业。但我们的退却是有限度的。”退到一定的程度就要停止退却，转入反攻。事实上，一年后，在苏共的第十一次代表大会上，列宁就宣布

① 列宁．列宁选集（第三卷）[M]．北京：人民出版社，1995：199.

② 同上，第 202－203 页．

"退却已经结束",并提出"准备向私人经营的资本进攻"。① 由此可见,在列宁时代就已开始着手建立高度集权的经济与政治体制。

列宁逝世后,苏联加快了社会主义改造步伐。在20世纪30年代相继实现了国家工业化和农业集体化。在所有制结构方面,建立起了清一色的社会主义生产资料公有制,从而为国家高度集中管理经济奠定了基础。整个斯大林执政时期,国家与政府的职能被进一步发展和强化。当时,尽管国家宪法明确规定:最高苏维埃是苏联的最高立法机关,国家行政机关(人民委员会)、审判机关(苏联最高法院)、检察机关(苏联检察院)都由国家最高立法机关产生,并对苏维埃全国人民代表大会负责和报告工作。但是,在具体执行中,这些规定并未完全兑现,政府职能仍然没有突破建国初期那种中央集权的框架。实际上,立法、行政权主要集中在中央政府,政府取代了国家最高权力机关的作用,而党的领导机关又取代了政府的作用,包揽了政府在经济、文化教育、人事任免、社会管理等方面职权。联共十七大以后,从联共中央到各加盟共和国、州、区等各级党组织都建立了和政府各行政部门相对应的"业务部",使本来应该由政府进行的具体行政决策变成了由党的领导机关直接做出,或由党和政府联合做出,极大地削弱了政府的行政权力,形成了以党代政、党政合一的权力结构。在经济体制上,苏联否认市场经济的存在,排斥市场机制的调节功能。斯大林本人虽然也承认生活资料是商品,允许其进入市场流通。但是,他一直不承认生产资料是商品,也不允许市场流通。市场配置资源的作用完全被政府行为所取代。随着清一色的社会主义生产资料公有制的建立,国家开始用计划经济手段管理企业,最终形成了高度集中的计划经济管理体制。

应该指出的是,苏联实行集权型政府职能模式是与当时苏联所处的特定的历史条件分不开的。苏联是世界上第一个社会主

---

① 联共(布)中央特设委员会编. 联共(布)党史简明教程[M]. 北京:人民出版社,1975:593.

义国家,夺取政权以后建立什么样的政府职能模式没有范例可依循。长期形成的历史文化传统和习惯势力,旧社会遗留下来的经济、文化的落后状况不可避免地对新建立起来的政权及其行政管理方式产生深刻的影响。

(二)集权型政府职能模式的特点

集权型政府职能模式与放任型政府职能模式是完全对立的两种模式。它们在职能配置的"光谱"中占据了两个极端。与放任型政府职能模式相比,集权型政府职能模式具有如下特点。

第一,权力集中于中央,中央政府职能过于膨胀。在集权型政府职能模式下存在着一个权力无条件集中的链条现象,即基层的权力集中于上级,地方的权力集中于中央,中央的权力集中于最高领导者个人。中央政府囊括了几乎所有的政治、经济、行政管理职能。例如,在20世纪30年代,由于害怕"地方工业的过分发展会走到资本主义方面去",苏联政府甚至要求"每一千块砖头,每一双皮鞋或每一件内衣,都要由中央来审批"。在中央与地方关系上,中央政府实际掌握了各加盟共和国经济计划、交通邮电、财政预算、税收和国民教育等方面的职权,直接插手地方事务的管理。中央政府还操纵了各加盟共和国的机构设置和人事任免。中央政府职能的无限膨胀超过了政府的行政能力,使政府管了许多不该管、管不了、管不好的事情。

第二,政府直接管理企业。苏联建立了单一的社会主义生产资料公有制后,全民所有制的产权主体成了国家或政府,政府自然成了企业生产经营的直接决策者和管理者。企业生产什么、如何生产、为谁生产都由政府来决定。个人消费什么、如何消费,政府也要通过一定的方式进行干预。作为微观经济运行载体的企业既没有决策上的自主权,又没有经营管理上的责任。为了加强对企业的管理,国家建立了庞大的经济管理机构,各个企业按其生产性质分别隶属于不同的政府部门,由政府的各主管部门直接管理。企业的人、财、物、产、供、销几乎全部由政府负责,甚至连产品的出厂价格也由政府来制定。比如,中央政府设立了价格委员会来专门负责制定主要的生产资料和消费品的价格,其他非主要产品的价格则由中央主管企业的人民委员会批准。1948 年苏联部长会议专门设立了国家国民经济物资技术供应委员会,具体负责物资供应的计划和分配工作。在对企业的管理上,政府采取计划和行政手段相结合的方式,通过对企业下达指令性计划,指导监督企业的经营活动。国家计划对企业有很强的约束力,企业必须照此生产。20 世纪 40 年代,苏联政府下达给企业的计划指标达 120 多项。20 世纪 50 年代初下达的计划指标虽然有所减少,但仍有 30 多项。企业名副其实地成为依附于政府的加工厂,政府与企业在职能上发生了根本的错位。

第三,政府职能过于宽泛,并与各种社会职能相混同。从社会发展趋势来看,科学技术的进步和专业化分工的发展使社会分工越来越细,社会公共事务越来越多。政府作为公共行政权威,其行政能力毕竟有限,不可能将所有的事务包揽到底。随着社会成员民主参与意识的增强,政府管理与社会管理将逐步分离,政府包揽的大部分事务要交还给社会,由社会成员或社会组织自我管理。集权型政府职能模式却混淆了政府管理与社会管理的区别。在集权型政府职能模式下,政府无所不包、无所不管,许多应该由社会成员或公民自己管理的事务也由政府管下来。小到公民日常生活用品的搭配,子女养育;大到公民的就业、住房、医疗保险,政府统统负责。膨胀的政府职能与有限的行政能力发生了尖锐的矛盾。许多应该由政府管理的事情,政府没有管好;许多不应该由政府管理的事情,政府却乱插手、乱干涉。政府职能过于膨胀,导致个人权利丧失殆尽,个人成了依赖于政府各级部门及企事业单位的附属品,社会自我管理、自我约束、自我调节的能力降到了最低点。

由于苏联是第一个社会主义国家,苏联的政府职能模式对社会主义国家产生了深刻影响,一直成为社会主义国家政府职能模式的蓝本。

三、辅助型政府职能模式

辅助型政府职能模式是由放任型政府职能模式发展而来的。其主要特征是:政府在一定程度上介入社会生活,尤其是经济生活。通过编制计划,制定产业政策,进行一定程度的宏观调控。同时,政府既对市场进行适度干预,又注意发挥市场机制的作用。实现辅助型政府职能模式的国家主要有日本、德国和法国等。

(一)辅助型政府职能模式的形成

日本实行辅助型政府职能模式是有其历史根源的。1868年,日本通过“明治维新”走上了资本主义道路。当时,为了迅速摆脱经济落后的状况,日本政府比较注重对主要生产部门和一些重要经济活动的控制。以后,随着日本军国主义的抬头,政府对经济控制逐步加强。在第二次世界大战中,日本经济迅速向服从战时需要的战时统制经济过渡,国家加强了对经济的全面统制和干预,经济体制的运行完全服从了军国主义战争的需要。第二次世界大战结束以后,日本战时经济体制已不复存在,日本政府面临着新的选择。在美军占领期间,美国千方百计地在政治、经济上对日本施加影响。因此,第二次世界大战后日本政治、经济体制的选择较多地受到了美国的干预,既效仿美国的自由市场经济体制,又保留了日本的一些历史传统。这种情况在之后的几十年内虽有一些调整,但政府对经济和社会生活的干预程度一直比以美国为代表的放任型政府职能模式大得多。

德国也是历史上实行统制经济的国家。早在第二次世界大战之前,德国由于受经济危机的影响,在原有卡特尔和其他垄断形式的基础上就逐步走上了国家对经济实行全面干预的道路。到希特勒统治时期,统制式的经济达到了极端,所有商品和生产要素先后实行配给制,转向服务于战争的目的。第二次世界大战结束后,德国作为战败国,经济遭到了严重破坏。德国政府面临着重建体制和振兴经济的严峻任务。德国著名经济学家路德维希·艾哈德继承和发展了早期新自由主义者们的“社会市场经济”学说。他认为,社会市场经济包含两方面内容:一是拥有充满竞争活力,能给经济带来效率的市场;二是具有能够有效地提供“社会保障”“社会公正”和“社会进步”的社会福利政策。艾哈德还特别强调政府在市场经济中的作用,他认为国家肩负着“保证建立一个符合人的尊严的制度”的重任,承担着制定和维护经济运行秩序政策的责任。1949 年 9 月联邦德国成立,艾哈德出任第一届内阁经济部长,开始全面实施他的社会市场经济理论。这种理论在德国后来的政治经济制度和政府职能的调整中一直产生着深远影响。

法国则是另一种情况。在历史上,法国是一个具有相对集权传统的国家,而近代以来,社会主义思想则在法国非常发达,工人运动一直很激烈。其中,社会民主主义思想在法国有着广泛的社会基础。即使在 19 世纪自由放任经济思想盛行时代,自由放任主义观点在法国也未得到像英国、美国那样的普遍推崇。第二次世界大战结束以后,面对战争的创伤,戴高乐将军曾说:“今天和任何时候一样,使国家强盛是政府的责任,而国家今后能否强盛则取决于经济。国家必须领导经济,因为它太弱,需要革新。”[①]在这一思想指导下,战后法国政府加强了对经济的干预,并在后来的各届政府中都有所体现。

日本、德国、法国三国各自的社会经济条件和不同的历史背景决定了他们在政府职能模式上的选择。

(二)辅助型政府职能模式的特点

辅助型政府职能模式主张政府对经济进行适度干预和宏观调控,有如下特点。

第一,先后都曾通过编制国家经济发展计划,对企业进行经济诱导。这是日本、德国、法国三国政府都曾采取的共同做法。

---

① 顾海良.西方市场经济模式[M].北京:人民出版社,1994:106.

日本政府的经济计划分短期计划、中期计划和长期计划三种。计划的内容包括国家不同时期经济发展的重点，国家投资的主要方向以及企业执行国家计划可以享受的奖励、优惠条件等。计划虽然没有强制执行的效力，却对企业的经营活动产生了很大的影响。德国的国家经济计划是在社会市场经济原则范围内对国民经济所进行的一种总体调节。计划的内容只限于为宏观经济发展提出的几项综合性的指标，如国民生产总值、就业、价格等。它们对微观经济单位没有任何约束力，只起到一种指导性的作用。法国的经济计划则包括国家计划和地区计划两种。经济计划的主要内容有：规划未来几年经济发展的方向，提出总体目标和长远战略，确定国内生产总值、工农业生产进出口、某些部门指标和产品指标等。法国的经济计划一般是指导性的，除了对国有企业及政府有关部门有一定的约束力以外，对私营企业和消费者基本无约束力。为了使国家计划能够充分反映不同社会利益集团的要求，成为一种"集体合同"，政府还专门成立了计划编制协商机构——现代化委员会。委员会主要有资方、劳方和政府三方代表组成。其中，实业界代表对委员会的工作起着举足轻重的作用。

第二，采取各种手段对宏观经济进行调控。日本政府主要采取制定产业政策和加强政府行政指导的方式来调控企业的经济活动。日本产业政策的内容主要有四方面：一是产业税制政策和补助金制度，二是产业金融政策，三是限制进口措施，四是产业技术政策。行政指导是日本凭借国家行政权力和其他方面的优势直接干预经济的方法。其目的在于规劝企业按照政府的意图来调整各自的经营行为，使之符合国家经济发展计划和产业政策的要求。日本政府行政指导的范围非常广泛，既有对银行业的"窗口指导"，又有对企业的"业务指导"，还包括企业合并、企业投资方向、企业生产规模等方面的指导。德国政府主要通过经济立法的方法来行使政府宏观调控职能。为了防止市场竞争可能引起的垄断和经济社会的无政府状态，德国政府把建立正常的竞争秩序作为自己的重要职责。先后制定各种经济法规 2000 多种，旨在保护竞争者,使生产者和消费者能够通过参与市场活动获得相应的收益。为了遏制因垄断等种种因素而形成的各类“价格约束”,有效地保护竞争,政府还十分注意对整个国民经济价格水平的严格控制和管理,特别是在一些同居民生活关系密切的商品和劳务领域,政府甚至直接干预价格。

第三,强化政府的社会保障职能。社会保障是西方国家政府职能中的一项重要职能。德、日、法三国政府通过强化政府的社会保障职能,尽量为企业提供必要的服务和良好的外部条件。德国政府按照“把市场上的自由与社会公正结合起来”的原则,建构了较为健全的社会保障体系,大体上包括三个方面,即社会保险、社会照顾和社会救济。日本政府也注意发展社会福利事业。但是,日本并不像西欧国家那样无所不包。政府和一般国民对分配问题比较谨慎,担心过度的“公平”会导致平均主义倾向,滋生懒惰。日本政府中负责社会保障工作的机构是厚生劳动省,其主要职能为“在一切生活部门努力提高和增进社会福利、社会保障和公共卫生”。

第三章　推进政府机构改革

政府机构是我国行政管理活动的负责载体，也是履行行政职能的重要主体。政府机构的设置直接影响着国家的行政效能。改革开放以来，我国政府已经进行了多次机构改革，每次改革都引发了全社会的高度关注。历次改革表明：机构改革必须以职能转变为依据，机构改革必须与职能转变同时推进。多次机构改革取得了较大的成效，但也存在政府职能不平衡、政府对经济和社会事务介入过多、市场和社会的作用未充分发挥等问题。在当前我国全面建成小康社会宏伟目标的指引下，如何通过全面深化改革、全面依法治国，实现我国经济、政治、社会、文化和生态的全面协调发展，需要对政府职能转变和政府机构改革等问题进行深入思考。

第一节　改革开放40年政府机构改革背景、历程和特点

1978年党的十一届三中全会以后，我国进入了改革开放新时期。经过长期努力，十九大报告明确提出了我国进入了中国特色社会主义新时代，这标志着我们从“新时期中国特色社会主义”进入了“新时代中国特色社会主义”。40年前，中共十一届三中全会做出历史性决定，将党和国家工作重心转移到以经济建设为中心，我们国家开启了真正驶向探索中国特色社会主义道路的正确航程。为了适应一系列重要政策的调整，为适应党和国家工作重心转移的需要，党中央积极推进机构改革，分别于1982年、1988年、1993年、1998年、2003年、2008年、2013年和2018年进行了

八次改革，从新时期到新时代，我国社会主要矛盾发生了历史性转化，党和国家机构设置和职能配置已经不能够完全适应经济社会发展的需要，深化党和国家机构改革不仅是新时代全面深化改革和现代化建设的关键一环，而且是推进国家治理体系和治理能力现代化的重要组织支撑和制度保障。

一、政府机构改革的推进背景

(一)改革初期的政府机构设置

政府机构设置是国家行政体制的重要组成部分。在我国，政府机构改革既是行政管理体制改革的关键环节，又是政治体制改革的重要内容。改革开放初期，围绕着经济建设这一中心，为配合不断增多的政府经济管理职能需要，中央政府设置的机构数量相应地增加到了76个。

20世纪80年代初，中国改革开放的总设计师邓小平提出，在20世纪末以前的20年内要抓紧4件工作，头一件就是进行机构改革。党的十一届三中全会以后，党和国家的工作重心发生了转移，由以阶级斗争为纲转移到经济建设上来，各项改革工作以经济体制改革为主轴展开。

而此时，国务院组成部门不断膨胀增加，机构已多达100个，其中国务院办公机构5个：国务院办公厅、国务院财贸小组、国务院国防工业办公室、国务院侨务办公室、国务院港澳办公室；国务院部委52个：国家计划委员会、国家农业委员会、国家经济委员会、国家基本建设委员会、国家科学技术委员会、国家外国投资管理委员会、国家进出口管理委员会、国家能源委员会、国家机械工业委员会、国家对外文化联络委员会、国家民族事务委员会、对外贸易部等；国务院直属机构43个：国家劳动总局、国家物资总局、国家标准总局、国家计量总局、国家医药管理总局、国家建筑材料工业总局、国家水产总局、中国农业银行、中国人民建设银行、国家进出口商品检验总局、国家建筑工程总局、国家城市建设总局等。机关工作人员数量有 5 万多人，达到了中华人民共和国成立以来的最高峰；单是冶金工业部的正副部长加起来就有 24 位。政府机构庞大，人员冗杂，效率低下，人浮于事。因此，改革的当务之急即是精兵简政、提高效率。

(二)改革初期机构设置存在的问题

政府机构承担着行使公共权力、管理经济社会事务的职责。由于受到“苏联社会主义模式”的影响，改革初期的政府机构设置主要存在以下问题。

(1)机构臃肿，人浮于事。由于当时实行的是计划经济模式，造成了政府经济管理部门林立，机构数量繁多，人员队伍庞大。在对机构的恢复和重建中，曾经被停职、调离的老干部们重新回到了工作岗位，官复原职，因此无论是机构数量还是人员数量，均达到中华人民共和国成立以来的最高峰。

(2)机构重叠，职能交叉严重。处在计划经济体制下，政府对经济的管理方式主要是计划和管制，即“管制型政府”形态。由于机构重叠，政府部门之间职能不清晰，相同的经济管理事项往往牵涉多个部门，沟通协调成本较高，影响了办事效率。据 1982 年的一项统计，当时国务院经济综合部门与专业部门之间的交叉达 30%。

(3)机构设置和职能配置不合理。改革前的政府机构设置缺乏整体性和科学性的统筹安排，政府职能围绕着计划经济管理体制而进行，政府的社会管理、公共服务等职能则严重缺失。显然，不合理的政府部门机构设置和职能配置已不适应改革开放和经济社会发展的客观需要，亟待改革。

(三)政府机构改革的重要意义

早在 20 世纪 40 年代，中国共产党就接受了李鼎铭先生“精兵简政”的建议，即政府应“实行精兵简政主义，避免入不敷出，经济紊乱之现象”，为此实行了三次精兵简政。

毛泽东要求，精兵简政“必须是严格的、彻底的、普遍的，而不是敷衍的、不痛不痒的、局部的，必须达到精简、统一、效能、节约和反对官僚主义五项目的”。自此，精简政府机构和裁减人员，成为中国共产党的一贯主张。

改革开放后，中国政府的机构改革又被提上议事日程。1982年，邓小平在中共中央政治局讨论中央机构精简问题会议上的讲话中提出了“机构改革是一场革命”的著名论断，他指出：“如果不搞这场革命，让党和国家的组织继续目前这样机构臃肿、重叠、职责不清，许多人员不称职、不负责，工作缺乏精力、知识和效率的状况，这是不可能得到人民赞同的，包括我们自己和我们下面的干部。”

邓小平提出的两个问题，成为机构改革的方向和重点。一是“消肿”的问题。邓小平认为：“体制问题，实际上同‘消肿’是一个问题的两个方面，要‘消肿’，不改革体制不行。”“消肿”，就是要精简机构、裁减人员，最终提高机构的运行效率。二是“庙与菩萨”的问题。邓小平指出：“解决组织路线问题，最大的问题也是最难的问题，是选好接班人。庙只有那么大，菩萨只能要那么多，老的不退下来，新的进不去，这是很简单的道理。”“现在的庙很多，每个庙里的菩萨也很多，老同志盖住了，年轻人上不来。”

所以，机构改革首先通过动员老同志和认真安排好老干部退休离休及退居二线的工作，废除领导干部职务终身制，完善领导班子建设，机构人员队伍向着“四化”（革命化、年轻化、知识化和专业化）的方向发展。经过改革，干部的离退休已实现正常化、制度化。

总体来看，改革开放初期的机构改革迈出了非常重要和关键的步伐。随着对权力过分集中的经济管理体制着手进行改革，作为上层建筑重要部分的行政管理体制也必然需要进行改革和调整。大致可分为四个阶段。

第一个阶段（1982—1992年）：经济体制改革目标探索确立时期，主要包括的是1982年、1988年的两次机构改革。

(1)1982 年的机构改革的主要任务是解决经济建设过程中的领导体制问题,主张解决领导干部老化,实行干部队伍年轻化。

(2)1988 年的机构改革主张建立一个符合现代化管理要求,同时具有中国特色的行政管理体系。要达到这个目标,需要经过长期的努力。国务委员宋平指出,今后五年机构改革的目标是:理顺关系、转变职能,精干机构、精减人员,提高行政效率,克服官僚主义,增强机构活力。要创造条件,逐步理顺政府同企事业单位和人民团体的关系、政府各部门之间的关系以及中央政府同地方政府的关系。

第二个阶段:社会主义市场经济体制建立时期,主要包括的是 1993 年、1998 年的两次机构改革。

(1)由于 1993 年处于社会主义市场经济体制的宏观背景下,因此需要围绕着适应社会主义市场经济发展要求的目标,主张遵循政企职责分开和精简统一的原则,从而转变政府职能,提高政府效率。

(2)1998 年的机构改革,其目标是"建立办事高效、运转协调、行为规范的政府行政管理体系,完善国家公务员管理制度,建设高素质的专业化行政管理队伍,逐步建立适应社会主义市场经济体制的、有中国特色的政府行政管理体制。

第三个阶段:社会主义市场经济体制完善时期,主要包括 2003 年、2008 年、2013 年的三次机构改革。

(1)2003 年的机构改革的目标是按照完善社会主义市场经济体制和推进政治体制改革的要求,坚持政企分开,精简、统一、效能和依法行政的原则,进一步转变政府职能,调整和完善政府机构设置,理顺政府部门职能分工,提高政府管理水平,形成行为规范、运转协调、公正透明、廉洁高效的行政管理体制。

(2)2008 年的机构改革是一次大部制改革,其目标是着力优化组织结构,从而完善机构运行机制,为全面建设小康社会提供组织上的保障。

(3)2013 年的机构改革进一步深化大部制改革,目标是"按照建立中国特色社会主义行政体制目标的要求，以职能转变为核心，继续简政放权、推进机构改革、完善制度机制、提高行政效能，加快完善社会主义市场经济体制，为全面建成小康社会提供制度保障”。

2008年出台的《关于深化行政管理体制改革的意见》指明了我国政府行政管理体制改革的目标是，“到2020年建立起比较完善的中国特色社会主义行政管理体制”，“通过改革，实现政府职能向创造良好发展环境、提供优质公共服务、维护社会公平正义的根本转变，实现政府组织机构及人员编制向科学化、规范化、法制化的根本转变，实现行政运行机制和政府管理方式向规范有序、公开透明、便民高效的根本转变，建设人民满意的政府”。

第四个阶段(2018—)：以公共服务和社会管理为取向的机构改革和职能转变，建设人民满意的服务型政府。

2018年的机构改革明确定位为“党和国家机构改革”，层级和范围较之以前明显提高。2018年国务院机构改革打破党政界限，与党中央的机构统筹设置；打破部门界限，对国务院组成部门进行系统性重构；打破精简的改革模式，打破固化的利益藩篱，在机构改革方式和政府职能转变方面取得新突破。此次国务院机构改革将为坚持和加强党的全面领导提供组织保障，为形成更加完善的中国特色社会主义制度创造有利条件，为建设人民满意的服务型政府打下坚实体制基础。

二、机构改革的内容

(一)20世纪80年代的政府机构改革

1. 1982年的机构改革

1982年的机构改革是我国政府进行的第一次政府机构改革，是在改革开放的总设计师邓小平的领导下进行的。

这次机构改革的主要内容是撤并机构、裁减人员，以解决干部副职过多和干部老化问题。

改革首先在国务院进行，具体成果如下。

(1)副总理由改革前的13人减为2人。

(2)新设置国务委员10人。

(3)各部位的副职数量大副减少。

在这次改革的推动下，国务院各部委、直属机构、办事机构由原先的100个减为61个；省、直辖市、自治区级政府工作部门从50～60个减为30～40个；市级政府机构从50～60个减为45个；地区行署办事机构从大约40个减为30个左右；县级政府部门从40多个减为25个左右。

在人员编制方面，国务院各部委的工作人员从原来的5.1万人减为3万多人，工作人员总编制缩减1/3左右。中共中央直属单位、局级机构减少11%，工作人员总编制缩减17.3%，国务院各部委的正副职减少15.7%，部委领导人数由改革前的540多人减少到180多人，据38个部委统计，正副部长、主任的人数共减少67%。国务院部委新组成的领导班子中，新选拔的中青年干部占16%，部级领导干部的平均年龄由64岁下降到60岁，司局级干部的平均年龄由58岁下降到54岁，干部的文化层次也有较大提高。从1982年至1984年，各地也先后开展了精简机构的工作，省级党政机关人员由18万人减少到12万人；市级、县级政府机关工作人员约减少20%。

此次改革是中华人民共和国成立以来的首次大规模政府改革，带有很明确的目的性。改革过程中遵循了精兵简政原则，同时考虑到经济体制改革进一步发展可能对政府机构设置与职能配置的新要求，废除了领导干部终身制，建立起干部离退休制度，增强了我国政府干部队伍的生机与活力。

2. 1988 年的机构改革

1982年政府机构改革之后，国务院增加了一些工作机构。截至1986年底，国务院机构数量已经超过70个，其中包括1个办公厅,45个部委机构,22个直属机构,另有4个办事机构,各地增设的机构比中央更多,再次进行政府机构改革十分有必要。

1987年,党的十三大就指出:“这次机构改革必须抓住转变职能这个关键”。1987年12月30日,为了适应政治体制改革和进一步深化经济体制改革的需要,国务院总理李鹏在国务院全体会议上宣布了新的国务院机构改革方案。1988年4月9日,七届全国人大一次会议通过了国务院机构改革方案。

此次机构改革的目标是以建立符合现代化管理要求为根基,建设具有中国特色的功能齐全、结构合理、运转协调、灵活高效的行政管理体系。在实施过程中,遵循了党政分开、政企分开、精简、统一高效的原则,力图大力推进政府职能的转变,要求政府的经济管理部分从直接管理为主转变为间接管理为主,强化宏观管理职能,淡化微观管理职能。

改革的内容主要是合理配置职能,科学划分职责分工,调整机构设置,转变职能,改变工作方式,提高行政效率,完善运行机制,加速行政立法。

此次改革是以国务院部门为主的,通过综合管理与宏观调控,按照减少直接管理与部门管理的原则,对经济部门中的专业管理机构进行了着重调整。通过此次改革,国务院的机构由72个调整为65个,人员编制比原来减少了9700多人。除国务院办公厅外,部委机构由45个调整为41个,直属机构由22个削减为19个,办事机构则在原有基础上新组建3个,数量达到7个。

这次改革首次提出了“转变政府职能是机构改革的关键”的命题,同时创立了机构改革的“三定方案”(定职能、定机构、定编制)新思路,为国家公务员制度的形成做了有益的探索,为建立一个适应经济体制和政治体制改革要求的新的行政管理体系打下了基础。改变了以往就机构论机构、只注重数量增减和单一组织结构调整的局限,提出了由微观管理转向宏观管理,由直接管理转向间接管理,由部门管理转向全行业管理,由“管”字当头转向服务监督,由机关办社会转向机关后勤服务工作社会化等五项职能转变内容。

(二)20 世纪 90 年代的政府机构改革

1. 1993 年的机构改革

机构改革带有“精简—膨胀—再精简—再膨胀”循环往复的特点，因此在 1988 年机构改革之后，国务院机构的数量又出现了反弹，最多时达到了 86 个。

在我国的条块体制下，下一级政府与上一级政府的机构设置大体相对应，而在地方政府，省、自治区的政府部门平均设置 68 个，京津沪三市平均设置 100 个，其他城市平均设置 63 个，县平均设置 45 个。有数据显示，1991 年我国行政管理经费开支达 370 多亿元，约占 1991 年国家财政总支出的 37%。1991 年末，我国各级政府工作人员多达 920 万人，行政管理经费的巨额开支致使国家财政负担沉重。

1992 年，党的十四大明确提出“建立社会主义市场经济体制”的改革目标，与此同时，要求“建立适应社会主义市场经济需要的管理体制和组织机构”。

1993 年 3 月，八届全国人大一次会议通过了《国务院机构改革方案》，国务院秘书长罗干在解释这一方案时说：“这次机构改革和以往机构改革的不同，就是把适应社会主义市场经济发展的要求作为改革的目标。改革的重点是转变政府职能。转变职能的根本途径是政企分开。”这次的改革方法包括两点引人注意的地方。

(1)在综合经济部门中组建了国家经贸委，以“加强对国民经济运行中重大问题的协调”。

(2)专业经济部门的改革被分为 3 类，其中一类由政府部门改为经济实体，即撤销航空航天工业部，组建航空工业总公司、航天工业总公司，另两类改为行业总会，即撤销轻工业部、纺织工业部，组建中国纺织总会和轻工业总会。

经过这次改革，国务院部委、直属机构、办事机构从原先的 86 个减至 59 个，后来又陆续削减到 40 个。

2. 1998 年的机构改革

随着我国市场经济体制的建立和完善，传统的“大政府”“管制型”的管理思维、管理模式与新的市场经济及社会形态已然不相适应，深层次矛盾日益凸显并日趋尖锐，1998 年的机构改革即是为解决这些矛盾而展开的，目标是“要建立办事高效、运转协调、行为规范的行政管理体系，完善公务员制度，建设高素质的专业化国家行政管理干部队伍，建立适应社会主义市场经济体制的、有中国特色的行政管理体制”。

在此次改革的影响下，国务院组成部门从之前的 40 个缩减为了 29 个，同时各部委内设或下属司局级机构共减少 200 多个。相关部门的工作人员数量减少了 50%（由 3.2 万人减至 1.6 万人）。

省级政府部门机构从平均 55 个减少为 40 个，减少了 20%，人员平均精减了 47%，共减编 7.4 万人，成为历次机构改革中精简力度最大的一次。

此次改革的重点是优化政府职能结构，同时坚持政府职能转变的目标，取得了以下几点突破。

(1)调整政府与市场的关系。核心思想是，把市场能够做的事情交给市场，政府的责任重点放在市场不能做和效能差的地方。政府的责任重点应放在宏观调控、制定产业政策、规范市场、基础建设和提供公共服务方面。

(2)调整政府与企业的关系。核心是政企分开，也就是政资分开。在政资分开方面，尝试推行股份制并有了新突破。

(3)调整政府与社会的关系。核心是划清政府与社会的界线，大力发展一批社会中介组织，由中介组织提供社会服务。

这次改革在理论上提出了“行政管理体制改革”的概念，在实践中创立了国家局制度，设立和加强了公共服务机构，第一次提出了政府的公共服务职能，直接体现了政府行政价值理念的变化。此外，还建立了稽查特派员制度，强调依法行政的重要性。通过这次改革，取得了一定的显著成果。

(1)政府不再直接管理企业，企业成为市场主体。在这次改革中，工业经济专业管理部门裁并幅度较大，国务院逐步取消了专业经济部门，向企业、社会和下级组织下放的职权约200项；省级政府不再保留工业、商业等专业经济管理部门。

(2)减少行政审批事项，转变工作方式。通过“三定”重新规定了各部门的职责权限，取消了一大批行政审批事项，把属于企业和社会中介组织的职能交给了企业和社会中介组织。省级政府在全面清理的基础上，大力减少审批事项。

(3)合理划分职责权限，理顺上下左右关系。通过明确界定政府各部门的职责分工，理顺相互关系，避免职责交叉，完善了运行机制和办事程序，提高了行政效率。这次国务院对各部门之间职责的调整有100多项，解决了一批长期关系不顺的问题。

(三)21世纪以来的政府机构改革

1. 2003年的机构改革

2003年的机构改革和以往的政府机构改革有着一定的差异，带有特殊的国内外背景环境。

党的十六大召开，提出了“发展社会主义民主政治，建设社会主义政治文明”的目标，从更高层面上对政府的行政管理体制改革提出了新的要求。

2001年我国加入世界贸易组织(WTO)，给政府管理提出了新的挑战，政府经济管理体制及运行机制必须和国际接轨，以便适应经济全球化需要和应对国际环境的变化。

2003年3月6日，国务院机构改革方案提请十届全国人大一次会议审议，启动了改革开放以来的第五次政府机构改革。这次机构改革以科学发展观为指导，更加注重政府职能的转变，更加注重促进经济社会和人的全面发展，更加注重为构建和谐社会和全面建设小康社会提供体制保障。

2003年机构改革的目的是转变政府职能，改进管理方式，从而推进电子政务，提高行政效率，降低行政成本；改革的目标是逐步形成行为规范、运转协调、公正透明、廉洁高效的行政管理体制；改革的重点是深化国有资产管理体制改革，完善宏观调控体系，健全金融监管体制，继续推进流通体制改革，加强食品安全和安全生产监管体制建设。这次改革的重大历史进步，在于抓住当时社会经济发展阶段的突出问题，进一步转变政府职能。

经过改革，除办公厅外，国务院29个组成部门调整为28个。根据方案，国家发展计划委员会改组为国家发展和改革委员会(发改委)；设立国务院国有资产监督管理委员会(国资委)；设立中国银行业监督管理委员会(银监会)；不再保留国家经贸委和外经贸部，其职能并入新组建的商务部；国家药品监督管理局重组为国家食品药品监督管理局，原属于国家经贸委管理的国家安全生产监督管理局改为国务院直属机构，同时将国家计划生育委员会更名为国家人口和计划生育委员会。

这次改革抓住社会经济发展中的突出问题，进一步转变政府职能，实现了一些重点领域的突破，改变了过去重复改革的现象，呈现出了以下几个特点。

(1)从量的要求转向质的突破，从重形式转向重内容，从表层转向深层。

(2)政府职能转变集中指向经济调节、市场监管、社会管理和公共服务四个方面。

(3)专注于解决政府管理中的权责问题，初现大部制的管理思路和对宏观调控有效性的把握，在中国政府的发展史上开始由被动适应向主动出击转变。

2.2008年的机构改革

党的十七大在部署又一轮的行政管理体制改革时明确指出：

“加快行政管理体制改革，建设服务型政府。”行政管理体制改革将“着力转变职能、理顺关系、优化结构、提高效能”，在此基础上要形成“权责一致、分工合理、决策科学、执行顺畅、监督有力的行政管理体制”。党的十七大报告指出，要“探索实行职能有机统一的大部门体制”。

2008 年 2 月 27 日，党的十七届二中全会审议通过《关于深化行政管理体制改革的意见》，明确了深化行政管理体制改革的重要性和紧迫性，并提出了指导思想、基本原则和总体目标，即到 2020 年建立起比较完善的中国特色社会主义行政管理体制。

通过改革，实现政府职能向创造良好发展环境、提供优质公共服务、维护社会公平正义的根本转变，实现政府组织机构及人员编制向科学化、规范化、法制化的根本转变，实现行政运行机制和政府管理方式向规范有序、公开透明、便民高效的根本转变，建设人民满意的政府。

此次改革的主要任务是转变政府职能以及理顺部门职责关系，从而探索实行职能有机统一的大部门体制，合理配置宏观调控部门职能，加强能源环境管理机构，整合完善工业和信息化、交通运输行业管理体制，以改善民生为重点加强与整合社会管理和公共服务部门。

这次改革按照建设服务政府、责任政府、法治政府和廉洁政府的要求，着力转变职能、理顺关系、优化结构、提高效能的追求，指引了中国政府的改革走向，提出和确立了大部制方向并进行了初步的探索，整合了两个大部门，即“大工业”和“大交通”。

2008 年的机构改革涉及调整变动的部门共 15 个，正部级机构减少了 4 个。其中，建设部、交通部、信息产业部、人事部、劳动保障部和国防科工委被撤销，新组建工业和信息化部、交通运输部、人力资源和社会保障部、环境保护部、住房和城乡建设部。改革后，除国务院办公厅外，国务院组成部门设置为 27 个。虽然在总数量上变化并不大，但是对很多部门都进行了职能的整合。

3. 2013 年的机构改革

2013 年的机构改革是改革开放以来中央政府的第七次机构改革。党的十八届二中全会公报指出，要“贯彻党的十八大关于建立中国特色社会主义行政体制目标的要求，以职能转变为核心，继续简政放权、推进机构改革、完善制度机制、提高行政效能，稳步推进大部门制改革”。

十二届全国人大一次会议审议通过《国务院机构改革和职能转变方案》，重点是围绕转变职能和理顺职责关系，稳步推进大部门体制改革，实行铁路政企分开。

此次进行的大部制改革，一是更加强调了以职能转变为核心，强调简政放权；二是要求形成权界清晰、分工合理、权责一致、运转高效、法治保障的国务院机构职能体系；三是更加强调制度的权威和尊严，提出加强基础性制度建设和加强依法行政做出重大部署的有效性。

改革的具体做法是：拆分铁道部；把计生委与卫生部合并为国家卫生和计划生育委员会；将药监局和食品安全委员会办公室合并为国家食品药品监督管理总局；撤销广电总局、新闻出版总署，建立国家新闻出版广播电影电视总局；重新组建国家海洋局和国家能源局。

2013 年机构改革后，除国务院办公厅外，国务院设置组成部门 25 个。这次的改革具有以下几个特点。

(1)精简机构，稳中求进。如果说 2008 年的那次大部制改革是试水，迈了一小步，那么这一次就是迈了一中步。上一次减了一个部，而这一次减了两个部，撤销了铁道部，将卫生部和计生委合并为卫生和计划生育委员会。

(2)转变职能，四个分开。转变职能是政府机构改革更重要的内涵，这一次改革将铁道部与交通运输部合并成立国家铁路局，同时政企分开，把属于企业的那部分职能分离出来，留给专门成立的中国铁路总公司。在以后的改革中，都要实行“政企分开、政资分开、政事分开、政社分开”。

(3)简政放权,自我革命。这是机构改革和职能转变的实质。怎么放权?向市场放权,向社会放权,向地方放权。此次政府机构改革与削减行政审批改革相配合,削减行政审批改革与促进社会自治相结合。

(4)统一效能,突出服务。今后,许多政府管理还要加强,如食品药品管理、海洋管理等,但不搞“五龙治水”。理顺关系,更多地转向了公共服务,打造服务型政府,这是最令人瞩目的。

此外,党的十八届三中全会强调“更加注重改革的系统性、整体性、协同性”,并决定成立全面深化改革领导小组,负责改革的总体设计、统筹协调、整体推进、督促落实。

4. 2018 年的机构改革

改革后,国务院正部级机构减少 8 个,副部级机构减少 7 个,除国务院办公厅外,国务院设置组成部门 26 个。

关于国务院组成部门调整具体如下。

(1)组建自然资源部。不再保留国土资源部、国家海洋局、国家测绘地理信息局。

(2)组建生态环境部。不再保留环境保护部。

(3)组建农业农村部。不再保留农业部。

(4)组建文化和旅游部。不再保留文化部、国家旅游局。

(5)组建国家卫生健康委员会。不再保留国家卫生和计划生育委员会。不再设立国务院深化医药卫生体制改革领导小组办公室。

(6)组建退役军人事务部。

(7)组建应急管理部。不再保留国家安全生产监督管理总局。

(8)重新组建科学技术部。

(9)重新组建司法部。不再保留国务院法制办公室。

(10)优化水利部职责。不再保留国务院三峡工程建设委员会及其办公室、国务院南水北调工程建设委员会及其办公室。

(11)优化审计署职责。不再设立国有重点大型企业监事会。

(12)监察部并入新组建的国家监察委员会。不再保留监察部、国家预防腐败局。

关于国务院其他机构调整具体如下。

(1)组建国家市场监督管理总局。不再保留国家工商行政管理总局、国家质量监督检验检疫总局、国家食品药品监督管理总局。

(2)组建国家广播电视总局。不再保留国家新闻出版广电总局。

(3)组建中国银行保险监督管理委员会。不再保留中国银行业监督管理委员会、中国保险监督管理委员会。

(4)组建国家国际发展合作署。

(5)组建国家医疗保障局。

(6)组建国家粮食和物资储备局。不再保留国家粮食局。

(7)组建国家移民管理局。

(8)组建国家林业和草原局。不再保留国家林业局。

(9)重新组建国家知识产权局。

(10)调整全国社会保障基金理事会隶属关系。

(11)改革国税地税征管体制。

三、机构改革的特点

对上述我国机构改革进行分析可以看出,机构改革是在特定的社会发展现实下进行的,具有极其丰富的内涵。机构改革既是政治体制改革的一部分,也是经济体制改革的重要内容,不仅涉及行政管理的不同方面,也涉及党和国家领导体制的相关内容,是对旧体制的改造,对新体制的创新。具体来说,我国政府机构改革表现出以下几个特点。

(一)政府机构改革自上而下展开

我国的政府机构改革既包括中央层面的机构整合,也包括地方政府机构的充足与合并。

大体上说，机构改革均由中国共产党和中央人民政府每隔五年进行一次统筹设计，制订出机构改革的总体方案，按照方案由上到下逐步推进。

由中央或国务院的主要领导直接领导，具体负责改革的顶层设计、统筹规划和协调指导。先是国务院组织部门的改革，再是省市级等地方政府部门的改革。从“条条”和“块块”做到上下相对应，部门设置相一致，因此带有自上而下的特点。

(二)机构改革紧密围绕政府职能转变

自1988年机构改革起，中央逐渐把改革的目标明确地聚焦在转变政府职能方面。从改革的进展和结果来看，这无疑是非常正确的战略抉择。

但在具体实践中，政府职能转变是一项具有复杂性、系统性、综合性的改革工程，它不同于机构精简、裁汰冗员这些只涉及政府内部的改革问题，而是要在调整政府与市场、企业、社会多者之间关系的过程中，推进行政管理体制改革。

(三)机构改革呈现出渐进式发展

渐进式改革意味着每个阶段或每隔一段时间要设定一个目标，不断向前推进，改革呈现出渐进发展态势，而非一蹴而就、一步到位；渐进式改革不会彻底推翻原有的体制机制或制度安排，而是在原有的基础上进行调整和优化。

从解决经济建设中的领导体制问题到理顺关系、转变职能，精干机构、精减人员，提高行政效率，从机构精简到探索实行职能有机统一的大部门体制，建设一个适应发展社会主义市场经济要求的服务型政府。任务逐渐深化，改革层层推进。

(四)机构改革服从于、服务于经济管理体制和其他领域的改革

经济体制改革深入到哪一步，政府机构改革就需与之步调一

致，改革的目标需与经济体制改革的目标、任务相适应。

1982 年的机构改革注意到了经济体制改革的进一步发展可能对政府机构设置提出的新要求，力求使机构调整为经济体制改革的深化提供有利条件。

1993 年的机构改革处于确立社会主义市场经济体制的宏观背景下，紧紧围绕“适应社会主义市场经济发展的要求”这一目标展开相关改革措施。

2003 年的机构改革是按照完善社会主义市场经济体制和推进政治体制改革的要求展开的，进一步转变了政府职能，提高了政府管理水平。

因此可以说，机构改革和经济管理体制以及其他领域改革相辅相成。

（五）政府机构改革遵循依法推进路径

历次政府机构改革的动议、决策和实施，都是按照程序依法决策、依法进行的，因此带有依法推进的特点。

一般的程序是先由中国共产党中央委员会提出一个五年期机构改革的建议，做出决定，然后由国务院提出改革方案，经全国人民代表大会审查批准，全国都按这个方案来执行。

在这个过程中，将成功的经验、有效的做法，以不断制定新的法律的形式固定下来，变成国家意志和成熟的法律。

第二节　政府机构改革取得的成效和问题

我国政府机构改革是在不断摸索中前进的，既取得了一定的成效，在改革过程中也势必存在一定的问题。

一、政府机构改革取得的成效

（一）政府机构改革极大地提升了政府的治理能力

党的十九届三中全会研究深化党和国家机构改革问题并做

出决定。《中共中央关于深化党和国家机构改革的决定》明确指出,“深化党和国家机构改革是推进国家治理体系和治理能力现代化的一场深刻变革”。政府机构改革作为行政体制改革的核心部分,其实质是对政府管理体制、管理方式与运作机制的综合改革。政府的行政质量和效率取决于行政管理体制的合理与否,而行政管理体制是对社会覆盖面最大、最普遍、最经常发生直接影响的管理系统,是推动整个社会经济生活的重要杠杆,一个国家的经济起飞和社会发展,往往取决于行政管理体制的合理与否并与政府管理的有效程度相关。

政府能力是衡量一个国家综合国力的重要指标,是构成国家竞争力的核心要素,包括机构改革在内的行政体制改革,则是提升政府能力的重要途径。从这个意义上来看,中国政府的多次机构改革,通过转变政府职能,理顺权责关系,转变管理方式,实现治理转型,初步建立了办事高效、运转协调、行为规范的行政管理体制,从行政层面推进了政府治理能力的持续提高,从而不断提升我国国际竞争力。

此外,不同于西方国家三权分立的政治体制模式,我国政府机构改革在政治层面坚持决策权、执行权、监督权既相互制约又相互协调的行政运行机制,形成了权界清晰、分工合理、权责一致、运转高效、法治保障的国务院机构职能体系,从而构成了独具中国特色的权力结构及运行机制。

(二)建立起与市场经济体制相适应的机构配置

我国政府机构的多次改革有着一个共同的宏观背景,即建立中国特色社会主义市场经济体制。

1982 年是“计划经济为主,市场调节为辅”。

1988 年为“公有制基础上有计划的商品经济”;1993 年则为“确立社会主义市场经济体制”。

1998 年承续着 1993 年“逐步建立社会主义市场经济体制”。

2003 年我国加入世界贸易组织,从本质上说也是要推进社会主义市场经济体制建立。

2008年则是不断完善社会主义市场经济。

2013年的经济体制改革是全面深化改革的重点,要“使市场在资源配置中起决定性作用”。

早在1986年,邓小平就提出,不改革政治体制,就不能保障经济体制改革的成果,不能使经济体制改革继续前进。从改革的实践看,政府方面不只是“适应”,而是有大量的主动作为。

1982年进行机构改革的时候,中央领导已经意识到在经济体制改革的同时,需要对政府机构设置进行相应调整,并较大幅度撤并了经济管理部门;1988年的改革强调政府的经济管理部门要从直接管理为主转变为间接管理为主,强化宏观管理职能,淡化微观管理职能;1993年的改革成立国家经济贸易委员会,以“加强对国民经济运行中重大问题的协调”,将专业经济部门的改革分为不同类;1998年的改革逐步取消专业经济部门,向企业、社会和下级组织下放的职权约200项;2003年的改革设立国务院国有资产监督管理委员会、中国银行业监督管理委员会,不再保留国家经济贸易委员会和对外贸易经济合作部,其职能并入新组建的商务部;2008年的改革组建“大工业”和“大交通”;2013年的改革实行铁路政企分开,将国家食品药品监督管理局和食品安全委员会合并为国家食品药品监督管理总局。可以说,推动政府机构改革的本质动力是市场经济体制的驱动,同时政府机构改革又对市场经济体制改革起到了保障作用。

(三)从精简机构到理顺权责关系并推动政府职能转变

政府机构改革是一项复杂的系统工程,涉及职能转变、机构设置、人员编制管理等诸多方面,机构的裁合设立、人员的增加减少均为改革的外部表现,政府职能的转变才是改革的核心要义与目的。

1988年的机构改革明确提出“转变政府职能是机构改革的关键”,机构改革“就是按照经济体制和政治体制改革的要求,推动政府各部门特别是经济管理部门,由微观管理转向宏观管理,由直接管理转向间接管理,由部门管理转向全行业管理,由'管'字当头转向监督和服务”。1988年的机构改革把职能转变的重点放在同经济体制改革关系密切的经济管理部门,特别是其中的专业管理部门和综合管理部门内的专业机构。

1993年的机构改革,先是聚焦在政企分开和部门性质定位,减少、压缩甚至撤销工业专业经济部门,逐步推动政府经济管理方式的合理化;而后一年将重点放在政府职能转变,政企分开、政社分开,把属于企业经营自主权范围的职能还给企业,将配置资源的基础性职能转移给市场,将经济活动中的社会服务性和相当一部分监督性职能转交给市场中介组织。

1998年的机构改革,政府职能转变有了重大进展,突出体现为撤销了几乎所有的工业方面的专业性经济部门,取消了政府与企业之间的“二道贩子”,打破了政企不分的组织堡垒。

2003年、2008年、2013年的机构改革,转变政府职能的重点是加强和改善宏观调控,以改善民生为重点,加强与整合社会管理和公共服务部门。主要是抓住社会经济发展阶段性的突出问题,完善宏观调控体系,出台严格的市场监管措施等,同时国务院分批次、大力度地取消和调整了行政审批项目。此外,政府不再对社会进行生硬的直接管制,而是寓管理于服务之中,在服务中体现管理,调动一切积极因素进行社会建设。

2018年的机构主要是针对党和国家机构设置和职能配置同统筹推进“五位一体”总体布局、协调推进“四个全面”战略布局的要求还不完全适应;同实现国家治理体系和治理能力现代化的要求还不完全适应。这些障碍和弊端,必须通过机构改革来破除。

二、政府机构改革存在的问题

(一)未能有效克服机构改革后的反弹

我国政府多次机构改革的情况说明,客观上出现了一个机构改革后又有所反弹的情况，这从每次改革之后国家公务员数量仍然不断攀升的事实中便可看到。

根据国家公务员局提供的数据，2008 年度、2009 年度、2010 年度及 2011 年度全国公务员的数量分别为 659.7 万人、678.9 万人、689.4 万人和 702.1 万人，2012 年全国公务员数量则为 708.9 万人，呈现出逐年上升的趋势。据统计，1979 年我国政府在编干部人数仅为 279 万。每次改革伊始强调的目标之一都是精兵简政，减少政府机构数量和行政人员编制，但是实际上，机构改革不久后又会重新膨胀起来，原有的改革成果无法很好地巩固，于是便催生出新一轮机构改革。这就是，在政府机构人员数量上出现了“膨胀—精简—再膨胀—再精简”，在政府机构数量控制上出现了“撤销—恢复—再撤销—再恢复”，在政府机构职能安排上出现了“分开—合并—再分开—再合并”，在行政权力纵向划分上出现了“下放—上收—再下放—再上收”，在政府干预经济方式上出现了“强化集中—弱化分散—再强化集中—再弱化分散”的现象。

对于这种情况，我国的政府机构必须解决在纵向结构方面的“上下一般粗”和横向层级方面的“左右一样齐”，造成上面权力大、责任小，下面权力小、责任大的问题，真正解决职责交叉、关系不顺、相互扯皮、争权推责的弊端。

（二）顶层设计缺失与制度建设不足

政府机构改革，会受到既有的国家宏观政治经济制度结构、改革过程中的组织行为选择以及固有思想观念的相互影响。因此，不能顾此失彼，零敲碎打，有必要加强顶层设计与整体制度建设。

我国政府机构的设置和职能配置，是在计划经济时代产生、形成的，在国家宏观政治经济体制和制度结构没有做出根本性改革的情况下，相应存在的组织机构也不会消失。

现在，在社会主义市场经济条件下，党的十八届三中全会审议通过的《中共中央关于全面深化改革若干重大问题的决定》进一步将政府职能概述为宏观调控、市场监督、公共服务、社会管理、保护环境。政府的职责和作用主要是保持宏观经济稳定，加强和优化公共服务，保障公平竞争，加强市场监管，维护市场秩序，推动可持续发展，促进共同富裕，弥补市场失灵。

政府要加强发展战略、规划、政策、标准等的制定和实施，加强市场活动监管，加强各类公共服务提供。因此，我国各级政府还要在国家治理中起主导作用。

为此，需要进一步从制度上解决转变职能的问题，做到政企分开、政资分开、政事分开、政社分开，继续简政放权、自我革命，向市场放权、向社会放权、向地方放权。政府还要从制度上统一效能、突出服务。

（三）职能定位不准及权力边界模糊

习近平总书记指出，坚决扭转政府职能错位、越位、缺位现象，“看不见的手”和“看得见的手”都要用好。机构改革的关键是加快转变政府职能，该放给市场和社会的权一定要放足、放到位，该政府管的事一定要管好、管到位。

虽然我国的政府机构改革在转变政府职能方面取得了显著成效，但是仍存在着政府管理错位、越位、缺位现象。

第一是错位的问题，一些政府部门“该管的不会管”，对于自己该管的事情，也没有能力去管好，滥用权力、乱搞一通，也就是“乱权”。例如，一些政府部门滥发各种行政指令，干扰了正常的市场秩序。

第二是越位的问题，一些政府部门“不该管的也去管”，超越了本部门的职权范围，承担了许多本不该政府承担的功能，或管了别的部门该管的事情，也就是“越权”。例如，存在的乱收费的现象。

第三是缺位的问题，一些政府部门“该管的不去管”，有许多应该由政府履行的职责政府没有履行或者没有履行好。长期以来，政府在履行职责方面的越位、错位现象，使政府管了许多不该管的事情,分散了政府的精力,不能认真履行自己的职责,也就是“失权”。例如,食品药品安全监管不到位的问题;公共服务方面有所欠缺,存在上学难、看病难、住房难等问题。

当前,我国中央与地方政府、政府部门之间的权力边界存在交叉和模糊的地方,亟须按照权责一致的原则,进一步明确中央和地方政府之间的权力边界划分。中央政府要加强对经济社会事务的宏观管理,进一步减少或下放具体管理事项,把更多的精力转到制定战略规划、政策法规和标准规范上,维护国家法制统一、政令统一和市场统一。地方政府要确保中央方针政策和国家法律法规的有效实施,加强对本地区经济社会事务的统筹协调,强化执行和执法监管职责,做好面向基层和群众的服务与管理,维护市场秩序和社会安定,促进经济和社会事业发展。

政府部门之间的权力边界也要理顺。防止出现那些权力小、责任重、服务多的事项成为各政府部门推诿的对象,而那些权力大、责任轻的行政审批事项成为各个政府部门竞相争取的对象的现象。

第三节　政府机构改革的推进

政府机构改革应该在现有基础上不断推进,从而充分发挥我国政府机构职责。下面从其推进方向和任务方面展开说明。

一、政府职能转变与机构改革的推进方向

党的十八届三中全会通过的《中共中央关于全面深化改革若干重大问题的决定》指出:“转变政府职能必须深化机构改革。优化政府机构设置、职能配置、工作流程,完善决策权、执行权、监督权既相互制约又相互协调的行政运行机制。”回溯中国政府改革开放以来的机构改革历程,可以看到,每一次机构改革的核心内容都有所不同,但改革的成果同样是显著的,给我国政府带来了新的活力,引导政府治理迈入新的阶段。

值得注意的是，我国机构改革与其他领域的改革不太一样，每次机构改革的成果较难持久巩固，政府机构在精简之后不久又会迎来新一轮扩张。政府机构改革的内在要义是适应社会主义市场经济发展和社会建设不断提升的需要来优化组织结构与运行机制，重点是调整政府与市场、社会三者之间的关系，调整中央政府与地方政府之间的关系。

通过由“全能型政府”走向“简政型政府”，“管制型政府”迈向“服务型政府”，“封闭式政府”转为“开放型政府”，实现政府治理体系与治理能力现代化；通过政府职能转变来调整政府与市场、社会的关系，划分公共权力边界；通过分税制改革、财权事权安排、简政放权来调整央地关系，达到集权与分权的有效平衡。

改革开放以来，市场经济的发展、社会结构的变迁、人民生活方式的变化，对政府结构与运行模式不断提出新的要求，进而对政府机构的设置和管理方式也不断提出新的挑战。回顾过往，政府机构改革的内容经历了精简机构、职能转变、理顺关系、职能整合、政府转型的不同阶段；展望未来，政府机构改革的方向随着历史的推进具有精简化、分权化、市场化、国际化、服务化的趋势。

探索永无止境，改革永无止境。接下来的机构改革，将围绕以下几个方向展开。

(1)按照政府部门职能所涉及专业、行业领域的划分，进一步“合并同类项”的大部门制改革将成为政府机构改革的主要措施。以“结构调整”替代“机构精简”，以小步微调的渐进式改革步骤，稳步推进大部制改革，健全部门职责体系。

(2)理顺行政协调机制，构建整体性政府，实现跨部门业务协同将成为未来机构改革的创新方向。以部门间协调机制和机构内部整合形成的“化学反应”，或将取代以往机构合并、拆分或增设的“物理变化”，政府治理体系将从矩阵结构转变为网状系统，以更加开放、灵活的形态适应公共事务治理的需求。

(3)从以往单一性的机构调整到顶层设计、制度建设、转变政府职能以及完善编制管理的同步进行将成为今后机构改革的重要内容。政府机构改革作为一项系统工程,今后的改革将更加体现出系统性和协同性,多项改革相互促进、相得益彰,以全方位、整体式推进形成巨大的改革红利,有效应对复杂的治理局面。

二、推进政府职能转变与机构改革的思路

总体来看,在将来的一段时间里,我国推进政府机构改革的主要任务是:加强法制建设,推进国务院组织机构、职能配置、运行方式的法治化,组织开展机构编制法制化的研究工作;加强权力监督,深化政务公开,包括政府权力行使的法律依据、过程、结果公开,建立健全各项监督制度,让人民监督权力,强化行政问责,严格责任追究;深化审批改革,基本完成取消和下放一批许可事项、取消非许可审批事项,加强事中事后监管;理顺权责关系,减少一批重要领域和关键环节的部门职责交叉和分散,基本形成权界清晰、分工合理、权责一致、运转高效、法治保障的国务院机构职能体系;强化职能规范,通过修订或制定国务院部门"三定"规定,强化发展规划制定、经济发展趋势研判、制度机制设计、全局性事项统筹管理、体制改革统筹协调等职能。依据这些任务要求,今后的机构改革可从以下三个方面着力推动。

(一)加强顶层设计,注重与全面深化改革的配套推进

习近平总书记指出,"改革是一项复杂的系统工程,需要加强顶层设计和整体谋划,加强各项改革的关联性、系统性、可行性研究","要在基本确定主要改革举措的基础上,深入研究各领域改革的关联性和各项改革举措的耦合性,深入论证改革举措可行性","使各项改革举措在政策取向上相互配合、在实施过程中相互促进、在实际成效上相得益彰"。

党的十八届三中全会强调,要"更加注重改革的系统性、整体性、协同性"。行政管理体制改革是我国政治体制改革的首要问题,以转变职能、精简机构、裁汰冗员为重点的政府机构改革,是现行政治体制改革的重要突破口。

政府机构改革必须纳入宏观改革环境中通盘考虑，应当注重与全面深化改革配套推进，以政府治理现代化为目标，通过顶层设计和制度创新，解决好政府治理的公开化、民主化、法制化等问题，创造一个机构改革与各项配套改革同步推进的利好局面，切实转变政府职能、理顺权责关系、优化政府结构、提高政府效能才能从根本上达到改革的目的，真正建成服务政府、责任政府、法治政府和廉洁政府。

以政府机构改革为核心的行政管理体制改革，必须适应社会主义市场经济体制改革需要，建立适合市场经济发展需要、机构设置合理的政府系统并确定合理的人员编制。既要深化经济管理领域改革，完善和规范行业监管部门；又要重视社会领域改革，推进事业单位改革，注重公共服务机构改革。此外，应当注意厘清和规范部门间的关系，利用高科技时代最新信息技术加强部门间的业务协同。

（二）遵循核心逻辑，从精简优化机构到划分权力边界和制约权力

任何改革事业的推进都需要运用科学的方法，抓住主要矛盾和抓住矛盾的主要方面，由表及里，由此及彼，逐步深化，这是改革的核心逻辑。

从一定意义上来说，精简和优化机构只是改革的内容表现，其背后权力边界的划分和制约权力才是改革的重点与难点。2008 年和 2013 年的大部制改革在提高行政效率、降低行政成本方面成效显著，但在权力的集中和整合、权力的约束和监督方面亟待改进。

全国人大常委会原副委员长华建敏曾指出，要理顺部门职责关系，制定国务院部门“三定”规定，按照权责一致的原则，合理界定和调整政府部门的职能，明确相应的责任，做到权力与责任对等；坚持一件事情原则上由一个部门负责，确需多个部门管理的事项，明确牵头部门，分清主次责任，避免职能交叉重叠、政出多门；着力解决权责脱节、推诿扯皮等问题；建立健全部门间的协调

配合机制，切实提高行政效率。

李克强总理在出席天津夏季达沃斯论坛开幕式时，给中国制度建设开出三张清单——“权力清单”“责任清单”和“负面清单”，这给今后机构改革进程中权力边界划分以很好的启示。

围绕权力运行主线，解析公共权力体系，协调权力运行系统，厘定政府权力清单，划分部门权力边界，开展以清权（厘清权力）、确权（限定权力）、配权（分置权力）、晒权（公开权力）和制权（监督权力）为内核的权力革命，制定“权力清单、责任清单、监督清单”，做到“法无授权不可为、法定职责必须为”：权力清单用以区分机构之间的权限划分，明确部门权力边界，即各自该管什么；责任清单给予各个部门清晰的职责确认，确权（限定权力）和配权（分置权力），以期形成上下协同、部门联动的整体政府格局；而监督清单有助于确保纪检监察部门、上级机关以及社会公民的监督权力，形成对政府机构权力的制约。

（三）把握关键环节，着力于制度构建、职能转变和编制管理

建设法治政府，是我国“四个全面”战略布局中全面依法治国的重要内容和主攻方向之一。为杜绝机构改革后的反弹，保障和巩固已有改革成果，维护和支持政府机构改革的顺利进行，必须重视法制建设和制度建设，加强行政立法，实现政府机构职能、编制和工作程序的法制化、规范化。

一是健全政府组织法，以法律条文明确规定政府机构的性质、任务、职责、权限、机构设置、人员配备及机构成立、变更、撤销等程序，实现政府机构职能的法定化。

二是出台政府编制法，实现政府机构编制法定化。邓小平曾明确指出：“编制就是法律。”机构编制一旦确定，就具有法律性质，不得随意变动，否则应承担法律责任。

三是制定适合国情的行政程序法，促进政府依法行政，提高行政效率，使政府成为精简而高效的法治政府。

政府职能转变和编制管理仍然是机构改革的重要环节。职

能转变是机构改革的推动力，在政府职能转变没有到位的情况下，机构改革推进乏力。回溯改革开放以来的多次机构改革可知，被动适应性改革、机构撤并与职能转变缺乏有效互动、改革重横向轻纵向等诸多原因，导致我国历次政府机构改革后的反弹。

职能转变和机构改革之间互为动力、互为前提和互为保障，前者是内因，是内在推动，后者是表现，是外在推动。我国中央政府与地方政府的机构和职能不应严格按照“上下对口，上下完全一致”来设置，而是应当根据事权和功能合理安排职能，根据职能来设置机构。随着公共事务范围的变化，政府也要根据职能要求进行自我“瘦身”或“强身”，实现职能与结构关系合理化，并使结构与功能形成有效互动。

此外，应遵照“精简、统一、依法合规”的原则，重视编制管理工作，注重机构设置与人员配置的同时“瘦身”，以便有效控制机构设置、人员配备、人员定额和结构比例。

推进政府机构改革符合我国国家治理现代化的背景，也是我国政府机构不断完善运行机制，提高行政效能的重要手段。

第四章　电子政务环境下的政府职能转变

20 世纪 80 年代，以互联网为核心的信息技术的普及引发了新一波“革命”浪潮，人类社会进入信息化、网络化时代。发展到 21 世纪的今天，互联网已然覆盖了政治、经济生活的方方面面。在此基础上，要灵敏回应和有效治理伴随全球化与信息化而至的复杂治理生态，就必须对传统公共行政理念与模式进行修正、扬弃和重塑，实现公共管理理念、运行原理和实现机制的相应转变。电子政务应运而生并得到迅猛发展。

近年来，由于网络技术与应用的飞速发展，我国各级政府已经充分认识到构建电子政府、实施电子政务成为信息社会发展的必然趋势。电子政务应用范围的持续拓展和应用程度的逐步深化意味着政府行政环境和行政手段发生了较大变化，政府的理念、价值取向、管理模式也有所调整。此外，在社会主义市场经济不断巩固和发展的今天，我国政府面临的一个重要历史性任务就是转变政府职能。而电子政务在政府职能转变中将发挥“助推器”的作用。一方面，电子政务可以为政府职能转变提供行之有效的工具支持，使政府更有能力完成这种转变；另一方面，电子政务可以为职能转变提供更加有利的环境条件。在新时代党中央、国务院的正确领导下，电子政务的相关建设理论已进入决策层面，深入人心。中共十六大报告指出：“进一步转变政府职能，改进管理方式，推进电子政务，提高行政效率，降低行政成本，形成行为规范、运转协调、公正透明、廉洁高效的行政管理体制”。党的十七大报告明确要求：“健全政府职责体系，完善公共服务体系，推行电子政务，强化社会管理和公共服务”。党的十八大报告中也做出重要指示：“坚持走中国特色新型工业化、信息化、城镇化、农业现代化道路，推动政府职能向创造良好发展环境、提供优质公共服务转变”。党的十九大对建设现代化经济体系做出重要部署，提出建设网络强国、数字中国、智慧社会，推动互联网、大数据、人工智能和实体经济深度融合。本章就针对加强电子政务建设的政府职能转变展开分析。

第一节　电子政务的理论

一、“互联网＋”概述

把握“互联网＋”的概念是探讨“互联网＋政务服务”概念的根本前提，马化腾是“互联网＋”的重要倡导者；他认为“互联网＋”是利用互联网对社会众多生产要素进行优化配置，在各行各业中融入互联网的最新发展成果，不断加强社会生产力和行业创新能力，进而形成以网络技术为基础的经济发展新形态。刘金婷则认为“互联网＋”是随着社会深入发展而兴起的新鲜事物，是“社会各领域与互联网创新成果深度融合所产生的化学反应及放大效应”。“互联网＋”是借助互联网信息技术，把互联网开放、共享、连接、协同、互动等思维与传统行业深度融合，通过优化生产要素、产业结构，重构商业模式等方式实现经济转型和升级，是一种新的经济创新模式。“互联网＋”的真正含义是指互联网与传统行业的紧密融合，这种融合不仅体现在对互联网的简单结合应用上，更是依托互联网平台建立新型发展模式，充分利用互联网优势，利用其便捷、及时的特点，将互联网与社会生活的各个领域相结合，优化行业运营模式，提升行业服务能力，建造以互联网为依托的社会发展新模式。

二、电子政务概念

电子政务的概念起源于美国，由英文的“Electronic government”翻译而来，其字面意思是“电子政府”，常简化为“E-government”，是伴随着互联网、电子商务等新事物而出现的新概念。它的原义是指对现有的政府组织结构和工作流程进行优化重组，构造出全新的政府管理形态。具体来说，电子政务是政府及其他公共部门将信息、通信、网络等现代先进技术广泛应用于政府事务中，以优化和创新自身的组织结构和业务流程，使政府的内部协调能力、外部管理能力和公共服务能力等各个方面的水平得到根本性的提高，从而向新型的服务型政府转变。

电子政务可以从三个方面来把握：一是政府部门内部的电子化和网络化，如各级政府部门所广泛使用的办公自动化系统；二是政府部门之间通过计算机网络而进行的信息共享和实时通信，国家建设完成的三金工程和电子口岸执法系统；三是政府部门通过网络与民众之间进行的双向信息交流，如政府部门通过自己的互联网站发布政务信息，以及进行网上招标、网上招聘、接受网上投诉等。

三、互联网＋政务服务

“互联网＋政务服务”是新常态下电子政务发展模式的创新，与传统的政府网站和线上服务平台有着较大的区别。具体来看，传统政府网站只是把互联网当作一种工具性的应用，而“互联网＋政务服务”要求打破信息藩篱和部门边界，真正融合互联网开放、共享、连接、协同、互动的价值理念，将针对企业或公众的政务服务事项视为一体化的互联网产品，并基于互联网用户思维创新服务模式，增强政府管理和服务效能，从而搭建起数据信息开放共享、部门协同、全流程、一体化、高效便捷的综合性政务服务线上平台，优化公众的服务体验，为用户提供更加个性化、人性化、多元化的优质“产品”。

总之，“互联网＋政务服务”就是引进互联网思维，运用计算机技术、现代通信信息技术手段，促进政务服务领域改革以及政务服务体系优化升级。随着“互联网＋政务服务”的推进，最终将建成一个能够超越时空和部门分割限制的，高效、精简、廉洁、公正的政务服务运作模式，从而构造出无缝隙、一体化、全过程的政务服务体系。这说明我国政府职能正向着服务型转变。

李克强总理在2015年3月的政府工作报告中第一次提出以“互联网+”为核心的行动计划，随后，“互联网+”行动计划被上升到国家战略层面。我国在2016年《政府工作报告》中提出“互联网+政务服务”这一概念，要以“互联网+”为依托，以“一号一窗一网”的实现为目标，构建全新的政务服务模式，即“互联网+政务服务”，各级政府相继开展“互联网+政务服务”模式的探索工作，可以看出我国的“互联网+政务服务”已进入全面推进阶段。此外，我国政府也发布了大量的政策性文件，如表4-1所示。

表4-1 “互联网+政务服务”政策一览表

序号	发文时间	政策名称
1	2015	《国务院关于积极推进“互联网+”行动的指导意见》
2	2015	《促进大数据发展行动纲要》
3	2015	《国务院办公厅关于简化优化公共服务流程方便基层公众办事创业的通知》
4	2015	《关于开展信息惠民国家试点城市评价工作的意见》
5	2016	《推进互联网+政务服务开展信息惠民试点实施方案》
6	2016	《国务院关于印发2016年推进简政放权放管结合优化服务改革工作要点的通知》
7	2016	《国务院关于加快推进互联网+政务服务工作的指导意见》
8	2016	《互联网+政务服务技术体系建设指南》
9	2017	《中国银监会办公厅关于加快推进“互联网+政务服务”工作的实施意见》
10	2017	《国务院办公厅关于全国互联网政务服务平台检查情况的通报》
11	2017	国务院办公厅关于印发《政府网站发展指引》的通知
12	2017	教育部办公厅关于公布《教育部政务服务事项目录》
13	2017	工业和信息化部办公厅关于印发《移动互联网综合超标准化体系建设指南》的通知

2016年9月，国务院印发《关于加快推进“互联网+政务服

务”工作的指导意见》，提出在2020年底前，实现互联网与政务服务深度融合，建成覆盖全国的整体联动、部门协同、省级统筹、一网办理的“互联网＋政务服务”体系，大幅提升政务服务智慧化水平，让政府服务更聪明，让企业和群众办事更方便、更快捷、更有效率。

主要措施如下所述。

(1)优化再造政务服务。规范网上服务事项，优化网上服务流程，推进服务事项网上办理，创新网上服务模式，全面公开服务信息。

(2)融合升级平台渠道。规范网上政务服务平台建设，推进实体政务大厅与网上服务平台融合发展，推动基层服务网点与网上服务平台无缝对接。

(3)夯实支撑基础。推进政务信息共享，加快新型智慧城市建设，建立健全制度标准规范，完善网络基础设施，加强网络信息安全保护。

(4)加强组织保障。强化组织领导，强化考核监督，加大培训推广力度。

2017年1月，国务院办公厅印发《“互联网＋政务服务”技术体系建设指南》(以下简称《建设指南》)，通过加强顶层设计，对各地区各部门网上政务服务平台建设进行规范，优化政务服务流程，推动构建统一、规范、多级联动的全国一体化“互联网＋政务服务”技术和服务体系。

《建设指南》针对一些地区和部门当前网上政务服务存在的服务不便捷、平台不互通、数据不共享、线上线下联通不畅、标准化规范化程度不高等问题，在总结相关地方部门政务服务平台建设经验基础上，按照“坚持问题导向、加强顶层设计、推动资源整合、注重开放协同”的原则，以服务驱动和技术支撑为主线，针对企业和群众反映的办事难、审批难、跑腿多、证明多等突出问题，提出了优化网上政务服务的解决路径和操作方法。

《建设指南》重点从四个方面明确了“互联网＋政务服务”技

术体系的具体要求。

一是业务支撑体系。推动政务服务事项清单标准化、办事指南规范化、审查工作细则化、业务办理协同化、事项管理动态化，着力优化网上政务服务流程，深化并联审批，加强事中事后监管，促进政务服务向乡（镇）、村（街道）延伸，打通政务服务"最后一公里"。

二是基础平台体系。规范网上政务服务平台建设，避免线上线下政务服务"两张皮"。整合构建统一的数据共享交换平台，推进跨部门、跨地区、跨层级平台互通、身份互信、证照互用、数据共享、业务协同，实现异地办理、同城通办、就近办理。

三是关键保障技术体系。着眼统一用户认证、电子证照、电子文书、电子印章等关键支撑技术，以及运行管理、安全保障等关键保障技术，深化政务云、大数据等新技术应用，完善"互联网＋政务服务"配套支撑体系。

四是评价考核体系。积极运用第三方评估手段组织开展政务服务评估评价，以评价考核为手段促进各地区、各部门不断提升政务服务水平。

可见，"互联网＋"的思维加速了政务服务向各领域的渗透，促使政务服务发生巨变。加之，云计算、大数据、移动互联网等互联网技术在政务服务中的广泛应用极大地满足了"互联网＋政务服务"发展的需求。此外，时至 2018 年，我国政府已经出台多项政策文件来指导和具体推进"互联网＋政务服务"工作，促使政府服务的手段更多样、内容更丰富，而公众获得的服务更便捷、参与政府治理的渠道更宽阔。

第二节　电子政务与政府职能的关系分析

电子政务在政府事务过程中的应用是普遍趋势，厘清二者之间的关系有助于围绕电子政务的发展过程，更好地梳理政府职能。部分学者认为政府职能转变是电子政务建设的出发点和落脚点。前者是目的，后者是手段和实现途径，只有政府职能转变到位或适度超前才能使电子政务发挥其作用。可见，电子政务和政府职能转变之间存在辩证关系，二者相互结合、互利共生，在一定范围内螺旋发展。从本质上讲，电子政务与政府职能转变之间的关系是讨论电子政务条件下的政府职能问题，更宽泛而言，也就是网络环境下的政府职能。

一、厘清电子政务与政府职能的关系

(一)电子政务与政府职能的内在关联

政府职能是电子政务的依据和内容。电子政务的主体是国家各级政府和部门，客体是与公共权力行使相关的公共事务，所实现的内容是政府的公务、政务和事务，实施的范围是在既有的政府职能的框架之内，并不是新增加的职能。

电子政务是履行政府职能的新的形式。就实现手段而言，传统政府职能是通过书面文件、打字机、电报、电话和办公自动化系统履行的，电子政务使政府职能通过共享的信息系统和网络得以实现，这一实现形式具有规范性、公正性、透明性等特点，体现了信息时代的政府职能运行的基本特征。

政府职能与电子政务都以社会职能为主要职能。政府职能的内容体系主要取决于基本的政治制度和经济社会发展水平，在现代国家，社会职能成为政府的主要职能，表现为经济和社会建设。同样，对于公共事务的管理和服务是电子政务的主要内容，强调公共性和服务性是电子政务不断追求的目标。

(二)电子政务与政府职能的互动关系

实施电子政务是加快政府职能转变的有效手段。公共管理学原理认为，政府的管理环境即行政环境，涵盖了诸多直接或间接影响行政活动的因素，如行政目标管理、机制设置与运行、行政决策等。而电子政务这种表面看来纯技术层面的新的“网络环境"中也渗透着政治、经济、文化等各种因素。一方面,电子政务的引入使各级政府为了适应新的环境的性质、现状和发展方向而进行职能转变,直接促进和加快了政府职能的转变进程。另一方面,采用的手段是利用计算机技术以及互联网平台,将日常工作借助电子政务平台来管理,这将为政府职能转变奠定良好的基础。同时,随着时代不断进步,信息技术的发展也异常迅猛,这势必促使政府要跟进时代进步的步伐,不断加大改革力度,将转变自身职能提上日程。借用电子信息技术这个时代的新宠儿对政务工作进行改革,不仅是政府部门提高工作成效的有效手段,而且可以使工作人员更加方便、快捷的开展行政工作。

实施电子政务是加快政府职能转变的重要途径。第一,电子政务的实施必然会加快政府职能的转变进程。单一的把政务活动信息化并不是真正的电子政务,电子政务的实质是把传统的政务活动以信息化手段进行优化,达到重组和再造政务流程和政务功能的目的,以便使系统具备更便捷的业务流程体系。由于电子政府扁平化、网状化的组织结构特点,使电子政务不得不重新进行行政职能和行政权限的划分,因此电子政务对政府业务流程的这种再造功能为深化行政管理体制改革奠定了基础,为政府职能的转变创造了条件。第二,电子政务的实施提高了行政效率和公众对政府的满意度。行政效率是公共行政绩效评估体系中重要的衡量标准。在提高政府事务处理效率方面,信息化手段的运用无疑为其提高提供了新的方法和途径。例如,在电子政务这个统一的网络平台上,政府各职能部门充分的利用这个平台,既实现了信息共享,又很好地节约了行政成本。同时,公众可以不受时间和地域限制,通过政务平台便捷的获得政府提供的各种服务,起到了节省时间和财力的双利作用,这也间接地促进了组织和职能的整合,提高了公共行政效率,促进了政府职能转变。第三,电子政务是推动政务公开、加快法治政府建设的重要途径。一方面,电子政务的实施在提高政务活动透明度、加强社会对政府的监督方面起着积极作用。政府在政务活动过程中产生的信息是一种公共资源,公众通过这种公共资源来了解公共事务和政府工作状况。另一方面,电子政务在提升政府信息资源利用率,促进政府科学、民主、依法决策方面起着重要的支撑作用。电子政务平台聚集了大量与政务工作相关的信息资源。这些资源经过整合,能够更加便捷地为社会和大众所使用,从而最大限度地发挥社会效益和经济效益。同时,信息资源共享的过程,也是通过电子化手段促进政府职能转变的过程,通过信息资源的共享,打破传统政府惯有的官僚主义作风,向密切联系民众、加强与民众沟通的政风转变,从而使决策更具科学性、民主性和合法性。第四,电子政务能够加强政府对宏观经济的调节。市场经济下,政府的经济调节职能无疑是政府最重要的职能之一。传统政务工作中,信息采集一直存在着数据不准确、信息量不足、质量不高等弊病,电子政务可以借助信息网络技术来解决上述存在的问题,从而打破传统政务工作中政府各职能部门之间、政府与企业之间、政府与公众之间沟通的阻滞,帮助政府建立良好的网络沟通渠道和快速响应机制,充分发挥政府宏观经济调节职能。

(三)电子政务和政府职能转变的主从关系

就内涵而言,电子政务和政府职能的本质属性决定了政府职能转变是目的,电子政务是手段,电子政务是为职能转变服务的,二者之间存在着明确的主从关系。然而,电子政务和政府职能转变之间的主从关系在很多时候表现出向相反的方向转化的趋势,即政府部门常常把电子政务作为目的,针对电子政务中提出的需求再辅以相应的政府职能转变,这种做法看似颠倒了主从位序,若使用适当有助于政府实现行政管理改革的目的。由于实现政府职能转变的主旨并未改变,后两者之间主从关系的逆转只是暂时性的,并没有从根本上动摇这二者之间的位序,这足以证明无论是电子政务和政府职能转变之间在逻辑上的理想的、原则性的主从关系,还是电子政务和政府职能转变之间在实践中的暂时性、策略性的主从关系逆转,政府职能转变在电子政务中的主导地位都是不可变更的，这有助于使政府认识到只有政府职能转变到位，电子政务才能起好的作用，否则，就只能起消极作用。所以，无论在电子政务中出现任何问题，政府都应该先从自己身上找原因，而不应相互推诿，回避责任。就过程而言，电子政务的开发过程实际上是开发者理解政府职能内容，优化政府职能运作流程，解释政府职能施用空间、输出对象、生成结果的过程，其实现形式是电子政务系统。电子政务系统需要模拟现有政府职能的内容、流程、施用空间、输出对象和生成结果，虽然这里的模拟并不是完全或严格意义上的模拟，其中有优化和再造的成分，但不可否认的是，电子政务对政府职能的遵从是原则，不能随意改变。因为一旦改变了，电子政务就不再是政府的业务，会因违背行政管理规律或超出政府职能范围而遭到政府排斥拒绝导致生命周期结束。实际上，政府职能转变对电子政务的滞后性、延迟性遵从，并没有破坏二者的主从位序，某个方面或时间段里政府职能适应电子政务的需求所做出的修正和调整，正是政府适应变化了的行政环境而进行的政府职能转变，需要电子政务再次遵从并做出改正。当然，这种遵从不是绝对的和无条件的，正向遵从的前提应该是该职能具有这样的条件：适应现实环境，流程规范清晰，相关人员的角色、职责和任务定义合理，结果可预知等。由于电子政务涉及各级政府和部门的各个层面和许多环节，并没有建设和实施的固定模式，因此政府部门在建设时一定要结合行政环境、公众需求、服务型政府目标去实践，在具体操作中要注意实现目标的方法和措施，并对做法进行定期审查，以保证主旨目标的实现。最后，在决定某项政府职能要实现电子化之后，要注意电子政务建设和政府职能转变二者操作的先后顺序，即二者的优先级问题。

（四）电子政务和政府职能转变的依存关系

剖析电子政务和政府职能转变之间的依存关系，有助于理解两对事物之间的相对稳定性与持续变化性，从而在实际操控时把握好动态平衡和适宜尺度。首先,就本质而言,电子政务是政府职能的电子化、网络化,这种技术实现逻辑,决定了电子政务既是政府职能,又是政府职能的虚拟形式。当电子政务作为政府职能出现时,表现的是它的外部特征,而当电子政务作为政府职能的虚拟形式出现时,表现的是它的内在机制,说明电子政务和政府职能之间存在互为表里的依存关系是不争的事实。其次,就存在方式而言,政府职能在现实物理空间中实体化运行,目前有一部分且未来将有更多部分的内容以电子化的形式——电子政务在网络空间中虚拟化运行。在形式上,政府职能和电子政务之间看似内容分立、结构分立、功能分立、工作独立,但实质上,二者是内容统一、结构统一、功能统一,其功能系统之间相互依赖、彼此影响,表现为互为条件的依存关系。同理,政府职能转变和电子政务之间也存在着这种依存关系,具体体现在:如果政府职能转变了,电子政务必须随之改变;同时,电子政务所提供的统一的信息平台、共享的信息资源、有效的工具手段、先进的管理方式和高效的工作协同,使政府职能电子化、网络化、规范化运作成为可能,其结果是以技术的局限性、程序的强制性和过程的透明性等限制了政府职能的扩展并严格地制约了政府职能的规范行使,从而使电子政务成为政府职能运作的技术规制,使电子政务成为政府职能转变的实践动力和发展依托,进而使电子政务过程成为政府职能转变过程。最后,就内容而言,电子政务涵盖了政府职能在网络空间中运作过程的所有环节和全部生成结果,而电子政务和政府职能转变的依存关系、主从关系及其遵从性与优先级,决定了电子政务及其过程环节与生成结果的稳定性和变化性取决于政府职能及其过程环节与运作结果的稳定性和变化性。政府职能的转变必然引致电子政务的改变,并且改变是永恒的,不变是暂时的,这意味着政府职能转变和电子政务既需要持续变化又需要相对稳定。由于政府职能转变既是促进我国电子政务健康发展所迫切需要解决的“瓶颈”问题,也是保证我国电子政务有序进行所应提供的适宜环境和前提条件,并且政府职能转变的力度将最终决定电子政务的程度，因此要保证电子政务健康、有序和可持续发展，规范化、标准化、一体化的组织形态、流程、内容和工作模式的达成是基础条件，而这些基础条件的达成需要建立在其前提条件——政府职能转变的基础之上，为此，政府必须促使电子政务过程演变成为政府职能转变过程。如果政府职能转变不能到位，则电子化、网络化的政府职能就会是落后的和不合时宜的，那么，当社会需要和科技潮流改变时，势必面临着政府职能做相应调适的问题，这会增加已经电子化、网络化的这部分政府职能的改革成本，也会为今后的电子政务和行政体制改革制造更多障碍。

二、电子政务环境下政府职能的转变过程

网络化时代，政府的行政环境、手段和管理模式发生了根本转变。政府面临的是网络环境，即曲折性、动态性与多元性的行政环境。这种网络环境使得政府的传统工作模式、工作方法、工作手段进行了全面革新，集中管制、多层结构、物质资源控制为主的模式，转变为网络式联系的、直接面向社会的，以信息智能化、知识化管理和服务为主导的数字化政府。政府履行职能的手段和方式向电子化转变。政府职能的履行环境、手段和模式的变更意味着职能的转换、变更和发展。一个电子政务良好运行的政府必定是服务政府、有限政府、导航政府。

（一）政府职能重心的转化

1993 年“三金工程”开启了中国政府电子化道路，1999 年我国正式开启政府上网工程，推动了传统政府的行政职能向现代政府的管理职能的转变。在此期间，电子政务建设强调在政府自身管理中的应用和重要性。由电子政务在政府行政事务中的应用可见，我国政府扮演着管制角色，发挥监管作用，强调管理职能。但是随着发展，政府管理职能不再完全适应社会的需要。一方面，电子政务建设存在问题。大多数电子政务建设停留在政府内

部信息共享和发布网上信息的单向度联系，民众与政府的双向互动匮乏。学者王青华研究发现存在大量数据库“死库”的现象。政府过度追求权力，缺乏为人民服务的意识。另一方面，公众和理念需要政府转变职能性质。信息化环境下，公众思想逐渐开放，要求政府以公众的需求为导向，而且政府服务理念要求政府职能不再是仅仅通过规制和指令来指导公众的行为，也不是通过建立一系列的原则和激励机制来引领人们走所谓的“正确方向”，而是立足于为社会和公众服务，强化政府的公共服务职能。为促进电子政务良好发展，在其推动下，2006 年政府职能重心由管理型职能向服务型职能转变。各地方政府陆续提供网上服务，对外互动。例如，加强政府网站建设，使政府信箱和问答不再是摆设；建设和完善行政服务大厅和网上行政审批大厅，2006 年 3 月上海金山区成立审批服务中心，实行电子化的“一站式”服务。诸多措施既加强了电子政务的建设，也强化了政府的服务职能，提高了服务水平。

（二）政府职能的重新配置

第一，政府职能的简化。政府职能范围由无限扩张的全能主义向理性限定转变，政府成为导航型政府。伴随着人类社会生活的网络化以及信息技术在政府管理中的广泛应用，公民参与公共事务的意识和民主意识日益提高，对电子政务的施行提出了政务公开和透明性的要求。这决定了政府在履行基本的政治、经济、文化等职能的过程中，权力呈扩散趋势，不能仅按照政府意志一意孤行，也要接受民众的监督、质疑和参与。这时政府的职能简化有两方面，其一，政府的职能不断分化转移，让渡给市场和社会，政府在管理事务时起协调作用；其二，政府的职能范围受到严格的限制，需要依据公众与社会的反馈来确定自身职能。

第二，政府职能的优化。电子政务加速了政府组织结构的变化，而政府组织结构的变化指明了政府职能的变化方向。传统的政府组织结构采用马克思·韦伯构建的“官僚制”结构。随着信息技术的革命，政府作为一个组织，其结构模型变得复杂和多样。网络的交互性、及时性和面对面等特点使得政府信息的交换和流动速率加快，政务信息的反馈速度提高，信息传播者和接受者可以通过网络直接进行点对点沟通，从而大大缩短了行政事务工作程序，使得工作效率大大提升。在传统的政府组织结构中，原本位于管理中层的沟通者则成为落后的产物，它的存在既减缓了信息传递的速度，又容易造成信息传递失真。

第三，政府职能的拓展。电子政务是政府管理方式的变革，数字化以后，部分政府职能可以通过网络工具延续，如审批、传送公文、基本业务办理等，但也产生了一些新的领域，出现了与政府管理活动相关的新现象和新问题，从而派生出新的必须由政府完成的职能，如网络立法、维护网络安全、推进信息资源共享等。

第三节 政府管理模式创新

一、电子政务政府管理模式

从近年来国际电子政务的发展经验和我国电子政务的具体实践来看，电子政务所包含的内容十分广泛，它几乎包括了传统政务活动的各个方面。依据电子政务的服务对象不同，电子政务主要分为三种模式，即 G2G 模式、G2B 模式和 G2C 模式。

（一）G2G 模式

G2G 模式（Government to Government）电子政务是指政府与政府之间的电子政务。它是指政府内部、政府上下级之间、不同地区和不同职能部门之间实现电子化与网络化办公与信息共享、实时通信。G2G 模式是电子政务的基本模式。具体的实现方式包括政府内部网络办公系统，电子法规、政策系统，电子公文系统，电子财政管理系统等。G2G 电子政务的主要目的是打破机关组织部门的垄断与封锁，加速政府内部信息的流转与处理，克服政府各部门相互推诿、扯皮现象，提高政府内部的行政效率。

（二）G2B 模式

G2B 模式（Government to Business）电子政务是指政府与企业之间的电子政务。它是通过网络系统进行电子采购与招标，精简管理业务流程，快捷、迅速地为企业提供各种信息服务以促进企业发展，提高企业的市场适应能力和国际竞争力。G2B 电子政务主要有以下几种形式：政府电子化采购、电子税务系统、电子工商行政管理系统、电子外经贸管理、中小企业电子化服务等。具体包括从企业生产、执照办理、工商管理、纳税、企业停业破产等整个企业生命周期的相应配套服务。

（三）G2C 模式

G2C 模式（Government to Citizen）电子政务是指政府与公民之间的电子政务。它是政府通过网络与公众进行双向的信息交流并提供包括教育、就业、医疗、社会保障等在内的各种服务。G2C 电子政务所包含的内容十分广泛，主要的应用包括以下几个方面：电子身份认证，电子社会保障服务，电子民主管理，电子医疗服务，电子就业服务，电子教育、培训服务等。G2C 电子政务可以提高政务信息的公开性、政府活动的透明性，有利于公民的民主参与和有效监督，促使公务员廉洁自律。

二、电子政务对政府管理模式创新的作用

电子政务的本质是政府的信息化，通过对公共管理进行重组，实现政务业务流程信息化、政府办公自动化，为公众和企业提供高效、广泛和个性化的服务，电子政务是信息网络技术在政府管理中的应用，其核心是政府流程再造。政府管理模式创新是政府流程再造的重要内容，其主要目标是建立责任政府、服务政府、法治政府和效益政府。电子政务的发展给予政府管理模式创新前所未有的机遇，深入推进政府管理模式创新需要将技术创新与

政府组织创新相结合，对传统政府的组织管理模式进行一次深刻变革。

（一）电子政务推动政府职能创新

政府的主要职能就是处理国家事务与公共事务，而电子政务的实施能够促进政府职能的创新。

第一，促进政府职能改革。政府职能改革就是政府将自己的部分权力下放给社会，以便提高社会的自治能力，这是政府部门听取群众呼声的处理措施。而电子政务能够为政府职能改革提供更加有效的处理方式。

第二，提升政府的执行力。对于政府来说，执行力的提升会直接受到自治能力的影响，为了提升政府对于自身职能的执行力，可以利用电子政务增强政府内部的协作能力，为民众提供更好的公共服务。

第三，帮助政府树立良好形象。在实行电子政务的前提下，许多政务能够面向民众公开，这样不仅可以帮助政府内部实行透明化管理，而且有助于政府在民众中树立良好的形象。

（二）电子政务推动政府组织创新

随着科学技术的进一步发展，信息技术在政府工作中的应用将会更加广泛，电子政务的迅速普及能够对政府组织的创新产生有利的影响。电子政务能够适当的缩减政府组织的管理层级，加速政府组织向着扁平化的方向发展，提升组织管理工作的灵活性。与此同时，电子政务能够改变原有的政府组织格局，优化组织形态，在组织内部形成先进的信息沟通网络，提高政府组织的凝聚力与团队协作能力。在这种组织形式下，各级领导在分配组织资源、控制信息、制定决策上都能够下放权力，实现民主化管理。

（三）电子政务推动政府运行模式创新

电子政务在政府运行模式方面也具有良好的促进作用，主要表现在以下几个方面。

第一,提高政府运行的透明度。实行电子政务的主要目的之一就是实现政务公开,为了做到这一点,政府需要将内部所有部门的职能与运行流程公之于众,提高政府运行中的透明度。

第二,加大监督力度。信息的透明与公开是电子政务最基本的要求,这种要求能够提高政府内部的监督能力,并且推动外界对政府监督力度的增加。因此,电子政务的实施不仅提升了政府监督工作的效率,而且为监督工作节省了一定的成本投入。

第三,降低政府运行成本。众所周知,政府的正常运行需要大量的经济成本才能够维持,而实行电子政务能够在不增加任何投入的情况下对组织内部的资源进行整合,优化团队分工,提高了成本的利用率,在一定程度上减低了政府运行成本。

三、电子政务推动政府管理模式创新的基本措施

(一)建立先进的管理理念

在电子政务环境下,制约政府管理模式创新的是相对落后的管理理念。为了促进政府管理模式创新,必须建立先进的管理理念。

第一,更新行政理念。为了提升政府公共服务的质量,政府必须在服务中建立先进的行政理念。先进的行政理念符合当今国家的发展方略,由政府直接管理。

第二,创建有限行政理念。由于政务公开的要求,政府所有的服务信息都将向外界公布,这样才能保证政府透明化运行。而电子政务的实施,对政府提出了有限行政的要求,要求公开的内容要包括工作内容以及流程,不是简单的工作目的。

第三,推行依法行政理念。依法行政是指政府的行政工作必须要以法律为依据,其中包括行政内容的设定以及执行的全过程,政府要为其进行的工作负法律责任,这是社会发展的必然要求。

(二)政府职能合理转变

在社会发展的重要时期,政府职能的转变是必须经历的过程,只有做好了职能转变,才能使政府适应社会的发展。

第一,政府职能确定。政府作为国家机构,其主要的职能有经济职能、文化职能、政治职能和社会职能,这些职能结合在一起,形成了政府的各个相关部门。

第二,确定职能范围。为了促进政府管理模式创新,政府职能的范围必须有明确的规定,这是为了将政府职能界定在实现公共利益的范围内。在电子政务环境下,政府只能根据需要做出适当的改变,以适应电子政务的要求。

(三)建立新的政务流程

电子政务能够对政务流程起到优化作用,为了满足民众对于政务处理更高的要求,未来的发展中必须对政务流程进行优化。科学合理的政务流程对于政府工作的展开以及社会发展都能够起到一定作用,流程的创新需要从政务中最重要的部分开始,保证流程创新速度。与此同时,要为政务工作设立健全的规范,将所有新的业务流程规范化,保证它们都能够按照健全的规范执行。

第四节 加强电子政务公共服务体系建设

一、政府公共服务及其电子化

(一)政府公共服务电子化的内涵

科学合理地界定政府公共服务电子化的内涵,需从厘清政府公共服务与政府公共服务电子化的内涵入手。关于公共服务的概念,国内学者们有不同的见解,大致可以分为两类:从广义上理解，公共服务供给主体可以为公共管理机构，即公共服务就是指公共管理机构不以营利为目的为社会公众提供的服务，它与私人服务是相对的一组概念；从狭义上理解，仅把公共服务的供给主体限定为政府。由政府直接作为供给主体的公共服务才能被称之为政府公共服务。金太军等人认为，政府公共服务就是指为满足社会公众的需要，由政府机关进行供给的且能让所有公民平等获取的产品。本书也将重点研究以政府为供给主体的公共服务，即政府公共服务。根据上述分析，本书将政府公共服务界定为：以政府为供给主体，为满足社会公众的需求，政府运用公共权力、资源向社会公众所供给的服务。

政府公共服务电子化换一种说法，又可以称之为电子化的政务服务、政府电子化服务、电子化公共服务等。若不进行专门区分的话，也可以把电子公共服务、公共服务电子化、电子化公共服务、电子化的公共服务等视为同一概念。对于政府公共服务电子化，可以理解为政府电子公共服务或者电子化的政府公共服务。政府公共服务电子化、政府电子化公共服务、电子化的政府公共服务以及公共服务电子化指的都是政府通过电子化的方式提供公共服务。

关于对政府公共服务电子化的认识，有两个层面。一方面，是从工具层面来理解这种“电子化”，即政府提供公共服务手段和方式的电子化，这仅是从局部提高公共服务效率，并没有从整体上提高政府公共服务水平与效能。另一方面，政府公共服务电子化是在互联网背景下形成的一种全新的公共服务供给模式，随着电子化水平的提高，重点将以转型和升级为主，而不是供给手段简单的“电子化”。政府公共服务电子化除了具有传统公共服务原有的特点，还有自己的个性：服务平台的网络化及高度集成化、以公众需求为导向、全天候、跨地域等。从互联网的角度看，电子化公共服务就是充分利用互联网技术搭建统一的公共服务平台，并以互联网思维整合优化政府公共服务的流程和业务，逐步建立以公众需求为中心的公共服务体系。政府公共服务电子化是一种区别于传统的、全新的供给公共服务的方式，政府公共服务电子化实质上就是以“顾客”为导向，充分利用现代信息技术、人工智能等，让公共服务更加全面化、精准化。政府公共服务电子化的发展水平不仅是构建电子政府的核心与关键，还是衡量以及评价电子政务建设发展水平的关键指标。

基于以上分析及讨论，本书将政府公共服务电子化的概念界定为：以政府为供给主体，在充分运用信息化技术等电子化手段的基础上，对政府部门进行重组，改善公共服务，增加公共参与，促进政府办公自动化、电子化、网络化和信息资源的全面共享，以更加高效的方式向社会公众供给无缝隙公共服务的过程。

（二）政府公共服务电子化的外延

政府公共服务电子化是政府公共服务方式和渠道的升级与改进，其核心理念是通过引入信息通信技术为公民、企业以及政府内部提供高质量的公共服务，其目的在于转变政府的服务意识，建设更加人性化、个性化的服务型政府。

按照服务对象，政府公共服务电子化可以划分为公民、政府以及企业三个方面。首先，从公民维度来说，政府公共服务电子化倡导“以公民为中心”的服务精神，意在通过提供高效便捷、安全稳定、无缝隙一体化的公共服务来满足公民日益增长的公共服务需求。政府公共服务电子化有助于消除公民信息素质之间的鸿沟，使政府公共服务普惠公民。其次，从政府的维度来说，政府公共服务电子化有助于政府机构真正地实现无缝隙的办公模式，使政府机构信息传输速度更快、真实性更高、保密性更强，强调了政府工作人员的协同合作，打破了以往传统政府管理过程中的机构边界，优化了组织内部的服务流程和操作规范，降低了政府机构的行政成本，从而实现资源的共享和利益的最大化。最后，从企业的维度来说，政府公共服务电子化有助于提升政府与企业办事的行政效率，减少服务的时间和成本，增加政府与企业的交互模式，从而获得“双赢”的目的。

按照服务方式，政府公共服务电子化按照服务方式可以划分为信息服务、交互服务、交易服务以及民主决策四个方面。首先，政府公共服务电子化可以提供信息服务，如公民企业可以通过访问政府门户网站获取资讯，查询相关法律政策的动态信息，可以接收天气信息、灾害预警和突发事件的提醒信息等。其次，政府公共服务电子化可以提供交互服务。公民、企业可以通过在线交流增加交互的质量，交互服务不再是简单的单向的、被动地接受信息和服务，而是一种双向的、主动的沟通模式。这种交互服务可以明确了解每个用户的特殊需求，从而进行精准的、个性化的服务。例如，在政府网站留言板留言，在领导信箱进行邮件沟通以及在线咨询等服务。再次，政府公共服务电子化可以提供交易服务。这种在线的交易服务可以节省办事的时间和效率，让公民、企业办事少跑腿，提高社会满意度，塑造良好的政府形象。例如，在线交付行政收费、交付车辆的罚单以及在线交易医疗保险等。最后，政府公共服务电子化可以提供民主决策。政府公共服务电子化增加了政府信息公开的透明度，有助于强化政府机构的问责机制和民主监督。这种在线的民主决策模式，优化了政府的治理方式，提高了公民参与决策的积极性和参与性，推进了电子化的民主进程。例如，在线投票选举、在线参与政策制定以及决策。

（三）政府公共服务电子化的特点

公共服务电子化的特点是在与传统公共服务相比较的基础上凸显出来的。一方面公共服务电子化具有传统公共服务的特点，即所谓的共性；另一方面，公共服务电子化有属于自己的特点，即个性，这也是实现公共服务电子化的必要性因素。公共服务电子化的共性特点主要有以下几个。

第一，服务主体广泛。公共服务的主体是一国政府，而政府的工作与服务是面向全国人民群众的。从狭义上讲，每一个地方政府所面对的是行政区域内的全体公民，这就排除了公共服务只为部分少数人服务的可能性。

第二,服务内容广泛。政府公共服务的内容涉及人们日常生活中的各个方面,不仅需要提供有形的物质产品,如水、气、电、路、交通工具、通信等基础设施,而且包括无形的非物质产品,如医疗、就业、教育等。

第三,非营利性质。这一点也是区别政府公共服务电子化与企业公共服务电子化的关键。政府是为人民服务的组织,具有公共性的特点,它所提供的公共服务是不能以经济回报所衡量的,是维持人们日常生活稳定且能够持续下去的公益性服务。

公共服务电子化的个性特点主要有以下几个。

第一,便捷性。21世纪是信息化、智能化的时代,通过将公共服务与电子化相融合,赋予公共服务以电子化、网络化的特点。通过公共服务电子化,公民可以通过服务平台自主查找自己想要查询的内容,了解相关的政策文件,及时掌握相关动态信息,打破时间、空间的界限。

第二,集成化。政府公共服务电子化通过对服务内容的不断整合,借助门户网站以提供集成化的公共服务。

第三,方式多样化。公共服务电子化的发展实现了沟通交流、服务等方式的多样化。一方面,它打破了以往以政府为主导的服务模式,人们享受各种公共服务的时候能够实时地与政府相关部门工作人员进行互动交流,而不是政府单方面的引导;另一方面,人们在传统公共服务方式的基础上又多了一条享受政府服务的方式,这样可以更好地发挥主人翁意识。

第四,低成本、高效能。公共服务电子化的实现能够降低政府运营成本,无论是在日常监督还是维护方面都能有效降低人力、物力、财力;同时,实现公共服务电子化能够及时发现公共服务方面存在的问题,公民的监督反馈与政府的监管均能促进政府公共服务趋于完善,从而提高政府公共服务效能,为服务型政府的建设奠定基础。

第五,个性化。公共服务电子化通过互联网技术对公众的个性化需求加以分析并处理，提供一对一的个性化服务，与传统的粗放式服务方式形成鲜明的对比。这种个性化的电子化公共服务不仅保护了公众的个人隐私，还提高了公众对公共服务的满意度。

二、政府“一站式”服务

国务院办公厅在中国政府网开通“政务服务举报投诉平台”信箱（liuyan. www. gov. cn/zwfwjbts/），统一接受社会各界对涉企乱收费、涉企政策不落实、未实现政务服务“一网通办”、群众和企业办事不便利，以及其他政务服务不到位等问题的投诉。政府“一站式”服务体现了以下重要意义。

一是打造网络时代的“协同政府”与协同治理成为可能。随着信息技术的发展，今天的治理变得越来越复杂。网络的发展，使得通过协调政府的不同层级和机构共同提供更为整体化的服务成为可能，并在多国的政府改革中已经得到检验。例如，英国前首相布莱尔签发的《现代化改革计划》中的一部分就提到，“我们必须在政府之间进行更好的协调和更多的团队合作，才能应对新世纪的挑战”。

二是反映了整体性治理的必然趋势。首先，国务院的“政务服务举报投诉平台”提供了政府与公民、企业之间互动的信息交流与沟通平台，这对于形成企业、公民以需要政府服务与政策支撑为基础的整体主义治理因素来说是最基本的。其次，这一平台也提供了中央政府在整体性治理中最需要了解的信息。政府信息系统的一个重要任务就是让这些具有参与能力的公民和企业去发现如何在政府的网络平台中进行表达、报告和参与。政府则可以根据企业与公民的需要，用科学的管理规则和规章来做出最恰当的决定，这也确保了在服务型政府建设中通过整体性治理真正推动“放管服”改革的深入。

三是信息技术带来网络治理的扁平化。国务院办公厅可以直接统一接受企业乃至社会各界对涉企乱收费、涉企政策不落实、未实现政务服务“一网通办”及政务服务不到位等问题的投诉，这足以说明传统的层级制管理已经受到挑战，政府治理的扁平化已经成为不可逆转的趋势，信息无法再被垄断。马科斯·韦伯的科层制理论中所阐述的诉求信息自下而上层层上传，行政命令再自上而下层层下达逐步成为历史，信息可以瞬间传递到世界的各个角落，甚至不再受时空的限制。网络技术的发展使得政府的治理创新能力已成为其核心能力，正如马云在“2017 世界物联网无锡峰会”上所言：底层的创新是产品创新；中层的创新是技术创新；最高层的创新是体制创新；从 IT 时代发展到 DT 时代，数字革命打破信息垄断，大数据时代数据必须共享才有可能共惠共赢。数据在共享中利益才能最大化，智慧在共创中提升，文化在交流中传承发展。互联网没有边界，大数据时代信息不应该也无法被垄断。

四是打造无缝隙治理与无缝隙服务的必然趋势。国务院办公厅在中国政府网开通“政务服务举报投诉平台”的举措，打造了为顾客提供无缝隙的产品和服务方式的无缝隙对接，这是无缝隙政府的核心理念。正如美国管理学家拉塞尔·林登认为，无缝隙政府是为了解决官僚制的弊端，以公民为导向，努力提升公共产品与公共服务的质量，追求服务对象的零成本：政务公开、电子政务、一站式服务以及通过网络整合公共服务的提供，便捷公民。对政府机构来说，一站式服务提供的动力在于把一些分散的服务功能集中起来，解决一些重复性的问题，减少政府治理中企业与公民信息获取的负担以及公民与企业遵从治理的成本，强化为“公民、社会与企业”服务的理念。加强政府与企业和公民之间的沟通，强调以竞争为导向和结果为导向的政府，建立扁平化的组织结构。无缝隙政府的治理理念更加强调工作的实际效果，在管理中强调预算和绩效并重；打造无缝隙政府是以满足公民与企业无缝隙需要为目标的一种政府组织结构的变革，使企业和公民能够在“任何时间”和“任何地方”得到全方位的服务。

五是再造了新时期参与式治理的理念。这一举措在无形中减少了中间层，强化了社会组织的参与，加强了社会监督，建构了参与式治理的理念，这种以网络为基础的参与式治理过程让公民、企业以及社会的其他部门直接接触政府相关部门，而不像以前那样需要经过诸多的障碍和冗长的过程才能与政府管理部门沟通，并且无法真正参与到治理中来。网络技术减少了管理的层次，使得管理更加扁平化。这一变革最大的意义是：具有参与能力的公民可以自动地过滤和选择他们能从政府那里得到的服务。只有当公民或公共服务的消费者能够根据政府和机构的转变来改变他们自身的行为，减少政府层级才算大功告成。公共利益和公共服务的提供是政府的主要目的和任务，但不是由政府自己生产。政府网络化治理中社会组织的参与和监督有助于创造一个利益共享、责任共担的机制。

通过社会监督、企业和公民的参与有助于培养和建立社会的远见和洞察力，而不仅仅需要政府官员和管理者具有远见。代替它的是，通过普遍的公共话语体系和核心层的深思熟虑，建立积极的社会洞察力或方向。特别是就政府作为改革与创新的推动者角色而言，这一公开接受“社会投诉”本身传达的信息是政府对于自身管理能力的自信，也再次证明政府还有一个重要的道德责任就是确保和证实类似“放管服”等所有决策产生的过程充分考虑了公平和正义。政府通过一系列的行为来推动这些“放管服”改革的深入和诸多相关公共问题的解决，这也是国务院作为中央政府为了确保这些解决方案充分考虑到了对公共利益的公平支配。诚然，不论是决策或方案本身还是制定决策与方案的过程，都是和民主规范中的正义、公平与平等紧密相连。简言之，政府需要扮演积极的角色，为公民参与和真正分享社会价值观、形成关于公共利益的集体观念创造有利环境。政府应当把公民和企业组织起来，使他们可以更好地相互理解，从更广泛的领域和范围认识国家与社会的公共利益。通过这种监督投诉平台，公民和企业更加积极地参与政府治理，有助于形成公民对公共事务的认知和归属感，有助于形成集体意识，有助于培养和产生企业与政府协同治理的理念，以及危机时刻将自己的命运与社会命运相结合的认识。通过积极参与监督政府政策的有效实施，有助于形成积极的协作治理的理念。政府管理者应当追求更高的责任心，增加对公民的信任。毕竟今天的政府治理是建立在通过对话、讨价还价、公民授权和基于广泛的民意基础上，来解决存在的问题、制定更为科学有效的决策的。

三、政府电子化采购

政府电子化采购是利用电子通信和网络技术，以计算机网络为媒介来完成政府采购的申报、审批、发布采购公告、招标、开标、评标、签订合同等一系列程序。

(一)我国政府电子化采购的发展现状

国家财政部公布的数据显示，2013 年全国政府采购金额为 16381.1 亿元，比 2012 年增加 2403.4 亿元，增长了 17.2%。在货物、工程、服务三大采购对象中，服务类采购继续保持快速增长态势，同比增长 26.4%。自 1996 年我国就已经开展了政府电子化采购的试点工作，原机械电子工业部开通了第一家中国网上政府采购的网站——“中国招标在线”。财政部在 2000 年 12 月 31 日创办“中国政府采购网”，随后逐步健全了全国互联互通的评审专家库、供应商库、商品信息库和代理机构库，实现数据的交换共享。近年来，相关部门加大政府电子化采购力度。2014 年 9 月 1 日，中央国家机关的政府采购平台(中央政府采购网上商城)正式上线，通过网上采购，提高了政府采购透明度，实现政府采购商品“市场可买、价格可比、便捷高效、公开透明”目标。

近年来，地方政府也陆续与电商开展采购合作。例如，2014 年 3 月，浙江省财政厅、浙江省政府采购中心与阿里巴巴集团联合宣布，浙江省政府采购与阿里巴巴集团旗下采购批发平台 1688 进行全面战略合作，浙江政府采购专区正式在阿里巴巴 1688 网站政府“阳光采购”平台上线亮相；4 月，上海市政府采购电子集市成功对接史泰博、晨光和1号店3家电商平台；8月，四川省宣布自9月1日起全面取消政府采购协议供货，取而代之的是实行“网上竞价和商城直购”；9月，深圳市宣布，自9月15日起深圳市本级各单位采购小额零星商品可通过京东、史泰博两家电商平台选购，享受政府采购折扣价。政府采购电子化趋势越发明朗，政府采购电子化业务不仅仅是提供产品，更侧重于提供采购方案，从而实现对政府采购整个业务流程的再造。

（二）我国政府电子化采购发展中存在的问题

1. 采购信息网上公开不规范

公众监督政府采购行为的重要途径是政府采购网站上公开的采购信息。一般来说，公开采购和集中采购的相关信息在采购平台上都是公开的，这就给普通民众、新闻媒体及供应商等提供了民主参与政治的机会。随着质次价高、天价采购、效率差等现象日益受到公众关注，由个别现象引发的政府公信力下降、政府信任危机等问题，成为威胁社会和谐稳定的不良因素。我国《政府信息公开条例》以公开为原则，以不公开为例外。对于公开采购和集中采购而言，有关部门公开采购信息和招标信息是他们必尽的义务，但是个别部门宁愿铤而走险地略过相关的采购程序，也不愿公开与之相关的采购信息，这充分反映出现代技术设备所带来的民主化和传统采购程序之间脱节的问题。

2. 实际采购程序与电子化采购程序不相符

传统采购程序的不足之处是显而易见的，相对而言，电子化采购平台的一些优势，如便捷、迅速、高效、透明等，可对实际采购程序形成良好的修正和补充作用。然而，现实生活中还是存在着不计其数的限制性因素，如采购平台对接不顺畅、传统政府采购的程序漏洞、组织思维惯性、采购平台的用户素养不高等。大多数电子化采购平台没有能够发挥其原来设想的功能，甚至出现了设施闲置的现象。而受到项目建设的前期成本和组织绩效的影响，政府电子化采购平台存在着静态发布信息、线上线下不一致、供应商和采购方互不联通等问题。产生这些问题的原因，究其根本，并不是采购平台该不该建设，而是如何建设的问题，应将电子化采购平台有效嵌入政府采购程序中，逐步实现采购平台和采购程序相匹配。

3. 电子化采购技术与政府采购制度不匹配

目前，我国虽然出台了《中华人民共和国电子签名法》《电子认证服务管理办法》等配套法律，但这两个法律均未涉及政府电子化采购，关于政府采购信息公布的合法性、网上采购程序的合法性、政府采购合同的有效性、电子化采购的安全性等政府电子化采购中重要问题的法律规定仍不完善。目前，我国政府正在进行加入国际政府采购协议缔约国的谈判事宜，由于相关的电子化采购平台并未有效嵌入政府的采购程序之中，并且政府采购行为和电子化采购技术之间的关系缺乏相关制度的明确规定，决定了我国的政府电子化采购与国际是脱轨的。

在某种程度上，法律规范与实际情况脱节会导致一系列问题。采购制度的不健全可能导致网上采购信息公开不规范、电子化采购平台和实际采购程序不匹配等问题。而且各级政府电子化采购平台的标准并不统一，呈现出分散化、技术标准混乱、数据格式不规范、相关功能不明确等问题，政府电子化采购存在静态发布、局部推动等现象。上述不同层面的互动障碍均表现出电子化采购技术和政府采购行为匹配关系的不确定性。在二者匹配关系的不确定性逐渐增加的前提下，无论是电子化采购技术用户的个体行动策略，还是局部利益冲突，抑或政府采购绩效的盲目追求，都将阻碍我国政府电子化采购的整体发展。

(三)推动我国政府电子化采购的对策

1. 加快中央和地方采购平台的建设

对比国外政府采购电子化的发展模式,并结合各国的历史文化背景可知,欧美电子化采购制度的精髓是尊重各个国家和地区的文化习俗及崇尚自由的理念。韩国政府电子化采购采取的则是顶层设计模式,即由上而下推动电子化采购的实行。相比较而言,我国更适合于韩国模式,应结合我国的国情,科学构建政府电子化采购平台。我国政府电子化采购平台应由政府统一规划,将政府数据库和供应商数据库两个大类型数据库作为平台运行的支柱,信用、搜索、市场和支付构成了电子商务的四大要素。采购平台在民营领域已经获得了较大的发展,该平台是借鉴了韩国政府主导的思想,基于电商化的四大要素,参考民营领域采购平台的发展而设计的。在此基础上,可将政府采购平台的功能拓展为信息搜索、交易双方、信用体系、支付体系、监督系统、半集中半分散的物流采购系统。

2. 协调顶层设计与采购制度的关系

我国的国情决定了政府电子化采购应该采用由上而下政府主导的形式进行。在平台建设上,政府要发挥宏观的领导作用。首先,政府采购平台的完善要重新进行规划。我国现在虽然已经建立了全国统一的政府采购网站——中国政府采购网(http:www.ccpg.gov.cn),但其功能还远未完善。

目前,该网站的功能还局限于政策法规的发布,让公众了解招投标及供应商和产品的信息。此外,该网站发布小部分的招标信息和中标信息,但仅局限于政府小规模办公用品的采购,对于其他需要采购的大宗工程类项目以及服务类的项目还没有涉及。而且,发布这些招标信息的城市多是一些大城市,小城市的采购项目还没有挂到网上。政府推动顶层设计,必须重新规划中国政府采购网,完善其系统功能,使之真正成为全国性的政府采购门户网站。同时,对于地方自建的政府采购网站,可由中国政府采购网链接,形成中央统一规划、地方自建的全方位网络采购系统。在政府采购电子化的过程中,政府自上而下的推动作用不可忽视,但由政府主导的电子化平台的建设不应该只考虑政府自身办公的便捷性,更多地应考虑用户的操作习惯、行为习惯、文化背景、法律规则等因素,为用户创造一个丰富实用的操作系统。

当前采购网站的系统功能设置仅仅局限于网站栏目、信息共享这样的简单功能,而为了使多元行动者参与到技术系统中,还应该包括用户角色、权限界定、权责匹配、数据存储等诸多功能。政府采购电子化制度的设计要将更多的精力放在采购平台的顶层设计上,这个目标能否实现,有很多因素需要考虑,包括对若干角色个体的理解、政府的采购流程以及组织流程等。

相应的制度设计应该有利于规范参与者的行为,有利于更好地贯彻落实相关的政策法规。如今技术不断发展,政府的采购制度也日益完善,二者应共同发挥对政府采购参与者的规范作用。采购技术与政府采购制度相辅相成,在进行采购平台的建设时,要综合考虑二者的相互影响。政府采购相关部门在进行制度设计时要遵循现代采购技术的发展路径,技术顶层设计者在进行平台设计时要切实考虑政策法规的落实执行。同时,在政府采购全过程中必须建立一整套中立的监管和评估体系。

3. 完善政府采购电子化的相关法律法规

我国在 2002 年 6 月通过了《中华人民共和国采购法》,于 2004 年 8 月通过了《中华人民共和国电子签名法》,但是对政府采购的电子化几乎没有涉及,经修订的政府采购法对电子签名的相关认证程序也没有规定,而且对认证方和受认证方的合同事宜也没有做出相应规定。2014 年 12 月 31 日通过的《中华人民共和国政府采购法实施条例》对电子化采购的内容依旧没有涉及,这表明我国现阶段关于电子化采购的立法还很不成熟。所以,要尽快建立一整套完善的电子化采购法律体系，为政府的电子化采购提供法律依据。

4. 构建政府采购电子化的绩效评估体系

完善的评估指标体系应包括经济性指标、效益性指标、效率性指标，不应将政府采购资金节约率作为唯一的评价指标，而应综合所有因素使政府的电子化采购得到客观评价。如果单纯追求资金节约率，会带来很多问题，不仅会为官员的腐败提供契机，也难以保证所购买的商品、服务和工程的质量，为日后的安全带来隐患。

四、网上行政审批

（一）网上行政审批运行的必要性

网上行政审批绝不是传统线下政务服务的网上运行，而是优化流程，简化手续，深化行政体制，压缩审批时限，为企业和公众办事提供便利深度融合的“互联网＋政务服务”。相较于传统线下政务服务中心，网上行政审批有其自身的优势。

1. 数字政府建设的应然之义

数字政府是公共治理与数字技术深度融合的重点领域，是新时代政府提升治理能力的重要内容。政府数字化转型是政府为适应数字化社会环境而主动转变政府组织、管理和服务模式的行为。数字政府作为新型政府运行模式，是以现代信息技术为支撑，以数字化、数据化、智能化、智慧化为推进方式与实施路径，将实体政府虚拟化形成的一种组织架构分布式、政务运行“一张网”、公共服务无址化、社会治理精准化的新型政府形态。数字政府要求政务服务以人为本，通过政府组织优化与流程再造，提升资源配置与服务效率，打造全覆盖便民惠民服务体系，让人民群众有更多获得感；旨在网络空间实现信息的跨地域、跨部门、跨层级共享，以数据流再造政务服务及相关业务流程，全面固化、流程化政府权力运行，使服务更个性、主动、精准、智能，实现政府治理模式现代化。网上行政审批作为数字政府建设的重要领域，规范政府审批权力，提供无差别、高品质审批服务的途径，“互联网＋政务服务”的核心内容，关系到政府行权的规范性、民众享受服务的可得性。其通过设立高效率、全透明、全天候在线网上政务服务大厅，构建“无缝隙政府”，增强了政府行政审批工作的透明度，优化了“金字塔”形的权力结构，使得权力层级结构扁平化，从源头上预防审批腐败，加快政府数字化转型。网上行政审批标准化建设既是行政体制改革的延续，也是数字政府社会治理在更大范围、更深层次上推进“简政放权、放管结合、优化服务”改革的有力保障。

2016 年 9 月，《国务院关于加快推进“互联网＋政务服务”工作的指导意见》发布，明确要求到 2017 年底前，各省(区、市)人民政府、国务院有关部门要建成一体化网上政务服务平台。2018 年国务院又印发《关于加快推进全国一体化在线政务服务平台建设的指导意见》，提出到 2018 年底前，要基本完成国家政务服务平台主体功能建设；2019 年底前，上线运行国家政务服务平台；到 2022 年底前，全面实现“一网通办”。可见，随着“互联网＋政务服务”的深度融合，数字政府建设正在加速推进。

2. 传统行政审批的局限

传统政务服务中心的成立是为了进一步提高行政审批效率和透明度，将面大量广、与企业群众生产生活密切相关的事项全部集中到服务中心办理，实现群众办事“满城跑”到“一站办”的转变。然而实践中这种服务方式仍存在着行政审批领域内部条块分割、条块隔阂、审批条件互为前置，审批中部门信息不对称、衔接不连贯等问题。“一站式”服务仅做到服务场景的迁移，但是办公场所的集中并没有从根本上改变既有的政府管理结构和职责。受技术条件限制以及政府体制机制和工作模式惯性的制约，“一站式”服务模式相对“互联网＋政务服务”具有成本高、效率低的弊端。一直以来，政府扮演的是信息的管理者，而不是信息的提供者的角色，履行的是管理职能而不是服务职能。“一站式”服务适应于金字塔式层级制政府的特征，它以政府职能为中心，力图通过规范权力行使，限制权力寻租。但由于根深蒂固的体制约束，中心并未完全从“空间性单一窗口”有效转变至“功能性单一窗口”，从而阻滞或者弱化了联合审批的运作。同时，职能部门对审批结果不公开，审批流程不透明，自由裁量权大，政出多门，给了一部分政府部门及公务人员利用审批权力谋取私利，进行权钱交易的机会。可以说，传统线下政务服务中心提供的只是“碎片化”服务，方式仍停留在“物理集中”阶段，并没有产生“化学反应”下的无缝隙政府，既没有形成对行政审批权力的约束，提高行政效率，又没有为企业群众办事提供便利，因而迫切需要创新政务服务。

3. 公众多样化需求的满足

随着“互联网＋”等技术的发展，尤其是移动互联网的普及化、智能化，“互联网＋政务服务”数字政府的持续推进，公众政务服务需求日益多元化与个性化，其已习惯于通过扁平化、网络化、个性化、便捷化的电子商务平台办理各类事务。公众对政务服务更高质量和效率的追求，使得“以公众需求为中心”的网上行政审批应运而生。相较于以政府职能为导向、仅为物理集中的“一站式”传统政务服务中心，以公众需求为中心的网上行政审批“一网通办”更能满足公众对政务服务的多样化要求。网上行政审批的本质是实现政务服务从“群众跑腿”向互联网“数据跑路”的转变，政务信息服务从政府职能本位向公众需求本位、从以政府为中心向以公众为中心转变。其通过构造一体化、全过程、无缝隙的政务服务体系，着力解决信息碎片化、应用条块化、服务割裂化等传统政务服务问题。网上行政审批信息的可留痕、可追溯，使得审批信息透明化，有效减少权力寻租和腐败；很大程度上取代一部分人的工作，使过去只能由人提供的技术和经验电子化，降低审批中人的作用的同时，削减了自由裁量权的行使；实施网上申报、受理和审批，依托资源集中优势，优化流程，全程电子化运作，使部门之间、法规之间互为前置、互相矛盾的现象逐步减少，部门内部实现深度优化和无缝连接；推进政务数据归集，建立政务数据库，打破“信息孤岛”“数据烟囱”，为其实现跨区域、跨层级、跨部门提供有力支撑。满足公众需求的网上行政审批服务模式在集中向公众提供公共服务的同时，实现了资源集约、信息集中、业务集成，助推了政府数字化转型。

(二)网上行政审批的特点

相较于传统线下行政审批，力图破解行政审批环节中“九龙治水”问题的网上行政审批具有审批的无差别化、标准化与协同化等特点。

1. 网上行政审批的无差别化

网上行政审批的核心价值是无差别化。行政审批具有权力性和垄断性，缺乏竞争，网上行政审批的规范化运行，可解决政府职责不清与职能错位等问题，有力地促进公平。网上行政审批作为提供无差别、可预期、高质量审批服务的途径，不同于以往纸质信息的存储、处理方式，其对信息处理方式形成革命性的冲击。网上行政审批无差别化体现在三个方面，一是从申请人角度来看，通过明确规范每类事项所需的证明材料，使得每类事项材料申请提供无差别，实现“平等审批”。二是从审批流程来看，网上行政审批通过规范审批流程，减少了网上行政审批的不确定性，限定了政府工作人员的自由裁量权，给申请人明确的行为预期，实现“透明审批”。三是从审批结果来看，通过规范工作人员的操作流程和业务要求，使得每类事项审批结果无差别，实现“阳光审批”。“互联网＋政务服务”着力建设数字政府，推进“线上受理、后台审批”的政务服务全流程网上办理，以不见面审批的形式实现了政务服务的无差别化。

2. 网上行政审批的标准化

行政审批过程可以看作一个输入、加工和输出的过程，由于缺乏标准化，各流程之间障碍重重，衔接不足，互为前置。标准化是为在一定范围内获得最佳秩序，对实际的或潜在的问题制定共同和重复使用的规则的活动。行政审批具有重复性特点，标准化是其内在要求。行政审批标准化即是将先进的行政管理方式和标准化理念引入行政审批领域的一项创新。“十三五”规划纲要将“行政审批标准化”明确作为“优化政府服务”的重要一环。“标准化+”审批也已被国家层面认同和采纳，并运用于操作实践。网上行政审批标准化为权力运行设定了边界，规定了哪些不可为，哪些必须做。一是对审批事项进行统一编码，规范化表述审批事项的名称、审批要件、办理依据、办事流程、环节、审批时限、收费等，实现审批事项可追溯性管理。二是科学规范网上行政审批流程，建立全国通用的标准化体系。行政审批标准化建设就是要在行政审批服务中，固化每一个流程，做好每一个环节的质量要求。标准化为企业群众办事，以及部门依法、有效行政提供了明确指导。通过规范化审批流程，逐岗位、逐环节明确审批前后置条件，提高了行政审批的透明度，有效解决了以往审批部门、基层政府因与办事群众之间信息不对称而造成的不作为、乱作为等问题。网上行政审批是审批标准化与信息化的结合，共同推进了全国政务服务“一张网”的建立。

3. 网上行政审批的协同化

网上行政审批的精髓是协同化。协同化的前提是政务服务符合规范和标准。网上行政审批通过搭建政务数据资源目录，推进了数据的整体协同、高效运行。各部门对证照信息进行梳理，开展电子证照应用，通过调取电子证照库中的信息，避免申请人“同类项材料反复递交”的问题。网上行政审批不是简单的信息技术应用，而是通过已建立的政务服务平台，重构行政审批组织机构的业务，实现规范化、协同化运行。政府机构条块分割难以整合的松散信息，可以借助于信息技术连接起来。以信息化作为工具，协同化作为手段，一方面通过基础性数据审核，剔除冗余数据，进行数据资源整合；另一方面去除没有法律依据的流程和环节，业务流程重组，制定简便规范的审批标准。统一、协同的政务服务网络平台，能够有效协调政府部门间的分工合作，解决群众办事难、办事远、来回跑的问题，让群众感受到政务服务一体化、协同化的便利。

（三）全面推进网上行政审批的策略

深入推进“互联网＋政务服务”，实现政府数字化，为企业和群众提供更有质量、更为高效的服务，建设人民满意的服务型政府，需要进一步实现网上行政审批的“一网通办”，确保“网络通、数据通、业务通”，在疏解群众办事堵点上拿出新措施，取得新突破。

1. 以公众需求为导向，健全数据共享机制

2018 年，国家发改委组织制定了第一批国务院部门数据共享责任清单，后续将会不断拓展数据共享深度和范围，从源头消除“信息孤岛”，推动政务服务网上办理。

首先，构建以公众需求为中心的数据库，为政务信息有效共享提供可能。要创建以办事主题为目录的信息数据，根据服务对象不同需要，审批材料和过程不同的特点，对信息数据进行整合、处理，形成具有层叠关系、结构化、个性化的数据库。数据库可由四层结构组成：第一层按主题分类，第二层建立与某个办事主题对应的审批流程，第三层建立对应某个审批事项的相关内容选项，第四层按办事人情况，如为本人办理还是替他人办理等设计个性化精准内容，为公众提供整合性信息服务。

其次，搭建“一网通”政务服务平台方便数据共享，化解公众和企业办事整体性与政府部门职能碎片化之间的矛盾。按照“无条件归集、有条件使用”原则，完善共建共用的数据共享机制。将

离散或串行的审批流程优化为并行业务流程，形成扁平化、网络化的政务服务平台，提升政务服务的整体性、协同性。其一，加强部门横向协作，解决行政审批过程中不同职能部门之间的配合问题。其二，强化府际纵向联动。加强不同层级政府之间的沟通合作，通过互联网技术，理顺上下级关系，形成“省—市—县（市、区）—镇（街道）—社区”的多级联动机制。其三，推进数据共建共享。编制通用软件，加快省、市、县（市、区）政务服务中心联网，推动部门业务专网与政务服务网互联互通。

最后，加快电子证照推广互认，促进数据共享。建立统一数据共享交换平台，简化办事环节，能共享的材料不得要求重复提交。对已经提供过的申请材料或政府部门颁发的证照批文，由审批部门通过信息共享自动核验调用。其一，实现群众办事“单点登录、全网通办”。减少“线下到处跑、线上到处找”的困扰。通过按需共享数据、请求响应服务等手段，解决分布式应用系统之间的信息共享和协同协作问题。其二，实现身份信息“一次采集、多点可用”。实现与部门相关业务系统的互联互通和数据共享，减少窗口与部门之间信息的二次录入，减少窗口和部门之间的人员往来跑动，提高企业、群众的办事效率。

2. 加强信息安全建设，构建数据安全机制

坚持信息安全准则，确保数据安全是网上行政审批的必经之路。构建数据安全机制是实现数据共享的必要前提。

首先，坚持“数据不搬家，可用不可见”原则，构建数据安全机制，设置数据访问权限，划清隐私与安全的界限。应根据网上行政审批系统中每个用户在审批中的角色赋予其访问权限，并且根据工作调整动态修改或取消访问权限。

其次，对数据进行敏感性分析。尽管不是每一个数据集都包含敏感信息，但是从不同数据集调配出来的数据，经过拼凑就可能会成为需要保护的敏感数据。因此，要制定评估数据敏感度办法，对数据集进行敏感度认定。对于包含敏感信息的数据集，要设置基于用户权限级别的数据掩码。

最后,从法律、管理和监管层面加强数据安全防范。其一,加快数据安全立法,严格规范网络数据的搜集、存储、使用和销毁等行为,落实数据各生命周期的主体责任。其二,抓住数据搜集、数据利用、数据共享等关键环节,强化数据安全监管,加强数据安全风险评估。其三,加强关键信息基础设施保护,建立健全数据安全防护体系,加强数据防攻击、防泄露、防窃取等安全防护技术手段建设,强化数据安全监测、预警、控制和应急处置能力。

3. 全面提升用户体验,建立"一网通办"服务模式

随着政府网站及政务信息量的迅速增加,公众特定信息需求与海量信息之间的矛盾日益突出,"一网通办"应运而生。该模式从公众办事主题出发,通过对办事主题所涉及审批事项的梳理,为办事人提供包括审批事项以及审批机构在内的审批流程,并借助于超链接技术,将每个审批事项有关的信息服务整合起来,形成完整的政务信息服务体系。各地根据统一设计的编码规则,对每一个行政审批事项和公共服务事项进行赋码,从而形成国家统一管理的行政审批事项代码库和地方公共服务事项代码库。"一网通办"通过对服务信息分门别类的处理,提供给用户清晰的选项,用户只要选择适合自己情况的选项,就会获得与自己需要完全匹配的信息结果,无须筛选自己的信息即可享受到个性化精准的信息服务。同时,其建立统一用户管理和身份认证系统,通过部门间信息共享,自动比对核验企业和个人身份信息,有效解决公众原本需要提供"我是我"证明材料及企业重复注册的问题。再者,从用户角度出发,页面设计隐藏不相关信息页面,使页面简洁易用,提升用户体验。确需保留的证明事项,逐项列明设定依据、开具单位、办理指南等,严格实行清单式管理。对保留的证明加强互认共享,减少重复举证。政务服务的总门户就像网购平台,办理事项只有按人群、主题、部门等分门别类设计,方能一目了然。一方面清晰准确的信息服务能够缩短公众办事的查询时间，减少信息不对称带来的办事障碍；另一方面办事群众只有在清楚审批流程、提交材料、审批时限等信息时，才能确保每个审批环节所需材料的一次性正确提交，顺利完成网上行政审批。

五、加快推进电子政务的应用

为强化顶层设计，加强规划指导，落实科学发展观、深化改革开放、加快转变经济发展方式的必然要求，深化行政管理体制改革和建设人民满意的服务型政府的战略举措，大力推进国家政务信息化工程建设，2011 年 12 月 12 日，国家工业和信息化部依据《2006—2020 年国家信息化发展战略》《中华人民共和国国民经济和社会发展第十二个五年规划纲要》，发布了《国家电子政务“十二五”规划》(简称《工信部规划》)，作为“十二五”期间推动国家电子政务发展的指导性文件。

(一)加快推动重要政务应用发展

1. 推进业务应用协同发展

坚持统筹协调，充分发挥电子政务基础设施作用，围绕解决经济和社会发展的重点难点问题，优先推进经济运行、财政管理、综合治税、强农惠农、城市管理、国土管理、住房管理、应急指挥、信用监管等一批重要协同业务应用。加大行业与地方应用发展的条块结合统筹力度，努力构建基础统一与应用协同的电子政务应用整体发展格局。兼顾行业与地方业务应用发展，行业业务应用发展纵向部署要充分考虑地方实际，加强与地方应用建设和发展衔接。地方要加强行业与当地应用的统筹协调，建设内容纳入当地电子政务规划和年度计划，做好配套工作，满足行业业务应用要求，确保纵向互联互通的行业电子政务应用整体发展。

2. 推进部门业务应用发展

围绕信息化环境下提升执政和履行职能能力需要，加强统筹规划和顶层设计，统筹推进政务部门业务应用发展，全面支撑社会主义经济建设、政治建设、文化建设、社会建设以及生态文明建设发展。加强重要信息系统建设，不断扩大应用规模，逐步实现应用全业务、全流程和全覆盖，推动政务与技术深度融合，充分发挥应用成效。加强国民经济预测预警应用功能建设，提高信息分析和利用能力，创新分析研判的方式和手段，提高各类突发事件的应急应对能力，提升宏观调控和科学决策水平。推进法规、规章、政策制定和实施管理，加强实施情况信息采集和落实成效分析评估，支持动态调整，增强科学决策能力。加强信息综合利用，强化信息分析研判，提高宏观调控的科学性和预见性，增强针对性和灵活性。推进国家级全民健康保障、住房保障、社会保障、药品安全监管、食品安全监管、能源安全、安全生产监管、市场价格监管、金融监管、社会信用体系等重点工程建设。

3. 强化政府网站应用服务

加强政府网站建设和管理，促进政府信息公开，推动网上办事服务，加强政民互动。加大政府网站信息公开力度，不断丰富公开信息内容，提高公开信息质量，增强信息公开的主动性、及时性和准确性。大力提升政府网站网上办事能力，以社会公众为中心，扩大网上办事服务事项，优化办事流程，不断提高网上办事事项的办事指南、表格下载、网上咨询、网上申请、结果反馈等五项服务功能覆盖率，提高便捷性和实效性。推进政府网站政民互动服务发展，建立健全公众意见及问题的受理、处理及反馈工作机制，实现网上信访、领导信箱、在线访谈等互动栏目的制度化和规范化，注重民意收集与信息反馈，保障人民的知情权、参与权、表达权、监督权。加强政府网站服务保障和运行维护保障，建立相关制度，明确各方责任，加大管理力度，开展绩效评估和考核，大力提高政府网站服务能力。

(二)加强保障和改善民生应用

1. 深化保障和改善民生应用

加快推进劳动就业、社会保障、医疗卫生、教育、文化等应用服务,促进基本公共服务体系建设发展。加快推进劳动就业应用,提供公共就业信息发布、需求预测、跟踪监测和失业预警等服务,促进构建和谐劳动关系。统筹推进城乡社会保障应用,覆盖社会保险、社会救助、社会福利等社会保障业务。完善医疗卫生应用,健全覆盖城乡居民的基本医疗和药品供应服务体系,拓展新型农村合作医疗服务覆盖面。完善重大疾病防控等专业公共卫生业务应用,提高重大突发公共卫生事件的处置能力。完善教育和文化行政管理信息化应用,促进教育公平,为公众提供优秀文化资源服务。推进交通运输管理应用,促进综合交通运输体系不断完善。加强水资源、管理应用,提高水量水质监测能力,确保水资源安全。

2. 加强县级政府和基层政务服务应用

加大县级政府政务公开和政务服务应用推进力度,不断创新政务服务方式和手段,促进基本公共服务体系建设的应用发展。依托县级政府电子政务公共基础设施,开展民政、计生、劳动、教育、卫生、公安、农业等政务服务应用,增加服务内容,扩大服务范围,加强业务应用系统互联互通,推进信息共享和业务协同,提高服务水平。深化政务服务中心和各类政务服务窗口等多种渠道服务应用,充分利用已有的基层为民场所和服务设施,推进基层政务服务窗口的应用服务环境建设,配备服务终端、自助终端和辅助设备,加快推进政务服务应用向乡镇(街道)和社区(行政村)的延伸。不断提升基层政务工作人员电子政务应用能力,开展"一站式"服务,为社会公众提供方便优质、多方式全方位的服务,提高基层服务水平,促进基本公共服务均等化。

第五章　构建服务型政府

在经济全球化、信息化浪潮的推动下，面对日益变化和发展的世界，以及贯彻落实科学发展观和全面推进社会主义现代化建设，必须深化行政体制改革，建立服务型政府。服务型政府是我国政府建设的最终目标，将其作为政府管理的核心理念和精神向导，可以加速政府职能转型、创新管理和服务的方式，不仅直接关系到政府自身形象，社会主义和谐社会的构建，人民满意的服务型政府的建设，而且对我国社会稳定、全面建成小康社会和增强我国国家竞争也将产生深远的影响。本章就针对构建服务型政府展开详细研究。

第一节　服务型政府建设的理论及必要性

服务型政府建设是党中央及政府在行政体制改革发展趋势与经济社会发展现实情况的双重压力下的明智选择，是在马克思唯物史观与中国共产党服务人民的执政理念的理论基础上对我国政府改革与发展的重新定位。十八大以来深化服务型政府建设是实现全面建成小康社会的重要保障和政府自身建设的迫切需要。

“服务型政府”是我国学术理论界在对市场经济体制下我国政府的角色定位的长期思考中创造出的概念。早在 1986 年，我国学者渝童宗在其一篇文章中使用到了“服务型政府”一词，但并没有对其作出详细分析和深入探讨。到 20 世纪 90 年代后期，随着张康之等学者在研讨服务行政时提出对服务型政府的构建问题，以及加入 WTO 后我国政府受到一系列新挑战、新要求的现实需要,专家学者们开始对“服务型政府”的概念进行明确界定,大多数学者赞同并引用刘熙瑞于 2002 年从时代背景、宗旨、任务及手段多个维度综合给出了定义。在实务界,大连市政府早在 2001 年就做出建设服务型政府的决定并很快推出相应的正式文件。上海市紧随其后,在同一年提出并决心要在全国率先完成建立工作。首次正式提出“建设服务型政府”是在 2004 年温家宝总理给省部级领导干部进行培训总结时,后明确记录于 2005 年的《政府工作报告》中,报告明确提出努力建设服务型政府主题思想与工作要求。服务型政府建设理念的提出具有划时代的意义,是党和政府总结古今中外管理理论及探索行政管理体制改革实践的智慧结晶。2003 年的非典危机过后,我国学者在对疫情的反思中,基于政府职能结构调整的视角,提出“公共服务型政府”的概念,因此学术界在研究探讨服务型政府建设问题的早期,对“公共服务型政府”与“服务型政府”的使用比较混乱,更多的学者选择使用前者,但在实务界很少使用这一概念。随着研究工作的日益系统化,服务型政府建设理念的社会影响迅速扩大,党政机关在正式文件中使用“服务型政府”“公共产品”“公共服务”等概念日益频繁。为了统一用法,学术界从 2005 年以后,逐步用“服务型政府”的概念取代在逻辑上略显重复的“公共服务型政府”的提法。这一转换是必要的。首先,“服务型政府”标志着政府管理模式的根本性转变,强调政府行政体制内的一系列制度创新,而“公共服务型政府”突出强调的是公共服务,给人以仅调节政府职能的错觉,容易在传达理念和指示的过程中削弱其本身的内涵。公共服务这一项职能并不能涵盖服务型政府的职能范围,服务型政府建设除了要加强政府的公共服务职能,还要积极履行其他三项基本职能,以保障我国在 2020 年全面建成小康社会。其次,学术讨论的目的在于总结出指导中国实践的理论成果,在我国改革实践过程中,中央正式文件中呈现出来的行政改革目标为建设“服务型政府”,而非“公共服务型政府”,且“公共服务型政府”提法在逻辑上有重复之嫌且显得过于冗长,与同一领域的基本概念“公共服务体系”在组词结构上过于趋同。

服务型政府是我国在市场经济体制下，政府建设的唯一目标，它要求政府树立现代职能理念，提升政府公共服务职能，创新政府职能方式，理顺政府职能关系。服务型政府这个概念明确了政府的角色定位。服务型政府主要扮演“服务者”的角色，政府职能就是要为公民和社会服务，如果人民不需要政府服务，政府就没有存在的价值了。即使在阶级社会里，政府也不纯粹是为了统治和镇压而存在，也承担着社会服务职能，问题是政府为谁服务和提供什么内容的服务。那么，可以从以下四个方面理解服务型政府。

第一，服务型政府的主体是各级政府及行政人员。他们是政府服务的提供者，根据国家宪法和相关法律规定向公众和社会提供服务。

第二，政府的服务对象是公民、市场、企业和社会。

第三，政府服务既包括为公众提供公共产品和公共服务，也包括为企业和市场提供公平竞争的发展环境。

第四，服务效果不能仅仅将经济发展作为评价指标，应该以社会和公民是否满意作为标准。

服务型政府的职能调整的依据来自两方面：一方面是国家政权性质发生变化，政府职能必然会发生根本性质的改变；另一方面是国家的社会、经济、政治、文化等领域出现变化，政府职能相应地会进行职能增减、重心变化、履职方式等重大调整。政府职能重心转向经济职能和社会职能正是为了应对经济领域和社会领域的重大变化。

服务型政府是以“公民为本位”的政府。建设服务型政府是中国行政管理体制改革的创新之举，不同于西方提出的“企业家政府”。“企业家政府”把政府和公民的关系简单等同于企业和顾客之间的关系，这与“公民本位”的理念不相符合。政府应该具有公共性，所有公民都应该平等无差别地享有政府提供的公共服务。企业家政府将公民视为政府的顾客，用企业家精神改革政府公共部门，有利于提高效率和效益，但是缩小了政府公共责任，还可能造成政府本位主义、保护主义等负面现象。新公共管理实践有助于精简政府部门，但是不利于公民参与，尽管“顾客至上”理念能够提供多样化、个性化服务，却将公民视为一般消费者，降低了公民的政治地位。因为公民不仅有权选择政府提供的公共产品，也有权参与政府公共产品的政策制定。“公民本位”是对“顾客至上”理念的扬弃和超越。

西方政府把公民当作顾客，认为公共服务应该以顾客的需求为出发点，将顾客的满意程度作为评价公共服务质量的标准。事实上，这种理解存在偏差，忽视了公民的主人地位。因为公民是国家的主人，政府在本质上是为实现公共利益而存在，政府的公共权力和财政收入也来自公民，既然这样，公民作为国家主人而不是顾客来享受政府提供的公共服务，那么作为政府服务对象的公民就不是顾客。

服务型政府的职能理念突出服务职能。现代政府与传统政府职能理念的不同之处在于，要求政府不仅是法制政府、责任政府和有效政府，而且是服务型政府。政府执政理念发生转变，更加注重为公民服务的精神，并体现了各级政府职能转变的方向。政府将经济增长理念转变为经济发展理念，更好地贯彻科学发展、经济社会生态环境和谐发展理念，从注重数量的经济增长转向注重质量的发展。政府职能理念体现了时代性，更加关注人民的生存需要和感受，将满足社会公众要求作为执政的目标，这点和“为人民服务”的宗旨相契合，充分反映了服务型政府的特征。

服务型政府建设涉及政府管理权限的调整和职能履行方式从“管理”向“服务”的转变。调整政府管理权限，就是明确政府管理的范围，划分公共事务管理范围，界定政府、市场和社会权责的合理边界。所以，政府在职能转变过程中需要明确政府的权力，在与市场和社会的关系中界定政府职能权限范围。

建设服务型政府更需要将“为人民服务”的宗旨落实到政府的职责和功能上，包括制度安排、政策供给以及提供公共产品、公共服务和维护生态环境等内容。政府转变职能，向创造良好发展环境、提供更优质的公共服务，以及维护社会公平正义转变。社会主义国家的政府以“为人民服务”为宗旨。政府应该履行制度供给职能，为市场正常运行提供必要的法律和规则体系。社会主义市场经济的运行也离不开制度支撑。没有稳定的制度机制，经济体系正常运转几乎不可能。因为市场经济交易的前提是明确产权，保护经济主体的财产权，维护交易秩序，有效解决讼争。纠正市场失灵，避免资源浪费，保护生态环境，通过税收和行政许可等方式弱化减少市场外部性，提供安全、秩序和公正的制度安排政府履行的一项重要经济职能。

建设服务型政府，是深入贯彻落实科学发展观、实现经济发展方式的转变，对于保障和改善民生、维护社会的和谐安定，对于夯实政府的合法性基础、实现国家的长治久安的需要，因而也是十分必要的。

一、有助于完善社会主义市场经济体制

政府与市场是社会管理系统的两极，市场会失灵，政府也会失灵，因而任何一个社会都必须在两极之间维持必要的张力和平衡，社会经济才能又好又快的发展。政府的职责应该是创造市场经济发展的大环境，为经济发展提供有效的宏观调控，弥补市场的缺陷，既要充分发挥市场机制的作用，又要有效发挥政府管理的作用，使二者相辅相成。

做到在本应由市场发挥作用的领域，政府要完全退出；而在本应由政府发挥作用的公共服务领域，政府也可以通过引入市场机制，将政府权威和市场交换两种功能进行有效配置，从而形成公共服务多元化供给渠道。通过建设服务型政府，促进政府职能的根本转变，为经济快速发展创造良好环境，优质高效地提供公共产品和公共服务，消除城乡居民的后顾之忧，提高居民的消费水平，拉动经济发展，实现经济快速发展。因此，政府转型为服务型政府有助于完善社会主义市场经济体制、实现社会经济的又好

又快发展。

二、有助于加快实现政府职能科学化

实现政府职能科学化，是服务型政府建设的重要目标。所谓职能科学，简单来说就是政府做好自己应该做的事情，核心是处理好政府与市场、与社会的关系，有所为有所不为。一方面，实行简政放权，充分发挥市场、社会组织的作用，最大限度地激发市场主体活力和内生动力；另一方面，切实发挥好政府作用，促进经济社会持续健康发展。如何做到职能科学，关键在于不断地转变政府职能。转变职能是改革行政体制的核心，是建设服务型政府的重要举措。

服务型政府建设之所以要加快实现政府职能的科学化，最终是为了推进我国"五位一体"总体布局建设。党的十八大着眼于全面建成小康社会、实现社会主义现代化和中华民族伟大复兴，对推进中国特色社会主义事业作出经济建设、政治建设、文化建设、社会建设、生态文明建设"五位一体"的总体布局。服务型政府建设既是行政体制改革的目标，又是经济体制改革的保障，是经济建设和政治建设的重要提动力，因此有助于从总体上推进我国"五位一体"的布局建设。

三、适应国际行政体制改革的潮流

在经济全球化和一体化日趋深入发展的背景下，政府直接走上了国际竞争的前沿舞台，如何实现"更好的治理，更好的服务，更快的发展"已经成为各国政府体制改革追求的共同目标。之前我国政府过于重视经济的发展，在社会管理、公共服务等领域严重缺位，这在一定程度上造成了我国政府提供公共产品的效率低、质量差。服务型政府的建设，增强政府的服务意识，提高政府的管理效率和竞争力，吸引更多的资金、技术和人才，既适应了国际行政体制改革的潮流，又提升了我国政府的国际竞争力。

四、有助于将科学发展观的核心落到实处

科学发展观是21世纪全面推进我国社会主义现代化建设的重大战略指导思想。科学发展观的核心是以人为本。将科学发展观的核心落到实处，就必须大力加强服务型政府建设。

(1)建设服务型政府，有助于保障人民的各项权益。中华人民共和国的成立，标志着中国人民掌握了国家的权力，成为国家的主人。作为国家主人，中华人民共和国公民享有宪法规定的各种权利。公民的权利就是政府的义务。作为人民政府，有责任、有义务维护和增进公民的合法权益。建设服务型政府，就是人民政府为人民在现时代的具体体现，它将为公民权利的真正实现创造条件和提供保障。

(2)建设服务型政府，有助于让人民生活得更加幸福、更有尊严。改革开放以来，人民群众的生活水平有了明显的改善和提高。但由于收入分配差距较大、物价上涨过猛以及基本公共服务供给严重不足，使人民群众面临较大的生活压力，弱势群体的生活更加艰难。建设服务型政府，优质高效地提供基本公共服务，一方面可以有效地保障和改善民生，使发展成果真正做到由人民共享；另一方面，也可以在最基础层面维护社会的公平正义，提高人民群众的幸福感和尊严感。

(3)建设服务型政府，有助推进人的全面发展。根据马克思主义关于人的全面发展的理论，人的全面发展是社会发展进步的前提条件，也是社会发展到高级形态的重要标志。建设服务型政府，为城乡居民提供良好的医疗卫生、劳动就业、社会保障、住房保障、基础设施等方面的公共服务，能够为人的全面发展创造良好的物质条件；而提供公共教育和公共文化等方面的服务，又能够为人的全面发展奠定坚实的文化基础。人的综合素质和能力提高了，就能够为社会主义现代化建设提供更多的人才，也能够为人的更高水平的全面发展奠定更坚实的基础。

第二节　服务型政府的理论基础

当前，服务型政府建设已经成为我国行政体制改革的目标，学术界围绕服务型政府的理论研究也不断深入。我们认为，能够支撑服务型政府建设的理论基础主要是服务行政理论、民主行政理论、新公共服务理论等。

一、服务行政理论

服务行政理论是支持服务型政府建设的第一个理论。从自由主义法治国到实质主义法治国的转变，催生了服务行政理论。1938 年，德国著名行政法学家福斯多夫发表了《当成是服务主体之行政》一文，首次明确提出了“服务行政”的概念和相关理论。福斯多夫认为，生存照顾是法治国家时代国家必须承担的法定义务。“人民总是先求能够生存，以后才会要求享有自由、秩序与福祉。国家因此而负有广泛照料人民生存照顾的义务，并受这种义务之拘束。任何一个国家为了维持国家稳定，就必须提供人民生存之照顾。国家唯有提供生存照顾，确保国民的生存基础，方可免于倾覆之命运。”

服务行政理论的基本观点是：“政府及其他公行政主体必须提供各种不同的服务措施，如建立稳妥的公用事业、社会救济、文教事业、社会保险的制度，使公民在衣、食、住、行之生活、工作、教育等方面，得到国家最多的服务与最大之照顾。”

党的十八大以来，我国服务型政府建设的内容正是以服务行政理论为指导，不断强化政府公共服务职能，在公共医疗、义务教育、社会保障等公共产品和公共服务的提供方面推行了一系列改革，并取得了初步的成效。

二、民主行政理论

支持服务型政府建设的第二个理论是民主行政理论。民主行政理论最早是由德国社会学家马克斯·韦伯提出的。韦伯在对官僚制行政进行阐述时,对民主行政理论进行了最初的解释。

韦伯认为,行政“之所以称作‘民主的’,是由于两个并非必然有相互关联的原因:(1)因为它建立在所有人都原则上具有相同的领导共同事务的资格的前提下;(2)因为它把命令权力的范围降到最低的程度。”民主行政理论的核心要义是强调公民参与。

综观社会发展史,从对权力的绝对服从到集体参与,从宪政参与到行政参与,从政治参与到法律参与,都标志着一个新的时代的到来、民主的进步和社会的文明。行政是集权的传统领域和最后阵地。行政参与则是对集权的最后洗涤,是政治参与或民主参与的最高表现和具体落实,是行政民主或民主行政的主要标志。

在服务型政府的建设中,民主行政理论发挥着重要的作用。党的十八大报告提出,我国要按照建立中国特色社会主义行政体制目标,深入推进政企分开、政资分开、政事分开、政社分开,建设职能科学、结构优化、廉洁高效、人民满意的服务型政府。可见,服务型政府建设的一个重要评价标准,就是人民满意。而人民满意,需要政府在了解民众需求的基础上,为社会公众提供优质的产品和服务。

总之,民主行政特别关注公共服务的多样性和对公民偏好的回应性。因此,创新公共服务制度安排不仅需要健全多元化的公共服务供给主体,实行竞争性的公共服务提供机制,加大政府购买公共服务的力度,而且更加需要变革既有的政府导向型公共服务供给模式,建立公众需求导向型的公共服务制度设计,达到公共物品的供求均衡,从而实现公共服务的有效且多样化供给。

三、新公共服务理论

新公共服务理论是近年来公共管理领域兴起的一种新理论,是美国著名公共行政学家登哈特夫妇提出的,是为了纠正美国20世纪80年代以来盛行的新公共管理理论。以奥斯本和盖布勒为代表的美国公共学界提出的新公共管理理论认为，政府的主要职责是掌舵而不是划桨，是授权而不是服务。新公共管理理论认为，“公共企业家已经得知过去为当事人服务的种种努力所产生的不是经济和社会的独立，而是依赖。这些企业家不应再维持这种方法，而应该将公共创新的所有权转给社区。他们应该使公民、邻里群体以及社区组织能够自己得出解决问题的方案。”

登哈特夫妇认为，政府的职能不是掌舵，而是服务。公共行政官员不仅要分享权力，通过人民来工作，通过中介服务来解决公共问题，而且必须将其在治理过程中的角色重新定位为负责任的参与者，而非企业家。这种负责任的参与者，具体来说，公共行政官员已经接受了一种通过充当公共资源的管家、公共组织的保护者，公民权和民主对话的促进者以及社区参与的催化剂来为公民服务。

新公共服务理论对我国服务型政府建设具有重要的意义。新公共服务理论强调政府的目标是通过提供公共服务实现公共利益的最大化。而新公共服务倡导的分享领导权正契合了我国当前在服务型政府建设过程中推行的简政放权改革。简政放权的目的，就是要通过理顺政府和市场的关系，建立政府和社会之间的良性互动关系。

第三节　建构服务型政府

一、加强政府的服务意识

由于受传统社会权力结构和政府管制思维的影响，传统的权力本位、官本位等观念仍然对政府发挥职能及政府行为方式具有较大影响。这些思想观念可能造成对政府权力的膜拜或滥用，或者导致政府职能越位、错位。权力崇拜、权力至上的观念制约着政府依法行政，因为不受制约的权力容易导致腐败，一旦权力超出法律限制的边界，就会违背公共利益，成为以权谋私的工具。

权力本位的观念带有极强的人治色彩，权力行使的随意性背离了政府应该履行的职能。一些公职人员滥用职权、失职渎职、执法犯法、徇私枉法的现象是存在的，甚至严重损害国家法制权威，已经阻碍了法治化、民主化进程，权力本位意识与现代国家治理所要求的为人民服务、对人民负责的理念相冲突。公共权力的运用更多地体现了公共权力的强制性，强调管理者或者组织者居于核心地位。服务型政府要求政府扮演服务者的角色，政府履行的职责就是要为公民和社会提供公平公正的服务，反之，如果政府提供的公共服务和公共产品不能满足社会需要，政府的公共精神可能受到质疑。

市场经济的发展使人们充分认识到自身价值及个体利益，从而形成了平等、独立、自由、民主的观念；公平有序的市场竞争，又使人们形成了效率的观念；市场经济运行必备的竞争秩序、法治基础则形成了人们规则意识、法治观念；市场中信用交易的发展，形成了人们的契约意识；对市场失灵、政府宏观调控的深刻认识，形成了人们对政府提供公共服务的认同，这些都要求政府职能转变要塑造与之相适应的服务意识、合作理念，使政府职能向责任政府和服务型政府的要求转变。”

进入新时期以来，中央提出建设服务型政府，各级地方政府积极响应号召，转变服务观念和管理理念，增加公共服务产品的财政投入，实行一站式服务平台，加大政府信息公开力度，政府管理实践取得初步成效。不过，建设服务型政府并非一蹴而就，需要转变以往管制思维，增强服务意识，促进政府职能转变。

二、加强政府的公共服务职能

加强政府公共服务职能，是建设服务型政府的必然要求，是转变政府职能的重要任务。《中共中央关于全面深化改革若干重大问题的决定》明确提出，政府的主要职责和作用之一是加强和优化公共服务，地方政府的首要职责是加强公共服务。为贯彻落实党的十八届三中全会精神，切实加强服务型政府建设，迫切需要研究和探讨加强政府公共服务职能的判断标准和主要对策。

(一)加强政府公共服务职能的判断标准

正如不能用尺子来度量自身的长短、不能用秤来权衡自身的轻重一样,判断政府公共服务职能是否得到加强,需要设计能够反映其变化的各项外显指标。

1. 公共服务职能法治化指标

政府公共服务职能是否得到加强,首先体现在法治建设上。完善的法治,具有权威性和稳定性。《中共中央关于全面深化改革若干重大问题的决定》明确要求:“建设法治中国,必须坚持依法治国、依法执政、依法行政共同推进,坚持法治国家、法治政府、法治社会一体建设。”建设法治政府,加强依法行政,首先就需要实现政府职能、职权的法定化。

(1)政府公共服务职能法定化。依法明确规定政府公共服务职能及其在政府职能结构中的主导地位或核心地位,是运用法治思维推进服务型政府建设的根本举措,是加强政府公共服务职能的法治保障,也是判断政府公共服务职能是否得到加强的重要指标。

(2)政府公共服务职权法定化。在依法明确公共服务职能在政府职能结构中的主导地位的同时,为使公共服务职能真正落到实处,还必须依法明确规定各级政府公共服务的职责权限,使各级政府公共服务职责清晰,权限明确,防止因责权不清而产生的推诿扯皮现象。

(3)政府公共服务法定职责实现率。政府责权法定,不仅仅指依法明确规定政府的职责权限,还包括依法监督和落实政府的法定职责。如果法律规定的公共服务职责只停留在法律条文上,并没有得到很好的执行,那么加强政府公共服务职能也就变成了一纸空文,成为不可能充饥的画饼。所以,从法治角度判断政府公共服务职能是否得到加强,还要看法定的公共服务职责是否得到有效落实和落实到什么程度。

2. 政府组织结构指标

政府组织结构是政府职能结构的组织体现。服务型政府是以公共服务为主要职能的政府。只有按照建设服务型政府的要求调整和优化政府组织结构,才能为加强政府公共服务职能提供组织保障。从组织结构角度判断政府公共服务职能是否得到加强可以用以下指标。

(1)公共服务部门在政府机构设置中占比大小。在计划经济时代,政府管理经济部门占有较大比重。在管理经济的部门中,国家计委又具有特殊的地位,号称"小国务院"。改革开放以来,伴随着社会主义市场经济的发展,我国开始精简政府机构。其中,精简的主要对象,是政府专业经济管理部门。从 1982 年至今,我国政府直接管理经济的部门得到较大幅度的精简。但目前,政府管理经济部门仍然占比较大,公共服务部门占比相对较小。这种政府组织结构是不能适应服务型政府建设要求的。因此,必须调整政府组织结构,加大公共服务部门在政府机构中的比重,并逐步使之成为政府机构中的主要门类。

(2)公共服务部门在政府机构中的地位。在经济建设型政府中,经济管理部门是政府的主要部门,在政府机构设置中占有重要地位。建设服务型政府,必须加强政府公共服务部门建设,使其成为政府的主要部门或核心部门。

(3)公共服务部门的设置要符合精简、统一、效能的原则。服务型政府不仅要求强化政府公共服务职能,同时要求提高政府公共服务效能。为此,必须按照精简、统一、效能的原则,将公共服务职能相同或相近的部门加以整合和优化,实行大部门管理体制。

(二)加强政府公共服务职能的主要对策

在社会现代化建设的今天,必须深刻认识政府公共服务职能薄弱的严重负效应,并采取切实有力的措施,切实加强政府公共服务职能。

1. 设立公共服务质量奖

在政府管理中推行行政问责制,十分必要。但问责制是一种确保底线的管理,仅有这一种管理是不够的。因为政府管理如同企业管理一样,不仅要确保政府管理不能跌破底线,而且还要鼓励各级政府及其公务员追求更好的管理效果、提供更优质的公共服务。为实现这一目标,设立公共服务质量奖就十分必要。事实证明,公务员和其他人一样,既需要约束,也需要激励。约束和激励,历来是管理的两大手段,缺一不可。

目前,我国许多地方在政府管理中主要靠"钱"和"官"来进行激励。例如,干得好可以拿到奖金或拿到更多的奖金,有关领导干部可以得到提拔重用。这两种激励手段,内含的价值导向是错误的。因为,用这两种手段去激励公务员,必然导致公务员追求升官发财,而不可能促使其树立公共服务精神。况且政府的钱都是纳税人交的税,政府无权用纳税人的钱搞自我奖励。鉴于此,为激励政府机关及其公务员更好地履行公共服务职能,迫切需要设立公共服务质量奖。

公共服务质量奖是一种荣誉,是以精神激励为主的奖励。设立这一奖项,对于加强政府公共服务职能能够起到以下三个作用。

(1)能够对政府机关及其公务员所提供的良好的公共服务给予充分的肯定,坚定公务员做好本职工作的信心,激发公务员转变观念,规范行为,更好地为城乡居民提供公共服务。

(2)能够增强公务员提供优质服务的荣誉感和责任心,有利于净化组织文化,树立公共服务精神。这一点,对于加强政府公共服务职能和建设服务型政府,都是不可或缺的。

(3)有利于树立公共服务标杆,在鼓励先进的同时,促进公共服务质量的整体提升。美国和欧盟等已经设立了类似奖项,收到了较好效果。对此，我们应该加以借鉴。

2. 强化行政问责制度

有权必有责，用权受监督，是现代政府管理的基本原则。按照这一原则，在建设服务型政府的进程中，一方面，需要依法明确各级政府履行公共服务的责任；另一方面，需要加强对各级政府及其公务员履职的监督和问责，既要防止、克服政府和公务员乱作为，又要防止、克服政府和公务员不作为。为此，必须强化行政问责制度。

党的十八大以来，随着反腐力度的加大和“八项规定”的实行，出现了一些官员不敢为也不想为的现象。例如，有的廉而不勤、无所作为；有的不负责任、不敢担当；更多的是得过且过、但求无过。类似现象在不少地方和单位都存在。不克服这些现象，政府就不可能优质高效地提供公共服务，也不可能建成人民满意的服务型政府。

不可否认，这些现象的背后有着复杂的原因，其中包括管理体制机制不科学、不合理的问题。要从根本上解决这些问题，就必须深化干部人事制度改革。但任何原因都不能成为公务员不作为的理由。为克服不负责、不作为现象，必须在全面深化改革的同时，加强行政问责，做到对腐败零容忍，对庸官、怠政现象也要零容忍。

三、加强公务员公共服务能力

（一）公务员与公务员公共服务能力

1. 公务员

“公务员”一词是舶来品，来自英文 civil servant，基本含义是“文职服务员”“文职公仆”或“文官”。各国法律对公务员范围界定存在差别。我国自推行公务员制度后，公务员的内涵与外延有了较大变化。1993 年颁布的《国家公务员暂行条例》对国家公务员的界定是:“各级国家行政机关中除工勤人员以外的工作人员”,严格将公务员的范围限定在国家行政机关内。其他党政群机关和具有行政管理职能的事业单位工作人员虽然依照或参照公务员制度管理,但并不称为国家公务员。2005 年颁布的《中华人民共和国公务员法》(以下简称《公务员法》,该法用公务员替代国家公务员概念)对公务员界定采用了列举公务员基本构成要件形式予以规范:“本法所称公务员,是指依法履行公职、纳入国家行政编制、由国家财政负担工资福利的工作人员。”

依据此规定,我国公务员的范围涵盖各级共产党机关以及人大、政府、政协、审判、检察、民主党派机关工作人员。除上述人员外,还有两类群体也被纳入公务员法管理范围:一是工、青、妇等人民团体机关工作人员,二是《公务员法》第 106 条规定经有关部门批准的“法律、法规授权的具有公共事务管理职能的事业单位中除工勤人员以外的工作人员”,都参照公务员法管理。另外,需要说明的是:国外公务员范围远大于我国,如公立学校、公立医院等公共机构工作人员通常具有公务员身份,而我国拥有 3000 万职工、作为政府举办的公共服务机构的事业单位,其工作人员不具有公务员身份。

公务员为什么是文职服务员、文职公仆?现代国家大多通过宪法和公务员法对此做了明确规定,如意大利《共和国宪法》第 98 条规定:“公务员只为国民服务”;《日本国宪法》第 15 条第 2 款规定:“公务员是国民全体,而不是一部分的服务员”,其《国家公务员法》第 96 条第 1 款规定:“所有职员作为全体国民的服务员为公共利益而工作。”由此可以看出,为全体国民服务是公务员的基本职责,公仆是其本然属性。各国宪法和公务员法通过对公务员公仆属性的规定,以保证公务员这一职业群体应服务于全体国民、追求公共利益的根本价值取向及职责所在。

《中华人民共和国宪法》第 27 条第 2 款规定:“一切国家机关和国家工作人员必须依靠人民的支持,经常保持同人民的密切联系，倾听人民的意见和建议，接受人民的监督，努力为人民服务。”《公务员法》第12条第3款规定公务员应当履行“全心全意为人民服务，接受人民监督”的义务。上述规定从根本上确立了为人民服务是我国公务员的宗旨与基本职责，也确立了我国公务员应以公共精神追求公共利益为核心价值。公仆属性与追求公共利益的核心价值，构成了公务员能力建设特别是公共服务能力建设的政治、法律与道义基础。

2. 公务员公共服务能力

2003年原人事部印发的《国家公务员通用能力标准框架（试行）》，提出包括公共服务能力在内的公务员九大通用能力标准框架，并对公共服务能力进行粗线条的规定，即牢固树立宗旨观念和服务意识，诚实为民，守信立政；责任心强，对工作认真负责，密切联系群众，关心群众疾苦，维护群众合法权益；有较强的行政成本意识，善于运用现代公共行政方法和技能，注重提高工作效益；乐于接受群众监督，积极采纳群众正确建议，勇于接受群众批评。

应该说，该框架强调公共服务能力应作为公务员通用能力并一定程度体现了公共服务能力的特征与内容。但该框架只是提出四项要求，并未给出公共服务能力定义。实际上，自从2000年年底原人事部指出要“研究提出不同层次公务员的能力素质标准”后，公务员能力素质框架不断调整变化。

能力是一个在多学科理论研究和社会实践中广泛使用的概念，同样具有丰富的内涵和外延。从心理学上讲，能力是指顺利完成某一活动所必需的主观条件，是直接影响活动效率并使活动顺利完成的个性心理特征。依据当代人力资源管理理论，能力是指行为主体有效工作时所需要的技巧、知识、经验、品质和行为。

我们认为，对公务员公共服务能力的界定，应依据服务型政府、高素质公务员队伍建设的要求，借鉴美国心理学家大卫·麦克利兰（David McClelland）于1973年提出的能力素质模型（Competency Model），以及20世纪80年代兴起的能力管理运动的相关理论(在能力管理模式下,行为主体相对于给定任务的胜任度成为衡量行为主体能力的关键核心指标),特别是按照党的十八大强调的“推动政府职能向创造良好发展环境、提供优质公共服务、维护社会公平正义转变”要求,准确、全面地把握公务员公共服务能力的内涵与外延。

所谓公务员公共服务能力,就是公务员履行公共服务职能、为社会提供公共服务过程应具有的主观条件及其在公共服务活动中表现出的胜任程度,是公务员品德、知识、智能、体能、技能等的高度统一与综合体现。在能力管理前提下,公共服务能力各要素还可再分解细化乃至量化成众多的具体指标。

在服务型政府建设成为我国政府改革与发展方向的条件下,公务员公共服务能力在公务员能力体系中应居于中心位置,是公务员各方面能力的综合体现。同时,在“管理就是服务”政策语境下,政府管理活动与服务活动无法截然分离,公共服务能力的具体要求也体现在一些公共行政行为中,因而公共服务能力的高低直接或间接地影响公务员其他能力的提升与作用发挥,影响政府公共服务及公共行政职能的有效履行。

(二)公共服务能力构成要素

依据我国政府性质与公务员能力建设的基本要求,参考大卫·麦克利兰能力素质模型及其他相关理论,我们将公务员基本公共服务能力在结构上分为公共精神、职业素养、专业能力三个层次。

(1)公共精神。公共性是现代政府的基本特征与内在特性,公共精神是超越个人、部门、集团利益而追求公共目标、实现公众利益的精神,是指引政府行为的价值导向,是现代政府存在的重要合法性基础,因而公共精神是政府公共性的集中体现与内在灵魂。对于公务员而言,公共精神是公务员履行公仆职责,进行公共服务的精神支撑与动力基础,是公务员鉴别性素质的核心要素。

我国的《公务员法》将全心全意为人民服务作为公务员应当履行的基本义务。为履行这一基本义务，公务员必须牢固树立宗旨观念和服务意识，诚实为民，守信立政。正是宗旨观念和服务意识使公共精神有了先进文化的内涵，使其成为正确对待权力、超越个体私利、摆正自身与公众关系的价值准则。

公共精神内涵丰富。现代公共精神基本体现在民主精神、法治精神、公正精神、服务精神、责任精神、参与精神六个方面。从公共行政角度看，现代政府的公共性以公共精神作为公共行政的灵魂，要求政府必须以公民的意志作为公共行政的首要原则，以实现公共利益为目标。从公共服务角度看，政府应把回应社会需求、服务公众、实现公共利益作为政府宗旨，把公共服务作为政府最重要的职能："公共精神要求政府必须密切关注和认真回应公共利益需要和人民群众的愿望及要求。从理念上看，这要求各级政府和官员必须坚持'以人为本'，一切着眼于人民。一切为了人民，从而实现社会公共利益的最大化。"

(2)职业素养。职业素养指个体表现出的组织化的素质和涵养，区别于个性化的个人素养，是个体在履职过程中表现出来的综合品质，反映职业内在的规范和要求。其核心是敬业精神与合作意识。职业素养可以量化为"职商"(career quotient，CQ)，而"职商"是决定职业生涯成败的关键因素。任何一个职业均具有个性特征的职业素养要求，同时，职业素养也存在一些共同性的特征，如诚实、正直、守信、忠诚、公平、关心与尊重他人、追求卓越、承担责任等。

公务员是一种职业，而建立职业化的公务员队伍是现代公务员制度的重要要求。改革开放以来，伴随着干部人事制度改革特别是推行公务员制度，我国政府公务员职业化进程启动推进。但职业素养不是一蹴而就的，其形成是长期培育、训练、潜移默化的养成过程。

公务员的职业素养主要包括职业道德、职业意识、职业作风等方面，其中一些要求与其他职业的职业素养相同，如敬业、合作、诚实、正直、守信、忠诚、公平、责任心等，另一些要求则与公务员职务、行使公权力、政府公共服务密切相关。《国家公务员通用能力标准框架（试行）》列举的公务员公共服务能力构成要素中，牢固树立宗旨观念和服务意识，密切联系群众，关心群众疾苦等大致属于公共精神，善于运用现代公共行政方法和技能，注重提高工作效益大致属于专业能力方面的要求，其他要素大都可归于公务员职业素养方面，如诚实为民，守信立政，责任心强，对工作认真负责，积极采纳群众正确建议，维护群众合法权益、接受群众监督等。

职业素养与公共精神构成公务员鉴别性素质。公务员职业素养的具体要求，其上端与公共精神贯通，其下端又与专业能力相连。职业素养的养成是公务员能力建设特别是公共服务能力建设的重要环节。

(3)专业能力。虽然知识和技能等专业能力属于基准性素质，代表能力表层特征，但是与公共服务关系密切，直接作用于服务行为，是公务员履行公共服务职责的必备能力。

改革开放以来，中央提出了干部队伍“四化”方针和建立高素质专业化的公务员队伍的目标。其中，对公务员突出了专业化要求。对公务员提出不同能力要求，设计了广泛、多样化的建设路径与方式方法。美国将公务员分为初级、中级和高级三个层次，对每个层次的公务员能力标准分别作了规定。

高级公务员能力标准包括：领导变革、对人的领导能力、结果驱动、敏锐的商业管理、建立联盟和沟通，其中每项能力素质都包括多项内容。例如，结果驱动能力包括六个方面的能力要素，责任、客户服务能力、决策能力、企业家能力、解决问题的能力、可靠的专业技能。澳大利亚更加重视高级公务员能力建设，建立了高级公务员五项核心能力框架，分别是塑造战略思维能力、取得结果的能力、开拓建设型工作关系的能力、成为个人进取和正直诚实的表率、有效交流的能力。建立分类分级的公务员公共服务能力框架，是有效推进公务员能力建设的基本路径。

(三)公务员公共服务能力建设推进战略

政府只有通过提供充足优质的公共服务,才能证明自己存在的价值与合法性。“没有服务就没有现代政府。”充分的人才资源供给是政府公共服务的保障。在干部队伍建设取得重要进展、基本公共服务均等化不断推进背景下,在服务型政府建设不断加快条件下,加强公务员公共服务能力建设更成为建设服务型政府的战略任务。

健全制度是能力建设的坚实支撑。随着市场经济发展、文化发展繁荣、社会更加和谐、政治体制改革不断推进,深化政府人事制度改革成为当代中国改革事业的重要内容。构建公共人事制度是服务型政府建设、公务员公共服务能力提升的制度基础。因此,应针对公共服务能力现状及存在问题,按照党的十八大提出的“完善公务员制度”和十八届三中全会提出的“坚持党管干部原则,深化干部人事制度改革,构建有效管用、简便易行的选人用人机制,使各方面优秀干部充分涌现”的要求。

以制度建设为中心,坚持能力本位、业绩导向,突出专业化,加快构建公共人事制度,完善公务员管理与开发各具体制度,大力加强公务员公共服务能力建设。

1. 以公共性为根本构建公共人事制度

公共性是现代政府的本质特征,也是现代政府人事管理的本质特征。构建公共人事制度是政府人事制度改革与发展的方向,是提高公务员公共服务能力的基础性工作。“干部人事制度改革的最终目的就是要建立公共人事制度,其重点在于‘公共’二字:一是强调公共人事权力归人民享有的宪法理念,二是强调公共人事制度建设的法制化,三是强调公共人事治理的科学化。建立凸显‘公共性’的公共人事制度将是一个极其艰难困苦的历程,它将伴随着经济体制、行政体制和政治体制改革缓慢前行。”

(1)体现公共性与公共精神。现代政府的公共性是指政府存在的目的是为了维护公共利益，实现公共目标，履行公共职能；政府的公共权力来自社会公众，政府受社会公众委托行使权力，实现服务社会宗旨；公平正义是政府的核心价值，公开、公平、公正是政府行为的基本准则，公共精神是现代公共行政的基本精神，是政府公共性的精神表达。因此“公平正义比太阳还要有光辉”、必须使公平正义成为社会主义国家制度的首要价值，使公共精神成为公共人事制度的核心理念与指导原则。

(2)构建公共人事制度。我国公共人事制度作为公共行政体制、公共政治体制的重要组成部分，要以服务为宗旨，以公共精神为核心理念，形成以分类管理为基础，以能力为本位、业绩为导向，体现现代公共性特征的政府人事制度和管理机制。需要说明的是，广义公共人事制度是公职人员管理制度，在我国应包括公务员制度、事业单位人事制度及公共企业人事制度。在我国现行机构编制体制下，公职人员是被分割在政府(行政编制)、事业单位(事业编制)、国有企业(企业编制)等领域中，因而公共人事制度的核心部分是公务员制度，或者说，狭义上的公共人事制度相当于公务员制度。

(3)推进体制机制转型。传统大一统的干部人事制度转化为公共人事制度，实质是体制机制的现代转型。公共人事制度作为现代公共人力资源管理制度，强调将服务社会作为宗旨，并把服务社会的宗旨转化成公共行政的内在价值追求与对外的庄严承诺。“公共行政的精神意味着对于公共服务的召唤以及有效管理公共组织的一种深厚、持久的承诺”，从而形成包括民主精神、法治精神、公正精神、服务精神等在内的公共精神，促使公务员不断提升素质能力。

公共人事制度将公职视为共有、公用的公共资源，将公职视为最重要的政治资源，实行“公职开放”，公开、平等、竞争、择优选择公职人员，形成公平优先的用人导向与机制。强调能力本位、业绩导向，立足人才资源是第一资源、是最重要的战略性资源，以能力建设为主题，战略性、整体性地谋划、实施分类管理、选拔任用、考核评价、激励奖惩、培训开发等一系列管理活动，加强公务员队伍建设，提高公共服务能力。

2. 以分类为基础形成公共服务能力框架

分类是管理的基础，合理的人事分类是人事管理科学化的基础。自 20 世纪 60 年代能力主义及其相关理念的产生，特别是新公共管理兴起之后，以能力为基础的管理也从私营部门引入公共部门，探讨公职人员能力构成、形成以分类为基础的能力框架成为公共部门人力资源管理的重要议题。

(1)建立能力框架。能力框架不仅是各种能力的列表，也是表达、评估和测量能力的工具。形成包括公务员公共服务能力要素指标体系的能力框架可以为测定、评价和提升公务员能力提供依据。

虽然与世界绝大多数国家相比，我国公务员界定范围相对较窄，但公务员分类不细问题突出。不同性质机关、不同政府层级、不同职务等级以及不同业务性质的公务员，在职能任务和权限责任上有着很大的不同，其管理与服务的内容、方式和途径也不一样，对其能力的要求必然不能用统一标准，但现行公务员分类体系未体现上述差别。

虽然原人事部提出了国家公务员通用能力标准框架，将政治鉴别能力等作为公务员九大通用能力。但上述能力框架强调“通用”而非分类，强调“通”而非“专”，难以据此建立起更具体、更具操作性，可以对能力进行精确表达、评估与测量的具体标准。因此，形成以分类为基础的能力框架成为建立健全公共人事制度的重要任务。

(2)分类分级。公务员能力框架在工作性质层面将公务员分为综合管理类、专业技术类、行政执法类三大类；在纵向层级上将公务员分为中央政府、地方政府公务员两大类，地方公务员可进一步将直接面对管理与服务对象的乡镇等基层政府公务员单列一类；在职能运作层面将公务员分为战略决策层、监督管理层、执行操作层三大类;在职务序列层面将公务员分为初级、中级和高级三个层次,初级公务员包括科及科级以下公务员,中级公务员包括处级公务员(县处级单位也可包括科级公务员),高级公务员包括司局级及以上公务员。

以此为基础,提炼出各类公务员包括公共服务能力在内的应有能力,并对各种能力予以精确、简明地描述,设置用于评估、测量能力的指标体系,为开发、提升公务员能力奠定基础。同时,结合九大类公务员核心能力框架,不同性质机关(共产党机关、立法机关、行政机关、政协机关、检察机关、审判机关以及民主党派机关、群团组织机关等)履行不同职能,可以根据各类机关、部门职能性质、工作要求形成自上而下的能力框架体系。

(3)细化能力指标体系。分级分类后的每一个部门特别是从事公共服务的部门,应进一步从公共精神、职业素养、专业能力三个方面分层分级提炼出各种能力并进行列表,设置可用于能力培训、人事任用、评估测量等的能力标准体系。综合各地经验并结合自身调查,以某地市级人民政府处级公共服务部门为例,粗线条地勾画其细化的能力标准指标体系。

对于一个处级单位,处级领导职位属于战略决策层,科级中层职务属于监督管理层,科员属于执行操作层。按照公共精神、职业素养、专业能力三个方面对各层级公共服务能力进行细化,提炼出各层级能力的主要构成因素并形成下列能力指标体系。其中公共精神要求是相同的,职业素养与专业能力则依据工作要求与职位能级差异各有侧重。此外,尽可能将公共服务能力指标与其他能力指标不交叉、不重复。

3. 以群众认可为导向完善考核评价机制

考核评价是世界性难题,“很少有什么问题像绩效鉴定那样令人事管理者感到苦恼,这确是一个最容易使人受到伤害的领域,因为没有人能想出更好的、现实的替代办法……”但考核评价却是能力建设的关键性环节,公务员潜在及现实的能力及其发挥程度只有通过考核评价才能客观、准确地予以鉴别，而培训、奖惩、职务升降等开发与管理行为也应在此基础上实施。

同时，考核评价机制本身具有自动的“纠错”“纠偏”等矫正功能，促使公务员发现问题、正视不足进而提升素质能力。因此，应按照党的十八大关于“坚持注重实绩、群众公认”“完善干部考核评价机制，促进领导干部树立正确政绩观”等要求完善绩效考核机制，实现“凭业绩论人才、因岗位选人才”。

(1)明确群众认可导向。各类人才工作性质、问责机制、评价标准存在差异，因此改进各类人才的评价机制首先需要明确考核评价导向。中央明确提出党政人才重在群众认可、企业经营管理人才重在市场和出资人认可、专业技术人才重在社会和业内认可的评价，为完善考核评价机制明确了方向与原则。

群众认可导向有助于改变公务员“对上而不对下负责”问题，促使评价考核民主透明、有制度化保障。对于直接面对社会公众的政府公共服务，形成重在群众认可的考核评价，可引导公务员增强服务意识、公共意识、客户意识，强化政民互动，实现工作“重心下移”，进而着力提高服务能力，根据公众的合理需求，为基层、企业、城乡居民提供高质量服务。

(2)建立考核评价指标体系。重在群众认可的考核评价须以科学、精确、可量度的指标体系为基础。

首先，通过科学分类，将公务员公共精神、职业素养、专业能力与工作性质、政府层级、职能运作等层面的分类相结合，形成精确表达的能力标准框架体系。

其次，将能力标准框架体系进一步细化，提取专门用于考核评价、具体的指标体系；鉴于专业化已经淡出公务员队伍建设的总体目标，有必要在“建设高素质公务员队伍”总体目标下明确专业化要求，或将专业化、专业能力作为“高素质”要件之一。

最后，注重实绩。业绩是能力的展示，也是鉴别能力最直接的依据，能力本位一定与绩效导向或“注重实绩”相联系。因此，细化、提炼考核评价指标要将可检测的业绩作为重点，并以业绩为基础形成包括过程与结果、投入与产出、潜能与行为等的能力考核指标体系。

(3)形成多元参与运行机制。实现重在群众认可关键是形成能够吸纳群众评议评价、由制度支撑的运行机制。按照以人为本,执政为民,建设服务型政府的要求,改变传统的“内对内”封闭化、“上对下”单向度考核方式,形成多元参与考核评价运行机制。

其一,加强公众参与,通过借助电话民意调查、网络在线问政、公众投票评议等方式将社会公众评议纳入公务员公共服务能力、业绩评估之中,科学确定指标权重,努力实现社会评议分值合理化,对于面向社会提供服务的机构其社会评议权重应加大。

其二,有条件的部门可采用第三方评估方式,由独立专业团体或专家对某些专业性较强、与社会公众联系密切的公共服务进行评价。

其三,将主管部门考核与组织人事、纪检监察、统计、审计等部门监督考核有机结合,即在根据《公务员法》“按照管理权限”进行考核的基础上,通过多部门介入、合作,多渠道掌握信息,提高评价的全面性、准确性。

其四,将团体考核与个人考核相结合。在政府管理与服务中,公务员的绩效表现既与个人努力有关,更与团体协作、组织环境有关。社会公众对政府评价既与个体直接接触的公务员相关,又与政府部门整体表现相关。将团体考核与个人考核相结合,既有利于提高评估的科学性,更有利于团队协作与整体公共服务能力的提升。

4. 以公平优先为原则完善选人用人机制

选贤任能是人事管理的重要目标与中心环节。调查显示,目前选人用人存在的首要问题是“任人唯亲”。任人唯亲首先是用人不公的问题。调查对象最认可的选人用人方式是凡进必考,其次是公开选拔、竞争上岗,而相对封闭、“相马”式的传统方式最为人所诟病,其原因是四者在能否实现公开、公平、公正择人方面存在差别。

公职是一种政治资源,政治资源分配必须关注公平问题。因此,应按照《党政领导干部选拔任用工作条例》,以公平优先为重要原则,完善选人用人机制。当然,效率(具体表现为选人准确性、及时性等)也是重要的,但公职配置的公平性是有效选人用人的保证。

总体而言,服务型政府建设是一项具有很强的系统性和长期性的复杂工程,我国在积极建设服务型政府的道路上已取得了阶段性的胜利,尤其是十八大报告对其提出新的要求以来,理论和实践成果丰硕,但距离建成服务型政府还任重而道远。深化服务型政府建设需要不断加强政府职能转变,深入落实简政放权政策,继续强化基本公共服务均等化建设等,为进一步巩固人民当家做主的地位、塑造良好的政府形象、如期实现宏伟的"两个一百年"目标提供坚强的后盾。

第六章　构建法治政府

法治是国家治理现代化的基本方式，国家治理法治化是国家治理现代化的必由之路，也是包括政府职能转变在内的政府治理现代化的必由之路。政府权力的行使，必须严格按照法律规定的原则和程序进行，不得随意侵犯公民权利。正义的目标应当通过合法方式实现。《行政许可法》的颁布和实施，是国家以法律形式对行政审批制度的限制和规范，使行政审批走向法治化和规范化，对依法行政的推行具有里程碑意义。依法行政就是要求政府在履行职能的过程中，“法定职责必须为，法无授权不可为”，没有法律的明确规定和授权，行政机关不得随意做出增加行政对象的义务或者减损行政对象的权利的决定，必须严格运用法治思维和法治方式处理社会事务，履行法律规定的职责。法治政府要求将政府置于法律之下受其控制，而且要求公民和社会能够通过法律制约政府权力，二者达到互动平衡状态。法治化是国家治理现代化的应有之义。在法治背景下，要将行政权力运行纳入法治框架之下，切实保障公民的合法权益不受侵害，建设法治政府，全面推进依法治国，推进国家治理现代化。十八届四中全会明确指出，要运用法治思维和法治方式，加快建设法治政府，全面推进依法治国，因而随之展开了以转变政府职能为中心的新一轮行政体制改革。本章从法治政府建设的视角出发，探讨政府职能转变的理论基础、价值目标和基本举措等内容。

第一节　法治政府的基本内涵

2004 年，国务院发布《全面推进依法行政实施纲要》，提出“全面推进依法行政，经过十年左右坚持不懈的努力，基本实现建设法治政府的目标”。

2015年底，中共中央、国务院印发的《法治政府建设实施纲要(2015—2020年)》提出，“经过坚持不懈的努力，到2020年基本建成职能科学、权责法定、执法严明、公开公正、廉洁高效、守法诚信的法治政府”。这与党的十八大和十八届四中、五中全会提到的“法治政府”概念一脉相承。对法治政府的基本内涵进行认识，有利于进一步推进依法行政，早日建成法治政府。

我国学术界关于法治政府的研究也在建设实践中不断深化，对法治政府概念的揭示也更加多元和深刻。学者刘旺鸿曾在《法治政府的基本理念》中将法治政府定义为广义与狭义两种，认为广义的法治政府是指狭义的法治国家，即全国国家机关都严格依法行使职权，受法律统治、管理和规范。狭义的法治政府是指行使国家行政权的机关，其组织机构由法律确定、职权由法律规定、行政程序由法律规范、行政行为由法律评价、行政过程由法律监督的政府。王勇在《法治政府理念的标准探析》中认为法治政府是一种动静结合体，法治政府的状态是静态的，行为模式是动态的。此外，学术界也从不同视角对法治政府的概念进行剖析和理解。例如，学者王立峰在《和谐社会视阈下的法治政府》中以和谐社会的建设为视角，认为法治政府是缘法而生、属法之下、弘法之旨、据法而行、受法监督、对法负责的政府。学者刘路刚在《论全球化进程中法治政府的基本内涵》中认为，全球化进程中法治政府是有限、透明、责任、高效、主权、开放的政府，也是人文、权威的政府。学者黄爱宝在《法治政府构建与政府生态法治建设》中通过将法治政府与政府生态法治进行比较，认为法治政府是依据主权在民、社会契约论等民主理念，为公民和社会服务的理念以及法律至上、依法治理的法治理念建立；以维护和实现公民、社会的公正意志，维护国家公共利益为最终目标的政府。

随着我国法治政府建设实践进程的深入推进，学术界关于“法治政府”的研究也更加全面，法治政府的内涵也随着时代和建设实践不断深化。虽然在不同意识形态、不同研究视角下,学者们对法治政府的理解不尽相同,但单从一般意义上理解法治政府,都比较赞同曹康泰同志的解释,即“法治政府就是按照法治的原则和精神运作的政府,政府的权力来源以及产生和存在、运行和具体的行政行为都受到法律的规范和制约。”具体而言,可以从以下几个层面对法治政府的基本内涵进行理解。

一、法治政府是职能科学的政府

目前正在推进的行政审批制度改革,旨在打造一个职能科学的政府。政府不能什么都管,也不能该管的不管。当然,政府之间、上下级之间关系的配置应确保科学、合理。要实现职能科学,需要推动简政放权、放管结合、优化服务、事权财权匹配以及基层的综合执法,积极稳妥地推进大部门制。

二、法治政府是权责法定的政府

一直以来,权责法定化都是法治政府建设中的短板。十八届四中全会决定强调要“完善行政组织和行政程序法律制度,推进机构、职能、权限、程序、责任法定化”。这实际上要求政府的权责要逐步实现法定化。

三、法治政府是执法严明的政府

政府的重要职责之一就是严格、公平、公正地实施宪法和法律。只有依法行政,才能保证政府在法律界限范围内行使权力,保证政府有效履行职能。执法严明是法治政府的内在要求,也是法治政府的基本要素。如果无法做到执法严明,法治政府也就无从谈起。

四、法治政府是守法诚信的政府

政府守法是法治政府的前提和题中之义。法治政府也意味着必须是诚信政府。政府要讲诚信,避免出尔反尔,变来变去。

政府的领导可以变动，但政府的决策、决定，包括审批行为等不能随意变动，否则会造成政府公信力的下降，进而引发一系列的纠纷、矛盾。因此，政府要对行政行为所产生的信赖利益进行合法保护，做到守法诚信。

随着我国市场经济建设与依法治国进程的推进，构建法治政府已经成为全社会的一致认同。根据法治政府的内涵可知，政府职能转变的法治化是建设法治政府的内在要求。

首先，法是人民意志与根本利益的集中体现，法治政府应是以民为本、服务于民的政府。因此，政府必须据此合理定位自身的职能，使其职能的确立和发挥以公民权利与自由的最大实现为目标归宿。

其次，法是规范人们行为、调控社会关系、维护经济基础和服务于生产力发展的上层建筑，所以法治政府必然是善治型政府。因此，政府职能必须尊重社会客观规律，以此为基础，围绕社会生产生活的现实需要，以促进生产力的发展和经济效率为目的而予以确立和运作的。

最后，法是保障公民权利与自由、维护社会公正的社会规范，法治政府应是权限受到明确界定、权力受到有效制约与监督的有限政府。因此，政府职能的作用范围应得到法律的明确勘定。确定以民为本、有限且有为的现代政府职能，是法治政府的本质要求。

真正意义上的法治政府，应当乃法统治之下的政府，政府依法而生、唯法是从。“在法治的系统中，宏观上决定政府职能必须依法建构、依法确立与依法运行；微观上则要求行政权力必须依法设置、依法行使和依法规制。而归于根本，政府职能是政府全部行政活动的灵魂，行政权力的配置源于政府职能的确立。”[1]建设法治政府的关键在于政府职能的法治化。

---

① 谭琪，李嘉娜．论转变我国政府职能的法治途径[J]．云南行政学院学报，2006，(5)：122.

第二节 法治政府建设的基本原则

法治政府建设要取得成效，必须有一定的原则作指导。具体而言，我国法治政府建设的基本原则如下。

一、党的领导、人民当家做主和依法治国有机统一

中国共产党的领导是中国特色社会主义最本质的特征，是中国特色社会主义法治建设最根本的领导保证。党的领导是我国一切事业顺利进行的坚强保障。

法治是现代国家治理的基本方式。党的领导也必须依靠社会主义法治，与社会主义法治的目标相一致，推进社会主义法治必须坚持党的领导。在全球化背景下，坚持中国共产党作为执政党的领导地位，应依靠社会主义法治，走中国特色社会主义法治道路。

中国共产党代表中国最广大人民的根本利益，只有在党的领导下依法治国、厉行法治，人民才能真正当家做主，也才能真正享有宪法和法律规定的各项权利。党的领导决定了“整体国家”将一以贯之地全面推进法治事业，这样才能有序地推进国家和社会生活法治化。党是社会主义法治的倡导者、主导者和引领者，依法治国以加强和改善党的领导为指向。依法治国是党领导人民治理国家的基本方略，依法执政是党治国理政的基本方式。法治政府的建设必须坚持党的领导、人民当家做主和依法治国三者的有机统一。

二、坚持宪法原则，忠实履行宪法法律赋予的职责

宪法是我国的根本大法，规定了我国的基本制度。宪法同样是国家意志的体现，展现了国家理性和政治决断。

2014 年中共十八届四中全会《决定》强调：“宪法是党和人民意志的集中体现，是通过科学民主程序形成的根本法。坚持依法

治国首先要坚持依宪治国，坚持依法执政首先要坚持依宪执政。全国各族人民、一切国家机关和武装力量、各政党和各社会团体、各企业事业组织，都必须以宪法为根本的活动准则，并且负有维护宪法尊严、保证宪法实施的职责。一切违反宪法的行为都必须予以追究和纠正。”①

法治政府是党和国家做出的关于国家目标和国家任务的重要决断，必然在宪法和法律中有所体现。宪法所确立的基本原则、国家根本制度和公民基本权利义务的规定是法治政府建设的基础和依据。建设法治政府所推行的措施应依据宪法来进行。遵循宪法，依宪治国是法治政府建设坚持正确的发展方向的根本保证。

三、以经济建设为中心，法治政府与经济发展相协调

我国改革开放的过程历经了计划经济和市场经济的争论，最终确立了走社会主义市场经济的道路。市场经济是法治经济，经济发展内生出法治需求，法治为经济持续增长提供制度保障。

法律制度作为上层建筑不可避免地会受生产关系的影响。

法治政府作为经济社会发展的促进力量和保障力量，其全面推进必然离不开经济发展水平和社会生活条件。如果过于超前，法治政府建设目标和各项措施就会落空，推动经济和社会发展的作用也就不能实现；如果过于滞后，则有可能成为经济和社会发展的制度性阻碍，对经济和社会的发展产生影响。因此，中国构建法治政府，应以经济建设为中心，把改革发展和稳定的重点当作法治政府建设的重点，坚持法治政府建设与经济和社会发展相适应，强调法治政府建设对于依法治国方略的重要性，为建设法治政府增添动力，提供源泉。

当前，我国发展进入深刻转型时期，各种利益格局错综复杂，社会发展面临“中等收入陷阱”，经济发展经历高速后面临新常

① 转引自杨登峰．当代中国的法治政府建设[M]．北京：法律出版社，2017：388.

态。在这一背景下,加快建设法治政府,理顺各种关系是当务之急。

四、转变观念,以法治政府建设助力国家治理现代化

当代中国法治政府建设实践必须服从于和服务于推进国家治理体系和治理能力现代化的全面深化改革总目标。所以,转变建设理念与治理观念显得尤为重要。

(一)从无限政府到有限政府的过渡

在经济发展和社会生活的很多领域,需要政府发挥其监管职能。需要提及的一点是,与公权力相对的广泛存在的社会自治力量依然可以承担很多管理职能,且是约束和监督政府权力的重要力量。

因此,领导干部应注意转变对政府职能定位的观点,需要意识到全球治理框架下的政府只是主要但不唯一的治理主体。

(二)从管理型政府到服务型政府的过渡

管理型政府强调命令、强制和处罚,而服务型政府强调指导、给付和帮助。在观念上,应注意从管理型政府到服务型政府的过渡,只有这样才能有效转变政府职能。

(三)从传统政府到现代政府的过渡

传统政府管理理念体现为一种人治思维和长官意志,这使政策、方法和手段不具有稳定性、可持续性和科学性。现代政府则是这样的政府:在国家治理现代化改革的背景下,能够做到管理科学化、民主化、文明化、法治化。

五、以依法治官、依法治权为重点,以民权保障为核心

法治政府的实质在于依法治理政府,政府是法治的客体,公民和社会则是法治的主体。这种对主客体的定位与我国社会主

义制度是一致的。

法治政府的基本内涵是政府受到法律的支配,政府应依据法律的内容、目的、原则和精神行政,依法管理社会。政府要维护宪法和法律的权威,依法提供公共服务,依法接受监督。建设法治政府的重点是依法治官,而非治民,强调控制和约束公权力,强调保护公民权利。依法治权而非治事,保护公民权利始终是核心和目的所在。

受历史传统的影响,我国法治文化中主要是义务本位,而非权利本位。公民的权利文化并不发达,也没有健全的权利保障机制,与此相对照的则是强大的行政权。在公民权利先天不足的情况下,法治政府建设过程中需要抓住"依法治权"这一重点与核心,真正将行政权纳入法治轨道。

六、法治政府建设与政府职能转变和行政体制改革同步

行政管理体制改革始终贯彻于我国的政治改革进程。理论和实践证明,行政管理体制改革应随着时代的发展和国家主要任务的变化而做出一定的挑战,需要将过去政府在计划经济体制下的职能逐步转变;建立适应市场经济发展需要的新体制机制,建立高效、法治、廉洁、责任和效能政府,是我国行政体制深化改革的必然方向。

建设法治政府是对旧的行政管理模式的深刻革命,必然要求建立与之相适应的新的行政管理体制。法治政府建设既是政府职能转变和行政管理体制改革不可或缺的一项内容,又是政府职能转变和行政管理体制改革的有效手段。

在我国社会转型过程中,建设法治政府一方面需要在现有行政管理体制下逐步推进,与行政管理体制改革和政府职能转变相衔接,通过法治政府的建设促进政府职能向经济调节、市场监管、社会管理和公共服务方向转变;另一方面,还要为行政管理体制改革和政府职能转变提供充足的创新空间,从而使行政管理体制改革和政府职能转变逐渐到位。

七、坚持依法治国、依法执政、依法行政共同推进，法治国家、法治政府、法治社会一体建设

法治国家指“整个国家公权力的法治化，法治政府主要指国家行政权行使的法治化，法治社会则主要指政党和其他社会共同体行使社会公权力的法治化”①。法治国家、法治政府、法治社会建设的相互关系如下。

(1)建设法治国家是建设法治政府的前提，建设法治政府是建设法治国家的关键。

(2)建设法治国家是建设法治社会的基础，建设法治社会是建设法治国家的条件。

(3)建设法治政府是建设法治社会的保障，建设法治社会是建设法治政府的目标。

2013 年中共十八届三中全会《决定》强调：“建设法治中国，必须坚持依法治国、依法执政、依法行政共同推进，坚持法治国家、法治政府、法治社会一体建设。”

2014 年中共十八届四中全会《决定》和 2015 年《纲要》进一步将其定位为当代中国法治建设，尤其是法治政府建设的基本路径。

只有坚持依法治国、依法执政、依法行政共同推进，坚持法治国家、法治政府、法治社会一体建设，中国法治政府建设才能真正取得成就。

八、立法执法和监督并重，并使其互相协调整体推进

法治政府建设的核心关注点是行政权，公权力部门一般处于与公民权利交涉的前线。有法可依法治政府的首要前提，以此为基础，依法依规行使权力。政府行政执法行为是否合法合理，是判断法治政府建设成败与否的关键。

---

① 杨登峰．当代中国的法治政府建设[M]．北京：法律出版社，2017：387.

行政执法工作涵盖范围广，涉及各种各样的利益，执法人员是否能依据法律办事，是否可以处理好合法行政与合理行政的关系至关重要。一旦出现违法行政行为侵犯相对人权利的情况，就需要强有力的监督机制。加强监督，使行政权力无法、不敢和不能肆意妄为。值得提及的是，立法、执法和监督并非独立存在的，而需要互相协调、彼此促进，进而形成良性的循环。

"立法是法治政府建设的前提，具有为行政机关提供公正有效的行为规则的功能；执法是法治政府建设的关键，是与人民群众的权益最直接相关的行政行为；对行政权力的监督则是保障，承担着防止和纠正行政机关违法行政的重任。"①建设法治政府需要将立法、执法和监督有机结合起来，互相协调，整体推进。

九、顶层设计与摸着石头过河相结合，发挥多重积极性

中国改革开放事业要不断取得成就，需要坚持顶层设计与摸着石头过河相结合，注重发挥多重积极性，尊重人民主体地位，发挥群众首创精神。

2013 年中共十八届三中全会《决定》指出："坚持正确处理改革发展稳定关系，胆子要大、步子要稳，加强顶层设计和摸着石头过河相结合，整体推进和重点突破相促进，提高改革决策科学性，广泛凝聚共识，形成改革合力。"

当代中国法治政府建设要真正取得成效，也应坚持这一原则。以权力清单制度为例，该制度最早源自 2005 年河北省政府反思权力运行不受监督酿成巨贪大案后的自发探索，并被相关省份竞相效仿和改进创新，后在 2012 年中共十八大以后进入中央顶层设计，成为推进政府职能转变，建设服务型阳光型政府的重要抓手，并成为我国法治政府建设进程中的一项突出成就。实践证明，只有坚持层设计与摸着石头过河相结合，注重发挥多重积极性，才能推动我国法治政府建设的实践发展。

---

① 杨登峰．当代中国的法治政府建设[M]．北京：法律出版社，2017：391.

十、立足中国历史国情，注重法治政府建设交流互鉴

我国是一个有着数千年政治传统和法制文化的文明古国，同时是一个在近代以来面对数千年未有之变局，所以建立法治化的国家治理秩序的后发现代化国家显得尤为迫切。

尽管我国古代的政治传统和法制文化中有一些不符合现代法治文明价值和原则的糟粕之处，但也应意识到其蕴含着深刻的本土法治资源和治理智慧。当代，中国的法治建设还有很多短板，但不可否认也取得了显著的成就。

此外，就域外法治文明优秀成果和治理模式，可以作为我国治理体系和治理能力现代化改革以及法治国家建设重要的参考借鉴。但也需要注意，任何国家的治理模式和法治体系，都与自身国家的历史文化传统、民族性格心理、社会风俗习惯息息相关，并非普遍真理，并非适合于所有的国家，因此需要审时度势审慎汲取的地方知识。

2014 年中共十八届四中全会《决定》强调指出："坚持解放思想、实事求是、与时俱进、求真务实，一切从实际出发，总结国内成功做法，借鉴国外有益经验，勇于推进理论和实践创新"。[①] 同时，由当代中国法治政府建设的历史进程可知，只有坚持立足我国历史国情，注重中外交流互鉴，法治政府建设才能真正取得重大成就。

第三节　法治政府建设的推进和展望

当代中国法治政府建设取得了巨大的成就，积累了丰富的经验，重点明确，前景辉煌。在中共十八大以后的全面依法治国新时代，也是在改革进入攻坚区和深水区的历史新阶段，如何更好地发挥法治政府的引领与推动作用，对改革是否可以顺利推进以

① 转引自杨登峰．当代中国的法治政府建设[M]. 北京：法律出版社，2017：392.

及改革成果是否持久巩固具有决定作用。在此背景下，本节探讨法治政府建设的推进和展望。

一、法治政府建设的推进

(一)法治政府建设推进的难点

下面参照全面深化改革总目标中蕴含的“能力”与“体系”框架来分析我国法治政府建设的推进难点。

1. 坚定法治信仰，为法治政府建设注入思想灵魂

信仰是思想的灵魂，是终极的思想；是否具有信仰以及信仰是否坚定，直接影响个人奋斗抑或群体志业成败得失。对于法治领域而言，法治信仰作为思想灵魂，是我国法治政府建设事业重要的“能力”基础。

法治信仰是现代治理的意识形态。当今世界，随着全球化的推进，作为良好治理方式的法治，成为世界各个国家和地区所普遍推崇的治国方略。从这一意义来看，法治甚至成为具有符号意义的意识形态。

每个国家法治传统的确立，都必须且应当立足于和服务于本国的现实问题。就我国而言，在建设社会主义法治国家过程中，尤其需要在法治思想和意识层面处理好“权与法”“道德与法”“人治与法治”和“法制与法治”的问题，从而使法治信仰的意识形态在法治建设中发挥发挥更大的价值。

需要提及的是，领导干部尤其需要坚定法治信仰。在确立法治思维和坚定法治信仰的过程中，各级领导干部是法治政府建设的第一责任人，最需要改变和摒弃的就是权力思维。换言之，领导干部尤其需要对“权与法”的关系问题做出准确的认知。

“权与法”是全面推进依法治国，加快建设法治政府面临的一个重大理论与实践问题。所有领导干部需要做到正确认识并处理好“权与法”的关系，自觉尊法、学法、守法、用法，自觉坚持“法

大于权”,坚决纠正“权大于法”。规范和约束公权力是坚持“法大于权”的重点所在。全面推进依法治国、加快建设法治政府,领导干部是“关键少数”。

在我国法治政府建设的过程中,领导干部应率先克服权力逻辑,积极主动运用法治思维和法治方式对工作中的问题进行处理,从而逐渐形成真正的法治信仰。

2. 澄清理论误区,为法治政府建设提供科学指导

理论对实践具有指导作用。正确、科学的理论,能有效地指导实践向着目标推进;错误、偏颇的理论,则会使实践与目标相背离。

在我国法治政府建设领域,尽管已经存在基本的理论共识,但还存在一些理论误区有待澄清,关键是澄清法治政府建设与政府工作效率的关系。目前,有一些领导干部将法治与效率对立起来,认为实行法治会影响工作效率,会捆绑人们的手脚。显然,这种认识是错误的。这一认识的经济社会根源在于以建立社会主义市场经济体制为根本任务而进行的社会主义制度自我完善和发展实践。市场经济是法治经济,又是以市场为基础配置资源的经济体制。这就要求市场经济既要注重公平,又要注重效率,这样二者就出现了冲突。

此外,由于我国当前处于社会转型期和改革攻坚期,一些改革举措,如明确界定产权、推行现代企业制度、实行投资和金融商业化、完善市场体系等都需要借助行政权才能顺利地推进。不可否认,行政权直接且高效,能快速推进建设和改革,在短期内能够取得明显的实际效益。长期来看,这种做法不讲求合法性、合理性和程序性,背离了法治政府建设的目标。

实际上,法治是最文明有效的治理方式,法治政府建设并不会对政府工作效率产生影响。将法治与效率对立,进而将法治政府建设与政府工作效率对立的思维,还折射了我国当下社会问题的复杂性和独特性与应对方式的简单化、粗放化之间的矛盾。实行法治必然要付出成本,包括时间成本,但其中最有效的治理方式就是法治。

当前我国社会事务日新月异,纷繁复杂。社会改革进入攻坚期,社会发展进入黄金期,社会矛盾进入漩涡期,治理难度越来越大,复杂性越来越深。为了更好地适应形势的发展变化,需要以法治化方式替代简单、粗放、粗暴、看似高效实则危害巨大的政府管理方式。政府在实际工作中,要多问问是否合法合规、是否做到了程序正义,将法律放置在心中。古今中外的历史都表明,法治是人类最文明和最有效的治理方式。

3. 清除机制障碍,为法治政府建设创造可靠保障

工作机制是实践推行的重要抓手。科学、顺畅、合理的工作机制,能保障实践顺利推行;反之,则会使实践推行事倍功半。

当前,法治政府建设工作机制上有这样一个突出障碍:政府法制办的应然功能与角色难以落到实处,使领导干部个人法治观念的强弱成为法治政府建设推进的关键性因素。在这一状况下,法治政府建设缺乏可靠的机制保障。

领导干部是法治政府建设的"关键少数"。行政首长负责制是我国 1982 年宪法确立的一项重要制度,是指"国家特定的行政机关首长在所属行政机关中处于核心地位,在本机关依法行使行政职权时享有最高决定权,并对该职权行使后果向代表机关负个人责任的行政领导制度,具有事权集中、权责明确、指挥灵敏、行动迅速的优点"①。

行政首长负责制自实施以来,对克服行政机关中责任不明和效率低下的状况发挥了积极的作用,有利于更好地开展工作、确立领导干部的权威。就行政职责的角度而言,可以看到:领导干部对党负有政治责任,对国家权力机关承担执行责任,对司法机关负法律责任,对人民负服务责任,对国务院和上级行政机关负

① 杨登峰. 当代中国的法治政府建设[M]. 北京:法律出版社,2017:397.

有工作责任。在法治政府建设过程中,各级领导干部作为行政首长,更是推进法治事业的排头兵和领头羊,对法治事业成功与否具有直接的影响。

2015年《纲要》的一个突出亮点,就是把党政主要负责人确定为履行推进法治建设第一责任人,将建设法治政府摆在工作全局的重要位置。

在法治政府建设的实施推进过程中,领导干部仍是第一作用力,领导干部的支持是法治政府建设成功的保障。但是,这并不意味着领导干部可以包办指挥代替一切具体的法治建设工作。然而,在现有工作体制中存在少数现象,即领导干部支持依法行政,具体办事部门才能依法行政;领导干部的法治观念直接决定法治政府建设的水平。

2016年6月,中共中央办公厅、国务院办公厅印发了《关于推行法律顾问制度和公职律师公司律师制度的意见》(以下简称《意见》)。《意见》要求,2017年年底前,中央和国家机关各部委,县级以上地方各级党政机关普遍设立法律顾问、公职律师。法律顾问应为重大决策提供法律意见。党政机关法律顾问应履行六方面职责,包括:为重大决策、重大行政行为提供法律意见;参与法律法规规章草案、党内法规草案和规范性文件送审稿的起草、论证;参与合作项目的洽谈,协助起草、修改重要的法律文书或者以党政机关为一方当事人的重大合同;为处置涉法涉诉案件、信访案件和重大突发事件等提供法律服务;参与处理行政复议、诉讼、仲裁等法律事务;所在党政机关规定的其他职责。

《意见》还要求,党政机关主要负责同志作为推进法治建设第一责任人。党政机关讨论、决定重大事项之前,应当听取法律顾问、公职律师的法律意见;起草、论证有关法律法规规章草案、党内法规草案和规范性文件送审稿,应当请法律顾问、公职律师参加,或者听取其法律意见;依照有关规定应当听取法律顾问、公职律师的法律意见而未听取的事项,或者法律顾问、公职律师认为不合法不合规的事项,不得提交讨论、做出决定。对应当听取法律顾问、公职律师的法律意见而未听取,应当请法律顾问、公职律师参加而未落实,应当采纳法律顾问、公职律师的法律意见而未采纳,造成重大损失或者严重不良影响的,依法依规追究党政机关主要负责人、负有责任的其他领导人员和相关责任人员的责任。

这一《意见》的出台,有利于克服现有工作机制中可能存在的障碍,提高领导干部法治观念水平,且通过责任追究机制使政府行为合法性事前审查成为常态,推动法治政府建设的进程。

(二)法治政府建设推进的具体措施

政府职能的法治性转变,实际上是政府职能的法治化变革,是政府职能与权责法定结合的变革。

根据十八届三中全会、四中全会《决定》的精神,转变政府职能的法治路径,既体现为转变政府职能的目标规定和法治思维,又体现为转变政府职能的法治操作和法律实施。

具体而言,要推进法治政府建设,可采取以下五个措施。

1. 基于全面推进依法治国的总目标转变政府职能

十八届四中全会《决定》指出,全面推进依法治国的总目标,就是建设中国特色法治体系,建设社会主义法治国家。

这一总目标明确了政府职能转变的法治方位和方式,显示政府职能转变"既是建设法治政府的重要内容,也是建设法治国家法治社会的构成部分;既依循政府依法行政的方向规定,更遵循中国共产党依法治国、依法执政和促进国家治理现代化的根本要求"[①]。转变政府职能的法治路径应遵从这一总体目标的要求。

2. 运用法治思维和法治方式转变政府职能

转变政府职能要在法治的轨道上进行,深刻掌握立法与改革

---

① 王浦劬. 论转变政府职能的若干理论问题[J]. 国家行政学院学报,2015,(1):37.

的辩证关系，使立法与改革决策结合起来。具体应从以下四个方面着手。

(1)转变政府职能的重大改革应做到于法有据。

(2)本着立法主动适应改革发展需要的精神，在研究转变政府职能改革方案和改革措施时，需要考虑涉及的立法问题，及时提出立法需求和立法建议。

(3)转变政府职能的举措在实践中得以证明行之有效的，应及时上升为法律。若实践条件尚未成熟需先行先试的，则要按照法定程序做出授权。

(4)对不适应改革要求的法律法规，需要及时进行修改和废止。

3. 遵循依宪治国的原则转变政府职能

我国政府职能中存在许多重要的涉宪内容，如政府职能必须贯彻人民主权的原则；政府职权源自人民代表大会，对人民代表大会负责；政府职能及其制度和机构配置必须贯彻民主集中制原则；政府职能必须贯彻尊重和保障人权的原则等。转变政府职能，应切实贯彻和遵循宪法的相关规定和立法精神，按照依宪治国原则使政府职能得以转变。

4. 依法全面履行政府职能

构建法治政府，转变政府职能，集中体现为政府职能法治化，以法律规范政府职能的内容和履职行为。

就规范政府职能的内容而言，体现为“推进各级政府事权规范化、法律化，完善不同层级政府特别是中央和地方政府事权法律制度”①。

就规范政府职能的履职方式而言，体现为“坚持法定职责必须为、法无授权不可为”的原则，推行政府权力清单制度、责任清

① 王浦劬．论转变政府职能的若干理论问题[J]．国家行政学院学报，2015，(1)：37.

单制度，把权由法定、责依法定、事随法定的原则落到实处，并且禁止政府机关法外自设自授职权，克服其乱作为和不作为现象。[①]

5. 依法界定和确立政府与市场、政府与社会的关系

以法律界定政府的经济和社会职能，对于市场和社会主体而言，集中体现为法无禁止皆可为。据此，政府对于市场和社会主体行为实施管理的“负面清单”制度，以政府权力与公民权利的法定联系，一体两面地塑造政府与市场、政府与社会的新型法律关系，一方面以法律明确划清和确定政府职权和职事的范围和内容边界，另一方面以法律保障公民的权利。

二、法治政府建设的展望

党的十八大把建设服务型政府基本建成确立为到 2020 年全面建成小康社会的重要目标之一。针对当前法治政府建设实际，中央和国务院于 2015 年制定和发布了《法治政府建设实施纲要(2015－2020 年)》(以下简称 2015 年《纲要》)。

2015 年《纲要》与党的十八大以及中共十八届二中、三中、四中、五中全会精神有高度的关联性，是对以往法治政府理论和经验的升华和细化，极大地创新和丰富了法治政府建设的内涵。

2015 年《纲要》提出了法治政府建设的新标准：政府职能依法全面履行；依法行政制度体系完备；行政决策科学民主合法；宪法法律严格公正实行政权力规范透明运行；人民权益切实有效保障：依法行政能力和提高。现阶段我国政府要达到这一水平，还需要从多个方面提升执政水平。

2015 年《纲要》对具体做法也给出了明确的指示，为全面依法治国新时代的法治政府建设描绘了蓝图，为目前与以后相当长一段时期内法治政府建设的中国探索提供了重要的行动指南。

---

① 王浦劬．论转变政府职能的若干理论问题[J]．国家行政学院学报，2015，(1)：37.

(一)完善依法行政制度体系

法治政府的建设,其核心和基础是行政制度建设。西方国家的行政制度建立是在解决社会问题的过程中从无到有,不断完善的过程。通过借鉴西方的经验和教训,中国社会主义法治政府建设非常重视制度的构建,通过制度构建和具体的规范性文件作为建设先导,少走了不少弯路。全国人大与 1979 年、1982 年先后颁布了《地方各级人民代表大会和地方各级人民政府组织法》和《国务院组织法》,将中央与地方政府的关系以及各自的权限和责任做了明确的区分。除此以外,中国在法治政府建设进程中,还先后出台了《行政处罚法》《行政许可法》《中华人民共和国行政复议法》《行政诉讼法》《行政赔偿法》《行政法规制定程序暂行条例》等,对政府的行政权的行使提出了更高、更规范的要求。中华人民共和国成立以来,在法治政府建设的进程中,基本的行政法律及相关制度得到不断完善和优化,为法治政府建设提供了坚实的制度基础。

完善依法行政制度体系是全面履行政府职能的重要法治保障。关于完善依法行政制度体系,2015 年《纲要》设定的目标为:"建设法治政府,提高政府立法质量,构建系统完备、科学规范、运行有效的依法行政制度体系,使政府管理各方面制度更加成熟、更加定型,为建设社会主义市场经济、民主政治、先进文化、和谐社会、生态文明,促进人的全面发展,提供有力制度保障。"[①]为实现这一目标,《纲要》提出完善依法行政制度体系的主要任务:一是,规范立法体制,提高公众参与度;二是,加强重点领域政府立法,适应改革和经济社会发展的需要完善相应的政府领域的立法,并及时将比较成熟的经验上升为法律或规章。[②]

---

① 人民日报.法治政府建设实施纲要(2015—2020 年)(第 3 版)[N].2015—12—28.

② 同上.

(二)全面提高政府工作人员法治思维和依法行政能力

法治思维和依法行政能力是法治政府建设的软实力。关于全面提高政府工作人员法治思维和依法行政能力,2015 年《纲要》设定的目标为:“政府工作人员特别是领导干部应牢固树立宪法法律至上、法律面前人人平等、权由法定、权依法使等基本法治理念,恪守合法行政、合理行政、程序正当、高效便民、诚实守信、权责统一等依法行政基本要求,做尊法、学法、守法、用法的模范,法治思维和依法行政能力明显提高,在法治轨道上全面推进政府各项工作。”[①]具体措施如下。

第一,加强法律学习。基层干部要结合自己的工作需要,加强对法律知识的学习。不仅要学习法律法规的相关规定,还要掌握其中蕴含的基本精神、基本原则;不但要学习法理学等基础理论,而且要了解法律在实务运用中的相关知识;既要了解实体法律规范,又要知悉程序法律规范。同时,还要加大对基层干部的法律教育培训力度,并注重教育培训方式方法的创新,增强教育培训的针对性和实效性。

第二,强化法治实践。树立法治思维、培养法治方式的根本途径在于实践锻炼。基层干部要养成法治思维、培养法治自觉就必须主动参与各种法治实践,在参与各类法治活动的过程中运用法治思维和法治知识分析、思考、解决现实问题,才能提高自身法治素养。法治思维也只有内化于心、外化于形,才能真正起到推动建设、促进发展的作用。作为基层干部,必须具备依法解决基层改革发展问题,依法处理社会和谐稳定问题的能力,只有如此才能保障改善民生、加快改革发展、促进社会和谐。同时,需要通过改革发展与稳定的成效来深化基层干部对法治建设重大意义的认识,增强基层干部推进法治建设的使命感和紧迫感。

第三,优化法治环境。营造良好法治环境是提升基层干部法

① 人民日报. 法治政府建设实施纲要(2015—2020 年)(第 3 版)[N]. 2015—12—28.

治思维与法治能力的重要途径。要大力建设社会主义法治文化，在全社会努力弘扬法治精神，增强人民群众厉行法治的主动性和积极性，形成违法可耻、守法光荣的良好社会氛围。要将法治宣传教育推向深入，在国民教育体系中纳入法治教育，在精神文明创建中引进法治教育，在群众文化活动中推广法治教育，引导公众养成解决问题用法、遇见问题找法的思维习惯和行为方式，构建有助于基层干部形成法治思维的良好环境。

（三）完善政府信息公开

政府信息公开制度就是指行政机关依法主动或依申请而向特定的个人或组织公开政府信息的制度。换言之，除涉及国家安全或国家秘密并由法律规定不得公开的以外，其他一切行政活动都必须予以公开。2017年政府工作报告再次强调，要推进政务公开，要求省级政府部门权力和责任清单全面公布。完善政府信息的公开，不仅体现了法治政府实现公开公正的目标追求，同时强化了社会公众对行政权力的制约和监督，倒逼行政人员依法行政，并且能够促使公民个人依据相关信息做出正确抉择，以增强社会公众对政府的信赖。政府信息公开的实施状况在前文已有所交代，该制度的实施在保障公民知情权和监督权方面取得了巨大成就，然而仍存在一些有待继续发展和完善的地方。

(1)制定政府信息公开法。目前，中国已颁布了《政府信息公开条例》，以及与之相关的多部《意见》，它们的先后出台与实施标志着政府信息公开工作迈出了十分重要的一步，并且取得了巨大成就。然而，随着时间的推移，它们的效用逐渐衰弱，毕竟现代社会日新月异，当时的规定早已不适用于当下，可操作性减弱。因此，亟须加快《政府信息公开法》或《政务公开法》的出台。完善的政府信息公开法律法规，是政府信息公开公平的有力保障，是防止谋取特殊利益和平衡参与经济和社会活动者各方心态的重要环节。

(2)健全政府信息公开方式。政府信息公开方式即政府公开其信息的形式和方法。采取不同的公开方式,不仅关系公民获取信息的能力和便捷程度,还关系政府信息公开目的的实现与否以及公开的社会效益。因此,健全政府信息公开方式,对于全面推进政府信息的公开,对于强化对行政权力的制约和监督,发挥了重要作用。当前,从宏观上看,政府信息公开的方式主要有两种:一种是行政机关主动公开,另一种是公民、法人和社会组织依法申请公开。健全政府信息公开方式主要是指行政机关主动公开信息的方式。首先,要充分掌握每种公开方式的特性,以及每种公开方式之间的关系,根据具体信息择优选择公开方式。其次,要充分运用网络媒介,利用其传播快、受众广的特点实现信息公开的目的。最后,要注重公开方式的多样化,以满足不同层次受众的需求。

(3)完善政府信息公开报告制度。政府信息公开报告制度又称为“信息公开年报制度”。该制度的制定,进一步彰显了政府信息管控体系的“公开性”。通常,一般的年度工作报告都是由下向上的,下级机关对上级机关进行汇报,是行政机关内部的日常工作,没有对外公开的义务。而政府信息公开报告制度则是例外,它要求行政机关将其信息公开年度报告对外公示,进而被赋予了“公开”的属性,有力推动了政府信息的公开。完善政府信息公开报告制度,首先要引导公众参与到对政府信息公开报告的评议中,并认真听取公众的意见和建议;其次要将政府信息报告规范化,切忌流于形式。政府信息公开报告制度的实施,使公民充分享有了知情权,对法治政府建设产生了良好的促进作用。

(四)强化对行政权力的制约和监督

依法行政要求对行政权力进行制约和监督。关于强化对行政权力的制约和监督,2015 年《纲要》设定的目标为:“科学有效的行政权力运行制约和监督体系基本形成,进一步健全惩治和预防腐败体系,各方面监督形成合力,人民群众的知情权、参与权、表达权和监督权得到切实保障,损害公民、法人和其他组织合法权益的违法行政行为得到及时纠正,违法行政责任人依法依纪受到严肃追究。”[①]通过几十年的建设,中国社会主义法治政府建设在限制行政权、行政制度等方面形成一定的体系,在增强对政府的监督已经成为当下推进法治政府建设的重要突破。中国对法治政府的监督主要是内部监督和外部监督。

具体措施如下。

(1)完善审计监督。《法治政府建设实施纲要(2015—2020年)》提出了“加强行政监督和审计监督”的要求,这是中央政府对自身建设的反思,直面问题的表现。《纲要》为完善审计监督,提出了要形成与国家的现代化相适应的审计制度。首先,需要健全独立行使审计监督制度和审计人员管理制度,独立审计才能保证审计监督的执行和公正。其次,扩大审计的范围,全面覆盖对公共资金、资产、资源和政府干部的经济行政行为的审计。最后,要强化上级审计机关对下级审查机关的领导。

(2)自觉接受党内监督、人大监督、司法监督。

第一,国家权力机关的监督。人民代表大会对政府的监督是最高层次的监督。但是,人大的监督缺乏具体的操作程序,更多的是对其宏观层面的监督,主要是通过审议政府工作报告和完善监督立法的层面对其行使监督权。因此,增强国家权力机关的监督就需要制定可操作、具体的监督程序,如行政长官的定期汇报制度、健全各层级人大的监督部门等。另外,需要完善相应的监督法规,从法律角度为国家、社会行使监督权提供法律基础。

第二,司法机关的监督。司法机关行使监督权主要是通过对政府具体行政行为进行合法性审查,对政府的不当或违法行政行为予以纠正和追究。它是实现法治政府的一种重要的监督方式。但是,目前审判机关与检察机关的编制和经费来源都来自于同级政府,在一些方面还受行政机关的制约。因此,要想真正发挥司

① 人民日报.法治政府建设实施纲要(2015—2020年)(第3版)[N].2015—12—28.

法机关的监督作用,首先需要使司法机关与行政机关形成真正的平等关系,才能使二者互相制衡,用法来限制行政权。另外,要加强对司法机关的监督。司法独立才能保证其公正的监督行政机关,但是没有外在的制约,司法机关也可能会产生司法腐败。因此,在推进司法独立的同时,也要健全司法制度,加强对司法机关的监督,保证司法机关的权威性、公正性。

第三,中国共产党的监督。中国共产党的监督是中国行政监督中比较独特的监督方式。由于中国共产党是执政党,并且在行政机关中有大多数成员都是党员,因此中国共产党的监督也可以理解为党的自身建设。中国共产党通过党内规章制度以及党内教育活动,提高行政人员的对社会主义建设事业的信仰和公仆意识。近年来,党内监督取得了一系列成效,肃清了很多政府中的腐败分子。党的监督也是推进法治政府建设的一个强有力的监督方式。

第四,人民群众的监督。目前,人民群众监督的主要形式包括举报、检举、信访监督等。但是,人民群众的监督大多以自发、自费的形式进行,甚至可能会在监督过程中受到恐吓和报复,而大多数人民由于法律意识淡薄,不敢或不懂行使自身的监督权。因此,加强人民群众的监督,首先要继续进行普法工作,而政府自身也要拓宽和完善群众监督渠道。《法治政府建设实施纲要(2015—2020年)》指出法治政府要全面推进政务公开,坚持以公开为常态,积极主动地接受人民群众的监督。此外,还需要完善人民群众的监督制度。《纲要》将改革信访制度列为接下来五年法治政府建设的重要任务和措施,“把信访纳入法治化轨道,保障合理合法诉求依照法律规定和程序能得到合理合法的结果”。而信访办等监督机构也应发挥其服务性,积极深入社会、人民群众,主动征求群众意见,保护群众参与监督的合法权益。

第五,新闻舆论监督。新闻媒体既是传递国家政策的重要阵地,也是反映民意,监督政府的重要渠道。尤其是互联网的发展,新闻媒体也由传统的报纸传播转向报纸与网络共同传播,大大地拓宽了新闻信息的传播范围和影响力，而且网络具有匿名性和互动性的特点，也鼓舞了人民群众参与政府的勇气，为人民发表意见建议提供了快捷的渠道。因此，新闻监督因其受众广、信息权威真实等特性，增加了公众对政府的监督力度。新闻舆论的监督具有比较广泛的影响力，必须严格把控，但目前中国还缺乏系统的新闻监管制度。因此，发挥新媒舆论监督对法治政府的监督作用，首先要出台完善的《新闻法》，保障新闻监督的合法性地位，规范新闻舆论监督的方式、程序等，使新闻舆论真正成为监督的强有力手段。

(3)设立国家监察委员会，完善监察制度。

国家监察委员会作为新设的国家权力机关，独立行使监察权。任何权力都有滥用的可能，监察权也不例外，所以对其进行有效的监督制约，是保障国家权力规范行使的必要措施，是加快法治建设的内在要求，也是深入国家治理现代化的实质要求。对国家监察委员会进行监督，不仅能够防止监察机关滥用职权、确保国家监察委员会的纯洁性，而且能保障监察对象的合法权益不受侵害，从而维护社会的公平正义。

在我国，行政机关遵循法治原则，实现依法治国、依法行政。行政机关的态度不够灵活，对被管理者的不理性、不公平、专制或歧视行为，都被认定为不良行政。在实践中，依法行政通常要求行政对公民应该是友好的、体贴的；行政应该公开接受监督、行政应该与公民建立信任关系；行政应该是高效的。在宪法层面，传统上是由人大对行政机关进行监控。国家监察委员会没有创造依法行政的内容，只是在现有规范的基础上对依法行政加以系统的发展。因此，在监控依法行政方面，国家监察委员会并非要取代人大，而是弥补其不足。人大对政府依法行政的监控主要是通过监督来实现的，但是人大对政府的监督要受时间的限制，只有在每年3月份的人民代表大会上听取并审议工作报告，并且短短几天的人代会并不能真正起到有效的监督作用。再加上行政的专业性和广泛性，让人大来查清所有的事实信息，存在一定的困难。由于人大监督的局限性,所以需要其他机构进行完善补足。国家监察委员会对行政机关的监督,可以处理人大所不及的问题。国家监察委员会拥有的调查权,使其可以进行广泛深入的调查,甚至可以进入一些敏感领域,且不受时间的限制,随时发现问题,随时调查。另外,国家监察委员会的监察队伍都是具有一定行政知识、法律知识的人员,知识涉及面专业而广泛,因而能够较好地胜任监察工作,能够对公共行政进行全面监督。通过分析设立国家监察委员会的重要意义,可以看出国家监察委员会对现阶段国家的发展具有重要的作用。但是在笔者看来,其重要意义不止以上提到的几个方面,它的作用渗透于国家治理的各个方面,为推进国家建设发挥着不可替代的作用。“天下之治,有因有革,期于趋时适治。”国家监察体制改革、设立国家监察委员会,便是基于历史的必然、时代的发展和现实的需要而进行的。它的出现为国家的法治建设和国家治理现代化注入新的动力。

(五)强化政府依法履行职能

法治政府建设的成败,取决于政府职能的设置是否科学,且能否实现有效运行。法治政府要求依法行政,即要求政府机关按照宪法和法律的相关规定,保障政府职能依法有效地行使。只有政府职能依法行使,才能保证职能运行的成效,才符合法治政府的要求。而为了推进政府职能的有效运行,首先必须理顺政府职能,避免职能部门职权混乱以影响职能运行的效率。其次,要根据社会环境的变化不断调整政府职能。

(1)不断优化政府职能。十八届四中全会对法治政府建设提出了六项新的要求,第一项就是要“职能科学”,即要求政府科学、合理地设置其职能,而全面理顺政府职能是保障政府职能科学的前提。全面理顺政府职能的关键是处理好政府之间以及政府与市场、社会之间的关系。

第一,处理好政府部门内部之间的关系,其中既包括中央政府与地方政府以及基层政府之间的纵向关系,又包括政府各部门之间的横向关系。这些关系主要涉及解决职权的分配与分工问题，同时是理顺政府职能中最关键的一层关系。在纵向关系上，重要的是中央政府放权，但“地方政府的承接落实”。近年来，中央政府已多次下放行政审批权，然而，地方政府以及基层政府能否接得住并“消化”这些下放的权力，使之有效运行，这也是法治政府建设今后需重点研究的领域。在横向关系上，目前政府部门正实行“大部制”改革，该改革能够有效解决政出多门、手续烦琐等问题，进而推动了政府职能的理顺。

第二，处理好政府与市场的关系。自改革开放以来，随着社会主义市场经济体制的确立，政府与市场的关系就一直备受关注。随着社会的发展，市场在经济环境中的作用也一直在不断调整。当下，十八届三中全会报告明确强调，要发挥市场在资源配置中的决定性作用。市场的作用日益突出，政府在相关领域的作用自然是有所减弱，然而这样的变化也正是有益于中国经济健康发展的趋势。在今后的法治政府建设过程中，政府应该继续加大对国有企业改革的力度与决心，促进国有企业市场化，将市场能够自我调节的交给市场，确保市场在资源配置中的决定性作用，而政府更应将精力集中起来投入事关国计民生的重要领域。

第三，处理好政府与社会的关系。目前，中国呈现的是“大政府、小社会”的结构，这种结构说明相较于社会，政府具有绝对的权力，而社会力量还没有发展壮大，并不能对政府进行有效制衡。对此，“小政府、大社会”的结构模式呼之欲出，并且党和国家也一直为实现这一目标而努力着。十八届三中全会的报告对此做出要求，强调要进一步发挥社会组织的作用，激发社会组织的活力，使之能够独立承担一部分公共服务的供给。在今后的工作中，政府应当转变以往社会组织管理中存在的重登记、轻监管，重限制、轻发展的错误模式，大胆放权给社会，推动社会自治的实现，以促进社会力量的健康发展。

（2）不断调整政府职能。中国法治政府的职能经历了“由大变小”的转变。中华人民共和国成立初期，中国借鉴苏联经验实行计划经济。在这一时期，政府对经济、社会等进行全面干预，手段多、范围广。1994 年中国社会主义市场全面放开，经济的发展要求政府减少对经济的干预、控制。这一时期，政府的经济职能不断削弱，将对经济的全面把控转变为宏观调控，并利用法律手段进行规范和监督。现阶段，中国经济不断发展，人民物质文化需求也在不断提高，对政府的服务职能有了更多诉求。李克强总理依据当代国情提出转变政府职能，建设服务型政府。近年来，中央政府不断推动“大部制”改革，明确各部门权力，并在横向合并政府间职能，不断缩小政府规模，简政放权，服务人民。政府的职能不是一成不变的也不是绝对的，一个优秀、先进的法治政府除了要依法产生、依法行政，还要积极立足国情、结合时代要求不断调整和优化政府职能，积极、高效地履行自身职能。

(六)优化执法主体，坚持严格规范执法

严格规范执法是依法行政原则的必然要求，公正文明执法是合理行政原则的应有之义。

关于坚持严格规范公正文明执法，2015 年《纲要》设定的目标为：“权责统一、权威高效的行政执法体制，法律法规规章得到严格实施，各类违法行为得到及时查处和制裁，公民、法人和其他组织的合法权益得到切实保障，经济社会秩序得到有效维护，行政违法或不当行为明显减少，对行政执法的社会满意度显著提高。”[①]具体措施如下。

(1)优化行政执法主体。行政执法活动开展的成效，主要依赖于行政执法主体。因此，优化行政执法主体是行政执法体制改革的关键，对行政执法主体的管理是否严格，决定了行政执法行为成效的高低，进而影响法治政府建设的成败。首先，要注重提高执法主体的合法性。主体合法是执法行为合法的前提，只有合

① 人民日报．法治政府建设实施纲要(2015－2020 年)(第 3 版)[N]. 2015－12－28.

法的主体做出的执法行为才具有法定效力。因此,要进一步完善行政执法主体的资格制度,实行持证上岗。其次,要注重提升执法主体的素质。合法的主体未必是有素质的主体,为了保障行政执法行为的有序进行,必须要保证执法主体具有一定的素质。拥有一定素养的执法主体,能够自觉运用法律及相关知识指导并规范自身执法行为,进而提升其执法能力。

(2)规范行政执法行为。行政执法行为的优劣从侧面反映的是行政执法体制的完善与否,因此规范行政执法行为是行政执法体制改革的重点。规范行政执法行为的要点体现在两个方面。首先,要贯彻职权法定的原则。职权法定是行政法的一项基本原则,同时是一项十分重要的原则,它对于规范行政行为、预防行政权力的滥用具有重要作用。依据此原则,行政主体的行政执法权必须是有法律依据的。法治政府建设也强调职权法定,可见"职权法定"这一概念必须时刻被提醒,从而有效防止政府治理偏离法治的轨道。其次,完善行政执法程序。在很长一段时间里,中国是"重实体轻程序"的,地方性的《行政程序规定》也相继出台,然而行政程序法却迟迟未能制定实施。即便如此,随着"正当程序"理念的发展,不难发现,通过行政程序对权力的行使进行事前和事中的监督和制约,对行政执法行为的依法进行和行政执法行为效率的提高都发挥了重大作用。可见,程序的重要性不言而喻。因此,在现实生活中,政府执法部门应当提供尽可能详尽的办事指南,设计操作性强、人性化的办理流程,这既方便了公众,又提高了办事效率。此外,行政机关还应当构建一定的程序制度,如行政公开制度、说明理由制度、听证制度、告知当事人救济权利制度等。

总之,我国是中国共产党领导的社会主义国家,中国特色社会主义法治建设的总目标为"全面推进依法治国,建设社会主义法治国家"。在这一目标的指导下,我国当代法治建设的时代进程应该是:目标与方式高度统一,动力与路径高度协调。在未来法治政府的建设过程中,政府需要依法全面履行政府职能;完善依法行政制度体系；推进行政决策科学化、民主化、法治化；坚持严格规范、公正文明执法；强化对行政权力的制约和监督；依法有效化解社会矛盾纠纷；全面提高政府工作人员法治思维和依法行政能力。只有认真落实各项措施，才能逐步构建中国法治政府。

第七章 构建廉洁政府

党和国家的新一代领导班子诞生后，习近平等领导人对于腐败问题高度重视，新一代领导班子上台以来身体力行地查处了党内一批违纪干部。要做好反腐工作，就要通过建立标本兼治、惩防并举的综合治理方针。2013 年 1 月，习近平在中国共产党第十八届中央纪律检查委员会第二次全体会议的重要讲话中指出，要通过建立有效的制约和监督机制，形成有效的权力监督、惩戒机制，将权力关进制度的笼子。同时，在反腐斗争中绝对不允许“上有政策、下有对策”的现象出现。李克强在 2013 年国务院召开的第一次廉政工作会议上指出，权力是一把双刃剑，用得好可以为人民办事，用得不好也会误民误事，甚至滋生腐败。他说，“政府不该管的事情管多了，就没有精力去管住、管好自己该管的事。结果很可能是干了市场的事但弱化了政府的责，甚至是失了政府的责。”关于政府改革与“反腐”的关系，李克强做了这样的阐述：“经验证明，腐败与政府直接参与微观经济活动有密切关系。在政府控制重要资源并广泛介入的领域往往会产生更多的腐败，所以在不断完善市场经济的过程中防治腐败的利器之一是深化改革，特别是推进公共资源交易的市场化，同时以完善的市场规则和严格的法律制度来约束和规范权力运行和政治行为。”就我国而言，当前我国的经济体制、社会结果以及利益格局正在发生着巨大的变化，社会矛盾逐渐凸显出来，各种体制机制尚未完善，一些领域中的腐败现象依然易发多发。在严峻复杂的反腐败形式下，政府采取有效措施遏制与解决腐败问题，建设廉洁政府显得尤为迫切且意义重大。政府如何优化和充分发挥政府在反腐斗争中的作用？新时期的反腐制度是否有别于以往历史时期？

在反腐斗争中政府职能该怎样定位？我们如何通过实现政府职能的有效转变达到反腐的目的？

腐败防治中政府职能的转变，一方面是指政府在建立、实施、监督反腐制度的过程中实现职能的充分发挥；另一方面则是要求政府在防治腐败现象的过程中主动退出市场和社会能够很好地发挥作用的领域，加强政府应该管制的重点领域。目前，我国政府职能在腐败防治中发挥了举足轻重的作用，但政府职能转变不到位也是当前防治腐败的阻力。随着社会转型时期的到来，党和国家领导人对于我国当前权力的约束机制建设和腐败防治问题也高度重视，越来越强调将权力关进笼子以防止腐败的产生。根据近些年反腐斗争中的实践状况，笔者将我国腐败防治中政府职能转变作如下客观介绍。本章重点研究我国廉洁政府的构建，分析廉洁政府建设的重要性和必要性，总结廉洁政府建设的经验和启示，最后探讨廉洁政府建设的持续推进，并对其未来发展进行展望。

第一节　廉洁政府建设的重要性和必要性

党的十八大以来，习近平总书记高度重视政府廉政方面的工作，在会中反复强调了反腐的重要性，政治上必须简洁，充分保证党的纯洁度。会议上，中央明确提出当前和今后一个时期工作的总体要求和主要任务，这对于我们坚守阵地、巩固十八大以来的反腐成果、深化拓展反腐工作意义重大。完成国家在十八大里面所提出的要求，达到“两个一百年”的目的，要求我们必须始终将反腐倡廉作为工作重心，将建设廉洁政府作为工作目标。具体而言，廉洁政府建设的重要性和必要性体现为以下几点。

一、建设廉洁政府是党风廉政建设的应有之义

关于建设党比较重要的一个环节就是对于党风的廉洁性判断。当前，我国经济快速发展，取得了令人瞩目的成就，但是也出

现了一些问题。

虽然共产党队伍中大部分党员干部仍然坚守自己的党性，依旧牢记着中国共产党为人民服务的宗旨，保持着共产党的纯洁性和纪律性，但有一小部分人受西方资本主义的金钱观、利益观、价值观所影响，在前进的道路上迷失了自己，做出了一些对人民群众利益有害的事情，严重损害了党的本质特征。

鉴于此，在党的十八大后，国家就将反腐与廉政重新作为政府工作的重点。但是，随着国内经济的快速发展，政府的工作难度也逐渐加大，要解决的问题也越来越多，目标的实现也比较难。因此，国家出台了“学习贯彻落实党的群众路线”“八项规定”“厉行勤俭节约，反对铺张浪费”“反四风主义”等一系列规定，树立和发扬“三严三实”作风等一系列活动，旨在在全党掀起抓作风建设的大活动，杜绝享乐主义、形式主义、奢靡之风、官僚主义的盛行，从而获得良好的群众基础。

廉洁的政府是廉洁党风的前提。我国的政府是人民群众的，是人民群众给予了政府全部的相关权利，所以政府在处理事情时必须考虑人民群众的根本利益，如果政府工作人员发生贪污腐败的现象，将会直接影响社会的稳定。

目前，我国政府的一些公职人员存在一些问题：权力观错位，个人利益至上，将人民利益置于脑后，甚至还有人员利用手中掌握的公共权力谋取个人和小团体的私利。由此，有必要加快政府廉洁性改善的步伐，加强政府的相关人员对于腐败的抵抗力，使他们提高自我能力，加强自身的净化与自我的创新。

构建廉洁政府是党的十八大提出的重要战略部署。政府及其公职人员是党的路线方针政策的执行者，承担着管理国家社会事务和经济发展的重要职责，对其行政管辖区域内的发展往往产生直接的影响。

干部清廉、政治清明会使政府的廉洁性逐渐上升。干部清廉要求“整个党员干部队伍清正廉洁，不贪图享受，不攀比阔气”；政治清明则要“通过干部清正和政府廉洁达到一种理想的行政运行状态”。[1] 政府是否廉洁，直接关系人民群众的切身利益，关系着社会事业的发展，从而影响中华民族的伟大复兴。

清正廉洁、风清正气是政府公信力的基石。只有持续有效地打击贪污腐败，加强统治阶层的廉洁作风建设，才能得到人民群众的支持和信任。

二、建设廉洁政府是政府管理与改革的重要目标

就现代政治体系而言，廉洁奉公依然是政府人员最为基本的素质要求。

在党中央十八大会议中，中央对社会主义市场经济改革提出了新的要求，强调其在社会进步方面的基础性地位。这次会议中，中央提出为对应新时代的发展，急需对经济体制进行改革，该改革主要围绕政府对市场的宏观管理与市场对经济的微观调节这两个中心点，二者之间要有一个平衡点，从而更好地推动我国社会经济的发展。

我国初步建立市场经济体制是在十四大上由邓小平同志提出的。就当时的经济环境而言，该经济体中存在一些缺陷，如利用职权以权谋私，很多生产要素由国家直接掌控，市场没有摆脱之前的经济体制的影响，商户之间竞争不足等，这些均需要依靠政府发挥其宏观调控的作用。经过长期的分析、研究、实践，在十七大会议上提出了市场资源配置的基础性地位；同时，在十八大会议中，党中央确定了市场对资源调整的基础作用。

可见，市场经济的发展对政府宏观调控的作用需求日益迫切，同时这也对政府的管理和改革提出了更大的挑战。从我国基本国情来看，自提出社会主义市场经济后，我国经济发展有了明显进步，市场成为社会资源调节的主要手段，逐渐替代了国家的直接调控。因此，以市场作为调节社会资源的主要手段，有利于促进经济发展，降低政府直接管理资源的职能，使其可以更多地

---

① 张孟君．新形势下廉洁政府建设的理论探索[D]．太原：山西师范大学，2015：15.

向服务方向转型，同时对构建廉洁政府也十分有利。

同时，经济发展应做到立足于我国的基本国情。我国作为世界上发展最快的社会主义国家，经济发展主要得益于具有中国特色的经济体制。因此，我们应更坚定社会主义的信仰，毫不动摇地发扬社会主义制度的优越性。在中共十八大会议上，提出了全面而深化改革的发展目标。发扬政府职能的有效性，强调科学的宏观调控，有效的政府治理，是发挥社会主义市场经济体制优势的内在要求。

这对政府的廉洁性提出了更高的要求，政府只有发扬廉洁作风，才能使人民群众放心和满意。在政府的有效宏观调控下，市场经济的发展秩序才会得到正常的维护，市场的可持续性发展目标才能成为现实，才能实现有序的市场秩序。

随着改革不断推进，政府行政水平的衡量标准也在发生变化，逐渐由效率一项扩充为社会治理、公共服务、行政效率三项，人民关于公平、公正、民主、法制的呼声逐渐增高。可以说，构建廉洁的政府已经成为当前政府管理和改革的最终要求。

当前，我国经济转型面临重大发展，同时面对国内与国外的压力，经济发展将有利于提高人民的生活水平，政府只有加强其自身的廉洁性建设，才能保障社会的公平和正义，才能更好地代表最广大人民的利益诉求，从而维护社会正义、促进社会的和平与稳定。

三、建设廉洁政府是国家改革发展稳定的内在要求

廉洁性建设对于政府发展起着至关重要的作用。习近平总书记在中央纪律座谈会上提出："腐败的打击是一项时间跨度长、内容复杂艰巨的任务，需要我们去狠下功夫，坚决地打击锤炼，全党必须将反腐和腐败的治理作为政府工作的关键和重点来抓。"加强政府的廉洁性建设是国家改革发展稳定的内部要求。

（一）廉洁性建设对于政府的发展工作和未来前景至关重要

政府对于经济发展的重要性不言而喻，市场经济的发展需要

政府有形的手和市场无形的手共同配合。

在我国,社会主义市场经济的优势就是能够实现政府服务职能和实现政府对于市场经济的宏观调控。为了更好地实现政府职能的转变情况,加强政府的廉洁性建设就显得尤为重要。这要求我们做到深化行政体制改革,创新行政管理方式,健全宏观调控体系,加强对市场活动的监管,有效监督和管理社会的腐败问题,实现社会的公平和正义,这些都是对廉洁性政府的要求。

然而,目前我国的腐败现象虽然得到了一定的控制,但是腐败的源头并未完全掐断。只要社会中存在着腐败的现象,经济的发展就不会完全展示出它全部的动力,腐败会增加社会发展成本,如果在资源配置上的效率降低,将会扰乱经济运行大秩序,最终阻碍经济增长,使经济体制改革难以顺利进行。尤其是中国加入 WTO 后,西方对于我国的快速发展惶恐不已,试图加快对我国的西化和分裂,资本主义不良风气逐渐侵蚀,复杂多变的国内外环境要求我们加快廉洁政府建设的步伐。

因此,只有加强对腐败的预防和监督,逐渐克服困难,才能在经济发展的道路上迎难而上,使经济平稳快速发展,最终实现构建和谐社会的发展目标。

(二)廉洁性建设对于国家繁荣和政治稳定至关重要

廉洁的政府有利于维护社会的公平正义,从而促使社会健康地发展。当前,政府"四风"问题和腐败现象蔓延势头虽得到一定遏制,但没有彻底消失,群体性事件依然多发、易发,这与政府的腐败有一定的关系。

鉴于此,党中央提出治理腐败要从源头上抓起。对于贪污腐败的案件不仅一查到底,更是严惩过往。这种反腐的方式和力度是建设廉洁政府的需要,顺应了民众的呼声。

人民是党的基石,党从人民中产生,扎根于人民,因此党必须做到服务于人民,从而赢得人民对党的支持。建设廉洁政府,就是要我们始终将人民的利益放在第一位,以清正廉明的态度去工作，同人民同呼吸共命运。只有这样，才能使社会长治久安，国家繁荣昌盛。

目前，中国正处于改革的关键时期，攻坚克难前所未有。其中，腐败已成为决定改革是否能够继续向前，能否最终取得成功的最大挑战。从根本上讲，当前只有构建有效廉洁的政府，使政府的一切行为朝着维护公共利益的方向努力，使人民群众成为真正的受益者，改革才能真正取得成效。

可见，只有建设一个廉洁的党、廉洁的政府，各级人民干部严格要求自己，才能在廉洁政治的道路上走得更远。

第二节　廉洁政府建设的经验和启示

回顾多年来建设廉洁政府，尤其是党的十八大以来反腐倡廉的经历，我们应看到，既取得了显著的成效，积累了宝贵的经验，又应意识到贪腐犯罪依然呈高发态势。建设廉洁政府不是一蹴而就的，而应将反腐倡廉工作放到新的时代背景下和国家改革发展稳定的大局中加以考虑，寻找构建廉洁政府行之有效的途径。本节总结我国廉洁政府建设的经验和启示。

一、把廉洁政府建设放在“四个全面”战略布局中去认识

党的十八大以来，党中央提出并形成了全面建成小康社会、全面深化改革、全面依法治国、全面从严治党的战略布局。这是党中央在新的历史条件下的治国理政方略，也是实现中华民族伟大复兴的重要保障。

廉洁政府建设与“四个全面”战略布局存在紧密的关系。

(1)全面建成小康社会，覆盖了经济建设、政治建设、社会建设、文化建设、生态文明建设“五位一体”内涵，建设廉洁政府也是其目标之一。

(2)全面深化改革，强调要建设廉洁政治，努力实现干部清正、政府清廉、政治清明的目标，将廉洁政府建设作为改革的重要

部分。

(3)全面依法治国要求加快建设职能科学、权责法定、执法严明、公开公正、廉洁高效、守法诚信的法治政府。其中,廉洁政府建设也是法治政府建设的重要内容。

(4)全面从严治党,紧扣加强党的执政能力建设、先进性建设和纯洁性建设这条主线。政府是党的路线方针政策的执行者,建设廉洁政府是全面从严治党的应有之义。

可见,廉洁政府建设是推进“四个全面”战略布局的一项重要内容,也是其至关重要的一个环节,所以我们有必要通过加强廉洁政府建设形成良好的党风、政风、民风,从而为实现“四个全面”战略布局提供强有力的保障。

二、把廉洁政府建设放在国家治理体系和治理能力现代化中去定位

推进国家治理体系和治理能力现代化,是党的十八届三中全会确定的全面深化改革的总目标。

国家治理体系指“在党领导下管理国家的制度体系,包括经济、政治、文化、社会、生态文明和党的建设等各领域体制机制、法律法规安排。”[①]国家治理能力指“运用国家制度管理社会各方面事务的能力,包括改革发展稳定、内政外交国防、治党治国治军等各个方面”。[②]

在推进国家治理体系和治理能力现代化的进程中,政府起着关键的作用,政府治理能力的强弱、水平的高低,会直接影响整个国家的治理。加强廉洁政府建设,对政府提出了以下要求。

(1)抓紧推进职能转变,深化行政体制改革,创新行政管理方式,增强政府公信力和执行。

(2)严格依法行政,以完善的规则和严格的法律制度来约束

① 魏礼群. 建设服务型政府:中国行政体制改革40年[M]. 广州:广东经济出版社,2017:297.

② 同上.

和规范权力运行和政府行为,从源头上减少和治理腐败。

(3)让权力公开透明,建立公开、透明、规范、完整的预算制度,及时主动公开涉及群众切身利益的环境污染,食品药品安全、安全生产等信息,让人民能有效进行监督。

(4)切实勤政廉政,进一步转变工作作风,节约开支、提高效能,大力整治不作为、慢作为、乱作为、懒散,树立廉洁奉公、务实高效的政府形象。

上述要求有利于提高政府的治理能力,有利于推进国家治理体系和治理能力的现代化。

总之,建设廉洁政府既是推进国家治理体系和治理能力的现代化的重要内容,也是其重要载体和重要抓手。

三、把廉洁政府建设放在完善社会主义市场经济体制大格局中去谋划

自改革开放以来,我国虽然建立了社会主义市场经济体制,但计划经济体制的弊端并没有得到彻底的革除,市场经济体制机制的诸多方面尚未完全建立起来,深化经济体制改革的任务依然很艰巨。

深化经济体制改革关键在于处理好政府和市场的关系,使市场在资源配置中发挥决定性的作用,并且可以更好地发挥政府的职能。能否建设廉洁政府对于经济体制改革成败将会产生直接的影响,其原因在于腐败增加了社会发展成本,降低了资源配置效率,导致社会资源浪费;干扰了正常的市场秩序,恶化了经济运行环境,这给经济改革带来了诸多困难,同时使整个社会导向出现了偏移,对社会风气、道德和价值观产生了不利的影响,使社会发展出现了扭曲。

再加上当前国际经济形势严峻复杂,因此推进廉洁政府建设有利于打击权力寻租,推动清除阻碍市场机制运行的障碍,促进规则公平,创设良好的投资营商环境,从而使经济社会保持平稳健康发展,提升国际竞争力。

总之，要把建设廉洁政府放到完善社会主义市场经济体制的大格局中去谋划，不仅要转变政府职能，进一步简政放权，减少政府对微观经济的直接干预，而且需要监督政府行使权力，构建高效得力的监督网络，使政府政务公开。

四、把廉洁政府建设放在干部清正、政府清廉、政治清明的目标中去推进

党的十八大明确提出，要坚持中国特色反腐倡廉道路，坚持标本兼治、综合治理、惩防并举、注重预防方针，全面推进惩治和预防腐败体系建设，做到干部清正、政府清廉、政治清明。这是党顺应人民群众的新要求、新期待，对新形势下反腐倡廉建设的新要求提出的战略目标。

党的十七大报告提出“标本兼治、综合治理、惩防并举、注重预防”的反腐倡廉基本方针；党的十八大提出“干部清正、政府清廉、政治清明”的战略目标。由此可以体现出反腐败理论的逐步成熟和完善，同时彰显了党坚决反对腐败，建设廉洁政府的鲜明政治立场。

“干部清正、政府清廉、政治清明”紧密联系、相辅相成。“政府清廉是连接干部清正和政治清明的中介桥梁，干部清正必须转化到政府组织层面才能有效，政治清明必须依靠公开透明的施政管理才能实现。”[①]政府是否廉洁会直接影响人民群众对党的感情、对党的事业的信任以及对建设中国特色社会主义伟大事业的信心。

只有做到勤政廉洁，才能得到人民群众的拥护，才能真正实现廉洁政府的目标。因此，我们应将建设廉洁政府作为反腐倡廉的重要目标去推进，通过构建执政为民的清廉政府，打牢干部清正基础，使政治清明的目标得以实现。

---

① 魏礼群．建设服务型政府：中国行政体制改革40年[M]．广州：广东经济出版社，2017：298.

五、把廉洁政府建设放在构建不敢腐、不能腐、不想腐的体制中去落实

习近平总书记指出，随着反腐败斗争向纵深推进，我们要着力形成不敢腐、不能腐、不想腐的体制机制。从“不敢腐”到“不能腐”“不想腐”，实际上是一个从硬性约束到思想自觉的过程。

对于建设廉洁政府来讲，构建不敢腐、不能腐、不想腐的体制机制，应注重加强制度建设，加大对行政权力的制约，对人的思想带来潜移默化的影响，同时影响人的行为。

（一）建立不想腐败的制度

建立不敢腐败的制度，主要建立健全严厉惩治腐败的法律法规、有关政策和规定，加大对腐败实施制裁的力度，使腐败成为一种高成本、高风险的行为，使人自觉放弃腐败。

（二）建立不能腐败的制度

建立不能腐败的制度，主要针对腐败现象易发多发的部位和环节进行制度创新，弥补制度漏洞，完善干部人事制度、财政管理制度、行政审批制度等，坚持用制度管权、管事、管人，从源头上杜绝腐败现象出现。

（三）建立不想腐败的制度

建立不想腐败的制度，主要是将廉洁从政教育作为廉洁政府建设中的一项重要内容，作为惩治和预防腐败体系建设重心前移的不可或缺的举措，使教育的治本性功能得以真正发挥，引导、警示和规范各级公务员特别是领导干部廉洁自律，自觉抵制腐败。

第三节　廉洁政府建设的持续推进和展望

建设廉洁政府是一项艰巨的任务，应依据“四个全面”战略布

局,以深化改革为动力,以制度约束为重点,以正风肃纪为抓手,坚持依法行政、廉洁从政,放好权,管住钱,抓落实,惩贪腐,以反腐倡廉、勤政为民的新成效,使经济平稳发展,使社会和谐稳定。本节重点研究廉洁政府建设的持续推进,并对廉洁政府建设做出展望。

一、廉洁政府建设的持续推进

(一)坚持"以人民为中心"的行政理念

1. 以民为本,坚持正确的价值理念

国家代表人民的利益,行政人员代表人民行使国家职权、保障人民利益,坚持以民为本,为人民服务,只有这样才能使国家的利益牢牢掌握在人民的手中。

(1)党坚持"权为民所用、情为民所系、利为民所谋,实现好、维护好、发展好最广大人民的根本利益,保证人民群众共享改革发展的成果"。反腐倡廉的根本目的是更好地贯彻我党的执政理念,创造执政为民的环境,逐渐提高党员干部全心全意为人民服务的自觉性,提高党员干部廉洁奉公的能力,确保党的各项工作均以人民为中心。

(2)以民为本体现在反腐倡廉建设需要依靠人民群众来实现。事实证明,人民群众对腐败的深恶痛绝使人民群众在反腐倡廉中发挥着关键性的作用。

2. 破除特权,纠正公仆角色错位

公职人员要正视自身职位使命感。由于一些公务人员掌握了稀缺性的权力资源,这使他们逐渐忘记了自身的工作使命与责任,同时以此谋求私利。所以,有必要进一步清除部分公职人员的特权思想,使他们形成人民政府的观念,公职人员是人民公仆,所有的工作均要考虑人民群众的利益。这既要扫除官本位思想,

又要逐步健全和完善人才分流机制，从而为打消官本位思想营造良好的条件。

随着市场经济发展水平逐渐提高，社会职业分化日益凸显，民众职业选择逐渐趋于多元化和自由化。随着社会分工水平逐渐提高，社会就业岗位数量越来越多，从业者根据一技之长即可找到适合自身的职位，这样做可以有效消除社会官本位思想。

3. 公开透明，让权力运行在阳光下

坚持“以人民为中心”还要做到公开透明，让权力运行在阳光下。具体应做到政府工作人员全部由无产阶级的群众来进行选举产生，随时接受群众监督；对不为无产阶级群众利益服务的公职人员，应及时撤换。

在新形势下，全面整治和预防腐败现象出现，需要对权力进行制约与监督。

(1)对权力的制约

对权力的制约，应“明确权力的适用界限，明确哪些权力可以行使，哪些是越权的行为，哪些是权力的红线，不能用手中的权力谋私，不能为所欲为，不能权力寻租，不能权利置换”[①]。

(2)对权力的监督

对权力的监督，应使无产阶级群众了解每个人权力的范围和职能，知道他们能做什么，需要做什么，同时知道他们不能做什么。权力运行应做到公开透明。

要做到对权力的制约和监督，“需要严格落实民主集中制，党委政府主要领导每年向中央进行述职述廉；完善信访举报制度，畅通群众反映问题的渠道；需要强化行政问责，加强对检察机关执法监督、审计监督和行政监察；需要不断拓展人民群众反腐倡廉新途径”。[②]

---

① 梁婷婷．当代中国廉洁政府建设问题研究[D]．扬州：扬州大学，2016：40.

② 同上．

(二)通过体制改革和制度创新防止腐败

在新形势下,坚持用发展的思路和改革的办法预防和治理腐败。对易于滋生腐败的重点领域和关键环节,进一步推进体制改革和制度创新,从源头上防止腐败现象的出现。

1. 深化行政审批制度改革

全面推行行政审批制度改革,加快推进政企分开、政资分开、政事分开、政府与市场中介组织分开,促进政府转变职能。

2. 推进干部人事制度改革

坚持民主、公开、竞争、择优,建立健全科学的干部选拔任用和管理监督机制,提高选人用人公信度,从源头上防治用人腐败。加强干部选拔任用工作。坚持德才兼备、以德为先的用人标准,全面推行民主推荐、民主测评、民意调查、考察预告、任前公示以及干部交流、任职回避等制度,大力推进公开选拔和竞争上岗,推行并完善地方党委任用重要干部票决制。

3. 深化司法体制和工作机制改革

坚持以维护司法公正为目标,按照科学配置侦查权、检察权、审判权和执行权的原则,建立公正、高效、权威的社会主义司法制度。建立警务督察制度,推行人民陪审员、人民监督员制度,扩大司法民主,推进司法公开。注重监督司法活动,进一步规范司法人员对自由裁量权的行使。健全执法过错、违法违纪责任追究制度,使司法做到公正。

4. 推进财政管理体制改革

1998 年以来,围绕建立公共财政的目标,积极推进财政管理体制改革,深化部门预算公开、国库集中支付、“收支两条线”管理、政府采购付等改革。目前,已将行政事业性收费、政府性基金、国有资源有偿使用收入、国有资本经营收益等纳入预算或"收支两条线"管理的范围,同时逐步实现全部缴入国库的目标。

目前,国家已初步建立起适合我国国情的部门预算基本框架,初步实现预算内外资金统筹使用、"一个部门一本预算"的改革目标。加大财政预算公开力度,中央部门预算、"三公"经费预算和部门决算全部公开,政府采购、机关运行经费、公务接待批次及人数等内容在决算中向社会公开,31个省(区、市)全部公开省级预算决算和省级部门预算。推进公务用车、公务接待等职务消费制度改革,规范党政领导干部职务消费行为。这些措施对政府理财行为起到了很好的规范作用,提升了财政管理的透明度,使财政资金管理和使用中的腐败行为得到了有效的抑制。

5. 加快投资体制改革

为了防止投资领域腐败现象出现,加强建立市场引导投资、企业自主决策、银行独立审贷、融资方式多样、中介服务规范、宏观调控有效的新型投资体制,减少行政干预。

6. 推动金融体制改革

实行中央银行与商业银行分离、政策性金融与商业性金融分离、银行与证券及保险业分业经营。

要加强和改进金融宏观调控,建立和完善银行业、证券业、保险业分业金融监管体制,加强金融监管,金融市场秩序逐步规范。

要建立并完善信息披露、信用评级制度,推动金融市场快速健康发展。

要推进国有商业银行股份制改革、证券公司重组、保险公司注资改制等的改革,完善法人治理结构,全面清理和处置历史积累的金融风险,初步建立投资者保护制度。

要积极推动支付体系建设,推广使用非现金支付工具,完善金融账户实名制,防止和严厉惩处利用银行账户、证券市场和资本运作等手段进行的腐败活动。

要建立覆盖全国的企业和个人信用信息基础数据库，加快建设金融业统一征信平台。

上述改革措施既对金融业的规范健康发展具有促进作用，也可以有效地防范金融风险与金融腐败。

7. 建立市场配置资源制度

要注重完善制度，加强监管，避免在公共资源配置、公共资产交易、公共产品生产领域中出现腐败。

在工程建设方面，加快建立统一规范的有形市场，完善招标投标法律制度，规范招标投标活动。在土地使用权出让方面，实施公开竞争出让建设用地使用权制度，通过招标、拍卖、挂牌的方式出让经营性用地。

(三)依法依纪查处腐败案件

惩治腐败最有效的手段就是依法依纪查处腐败案件。坚持在法律和纪律面前人人平等，对党员干部和国家工作人员中的腐败行为进行严肃查处。

各级纪律检查机关和政府监察机关始终坚持依法依纪查办腐败案件，做到事实清楚、证据确凿、定性准确、处理恰当、手续完备、程序合法。严格规范举报、受理、初核、立案、调查、审理、处分、执行、案件监督管理等各环节，坚持文明规范办案，保障被调查人员的合法权益。在惩治腐败中，坚持保持高压态势，零容忍，做到“老虎”“苍蝇”一起打。

人民检察院依法对国家工作人员职务犯罪直接立案侦查，并代表国家向人民法院提起公诉。检察机关接受贪污贿赂、渎职侵权犯罪的举报和有关部门移送的案件后，及时审查举报线索和案件材料，并做出初步调查，有犯罪事实并需要追究刑事责任的，依照程序对案件立案侦查，依法查明犯罪嫌疑人的犯罪事实。案件侦查终结后，以查明的事实和证据为依据，依法做出处理，其中对犯罪事实已经查清，证据确实、充分，应当依法追究刑事责任的，由人民检察院反贪污贿赂、反渎职侵权部门移送公诉部门审查后向人民法院提起公诉。[①]

人民法院作为国家审判机关，依法独立行使审判权。对于检察机关依法提起公诉的腐败犯罪案件，人民法院依法审理，依法定罪量刑。除涉及国家秘密、商业秘密、个人隐私和未成年人犯罪外，人民法院审判案件一律公开进行，并保障诉讼参与人依法享有的诉讼权利，保证被告人充分行使辩护权。在审判腐败犯罪案件的过程中，人民法院坚持任何人犯罪都适用法律上一律平等的原则。[②]

为准确适用法律、统一司法尺度，最高人民法院和最高人民检察院总结贪污贿赂、渎职等腐败犯罪案件审判和公诉经验，在此基础上，依法适时制定相关的司法解释，对审判和公诉工作中出现的新问题进行及时解决，这有利于推动各级人民法院和人民检察院正确地审理公诉案件。

集中开展治理商业贿赂专项工作。既对中资企业在国（境）外从事商业贿赂行为予以惩罚，也对国（境）外经济组织在中国境内的商业贿赂行为进行依法查处。

狠抓作风建设。党的十八大后，中央政治局出台关于改进工作作风、密切联系群众的八项规定，重点整治“四风”，即形式主义、官僚主义、享乐主义和奢靡之风。

反腐败还要纠正损害群众利益的不正之风。针对一些地方和部门存在的乱涨价、乱收费、乱罚款等损害群众利益的行为，进行专项治理。针对农村土地征收、城镇房屋拆迁、国有企业重组改制损害群众利益等问题，进行专项检查，并采取措施进行纠正。

国家进一步加快改革步伐，相继取消农业税和义务教育阶段收费，推行教育、医药卫生体制改革等改革措施，为纠正损害群众利益的不正之风创造了良好的条件。

---

① 魏礼群．建设服务型政府：中国行政体制改革40年[M]．广州：广东经济出版社，2017：287.

② 同上，第288页．

加大以行政首长为重点的行政问责力度，纠正执法不公、违法行政和有令不行、有禁不止、行政不作等行为。

发布实施《中国共产党问责条例》，对党的领导弱化、党的建设缺失、全面从严治党主体责任监督与责任落实不到位、维护党的纪律不力、推进党风廉政建设和反腐败工作不坚决与不扎实等六个方面的失职失责行为，产生严重后果或造成恶劣影响的，予以严肃问责。

（四）营造全社会参与廉政建设的文化

廉政文化是建立惩治腐败和预防腐败的重要组成部分，坚持“立党为公、执政为民”，建立一种公正廉明政治局面和政治氛围，可以从根本上防止腐败现象的发生。

1. 坚持马列主义经典，加大廉政文化的创新

马克思主义的权力观为我们党廉政文化提供了强大的理论武器。

首先，随着社会不断发展，廉政文化的理论应做到与时俱进，及时更新廉政文化建设内核，构建系统的廉政文化内容。

自中国共产党成立以来，我党在不同阶段反腐倡廉工作中积累了很多基本经验，随着我党反腐倡廉力度逐渐加大，更需要我们研究并总结这些经验，从而为马克思主义的廉政文化理论提供重要的实践基础。

其次，始终坚持对马克思主义廉政文化理论创新的正确方向，对毛泽东、邓小平、江泽民及胡锦涛的廉政思想进行研究与探索，并赋以时代的新内涵，从而使其在新的形势下得到进一步的发展，形成马克思主义中国化廉政文化体系。

再次，将廉政文化建设纳入社会主义先进文化建设、民主政治建设及党风廉政建设的总体布局中，与时俱进，建立起具有中国特色的廉政文化理论。

最后，要加强廉政文化建设，要求我们应充分发扬探索精神，

拓展践行能力，“在方法上创新特色、在规模上壮大声势、在落实上下足功夫，在贯彻落实党风廉政建设责任制、推进腐败预防惩治体系建设的同时，创新廉政文化建设思路，充分发挥文化资源独特优势，打造中国特色廉政文化品牌”①。在廉政文化建设的思路上，加大党政机关、领导干部统筹力度，推进廉政文化进校园、进社区、进乡镇，使廉政文化宣传教育遍布社会各处。

2. 弘扬社会主义文化，推进廉洁社会的建设

大力加强文化建设，大力发展社会主义先进文化，大力打造“廉洁社会”，营造健康向上的廉洁氛围，进一步推动廉政建设。

用社会主义先进文化推动廉洁政府建设，为廉洁政府建设提供坚强思想保证、强大精神动力、有力智力支持、良好文化条件，需要弘扬社会主义先进文化，为整个社会营造廉洁的风气。

(1)培育主流的价值观念

主流的价值观念在廉洁社会的建设过程中起着重要的导向、规范、约束作用。坚持社会主义先进文化的前进方向，使社会主义核心价值体系贯穿于社会精神文明建设全过程。引领社会良好风尚，塑造市民美好心灵，引领廉洁政府的建设。

(2)倡导文明的生活方式

健康文明的生活方式是建设廉洁社会的有力支撑。坚持从培育文明举止和健康生活方式入手，努力培育形成适应时代发展的现代新生活、新节庆、新民俗，鼓励和支持民众在求学问道、探求真理和娱乐活动中充实自己，丰富自己，使现代文明的生活方式成为廉洁社会、廉洁政府建设的重要助推力。

(3)营造良好的文化氛围

文化氛围对人的思想与行为都具有重要的影响。廉洁除了是一种个人行为，还是一种文化现象。所以，要防治腐败，就应在全社会营造崇尚廉洁的文化氛围。加强面向基层的宣传教育，开

① 梁婷婷．当代中国廉洁政府建设问题研究[D]．扬州：扬州大学，2016：44．

展反腐倡廉理论和廉政文化建设专题宣讲，推动形成“廉荣腐耻”的思想共识。

3. 强化媒体舆论参与，加强廉政建设的宣传

加强廉政建设，需要从人民的价值观念、法律体系、社会风尚等方面构架起完善的廉政文化体系，使人民群众、党员干部的价值观念和理想信念相结合，为共同理想而不断奋斗。

强化媒体舆论参与廉政建设的力度，具体可从以下方面入手。

(1)通过新闻媒介，宣扬和树立敢于揭露和批判社会的不正之风和腐朽的文化现象，铲除腐败产生的土壤，揭露腐败现象，这就要求新闻业者应练就一双“法眼”。

在社会转型期，新闻界主体操作空间较大，如果掌握了合适的方式，既能“打苍蝇”，又能“打老虎”。新闻业者要能有效地捕捉舆论监督的新闻源头和相关新闻题材，以敏锐的视眼和触觉对社会进行观察与分析，从而更好地了解社会。所以，要求新闻从业者有必要不断提升自己的舆论监督意识和监督能力。

(2)创造廉政建设的良好环境。随着社会的发展，人民的思维方式发生变化，可以以多样化的形式，通过多渠道来开展廉政文化建设，利用现代媒介，开展小品、歌舞、漫画、格言、警句等内容的廉政文化活动，加强宣传教育力度，使廉政文化的覆盖面逐渐扩大。注重提高舆论监督的层次与水平，促进社会主义精神文明和政治文明不断发展，加强廉洁政府建设，促进全面建成小康社会目标的实现。

(五)加强反腐败国家交流与合作

随着经济全球化不断发展，腐败行为呈现出有组织、跨国境的趋势。世界各国、各地区开始注重加强反腐败的国际交流与合作。

同样，我国也加强了反腐败领域的国际交流与合作，主张在尊重主权、平等互利、尊重差异、注重实效的原则下，与世界各国、

各地区和有关国际组织进行合作,对于腐败行为予以打击。

党的十八大以来,我们高度重视并积极推动反腐败国际合作和追逃追赃工作,将反腐败国际合作和追逃追赃工作纳入反腐败工作总体部署,建立集中统一的领导体制和高效的跨部门协调机制,拓宽对外合作渠道,加大工作力度,逐渐扩大工作成果。

我国共参与了十五个全球和区域反腐败合作机制,积极履行《联合国反腐败公约》,先后担任亚太经合组织反腐败工作组主席及二十国集团反腐败工作组主席,通过推动亚太经合组织《北京反腐败宣言》,健全亚太经合组织反腐败执法合作网络和二十国集团拒绝腐败分子入境执法合作网络,推动建立金砖国家反腐败合作机制。

我国与联合国毒品和犯罪问题办公室、国际反腐败学院、国际刑事警察组织等保持着密切的沟通与合作。

我国与 89 个国家和地区建立反腐败合作关系,对外缔结 44 项引渡条约和 57 项刑事司法协助条约,与 35 个国家和地区签署金融情报交换合作协议。

二、廉洁政府建设的展望

(一)全面深化改革,把权力关在制度的笼子里

政府除了要减权放权,还要全面深化改革,以刚性的制度来管权限权。

要着力深化体制机制改革,最大限度减少政府对微观事务的管理,加快建立权力清单、责任清单和负面清单制度,给市场留出更大空间。

要把工程建设项目招投标、政府采购、国有土地使用权和矿业权出让等公共资源交易纳入规范化、法制化轨道,尽量使领导干部不插手,不干预。

要进一步建立健全转移支付管理制度,对项目设立、资金分配、使用管理、绩效评价、信息公开等予以明确规定,建立财政结

转、结余资金定期清理制度,使资金使用绩效得以提高。

要加快健全国有资产监管机制,强化监督重点环节,包括对国有企业改制重组、产权交易、投资并购等的监督。

要改革完善现代金融监管体制,完善银行、证券、保险等金融机构内部管理制度和重点环节风险防控举措。

要加强基层反腐倡廉制度建设,全面推进村务公开,健全农村集体资金、资产、资源管理制度,完善土地征收、惠农政策、扶贫资金等监管措施。

要全面推进政务公开,推进行政决策公开、执行公开、管理公开、服务公开和结果公开,使人民更好地了解并监督政府。

(二)大力推进简政放权,降低腐败的机会

政府如果管得太多,则会直接干预微观经济活动,除了对市场在资源配置中发挥决定性作用产生影响,增加交易成本,还可能滋生腐败问题。在这一意义上,简政放权是释放市场潜力的重要举措,也是反腐败的有效手段。

要以权力"瘦身"为廉政"强身",进一步取消下放行政审批事项,全面清理中央设定地方实施的行政审批,大幅减少投资项目前置审批,有效遏制权力寻租。

对保留的审批事项,要规范审批行为,明确标准,缩短流程,限时办结,推广"一个窗口"受理、网上并联审批等方式,为企业和群众办事提供方便,减少权力寻租。放权的同时需要加强事中、事后监管,创造公平竞争的市场环境。

对中介服务进行清理,破除垄断,规范收费,加强监管。推进行业协会商会与政府部门彻底脱钩,切断背后的利益链条。

(三)层层传导责任和压力,落实全面从严要求

建设廉洁政府要坚持党的领导,置于全面从严治党的背景下来考虑。要严格落实党风廉政建设责任制,层层传导责任和压力,确保真正落实全面从严的要求。

各级政府和政府各部门党组(党委)要切实担负起党风廉政建设的主体责任,把党风廉政建设和反腐败工作作为一项政治责任,做到守土有责。

党政一把手要把廉政建设的要求体现到业务工作和管理中,重要工作亲自部署,重大问题亲自过问,重点任务亲自督办。班子其他成员要对职责范围内的党风廉政建设切实负起领导责任,抓好工作,带好队伍。政府部门派驻的纪检组、纪委要认真负起监督责任。强化责任追究,对领导不力、疏于监督管理,致使发生重大违纪问题和腐败案件的,要严肃追究责任。①

此外,还要深入开展“学党章党规,学系列讲话,做合格党员”学习教育,使党员增强政治意识、大局意识、核心意识,严格遵守廉洁自律准则,勇于担当,发挥模范带头作用。

(四)营造良好政治生态,坚持作风建设永远在路上

当前,有的地方和部门正气不彰,邪气不祛:求真务实、埋头苦干的受到排挤,好大喜功、急功近利的则如鱼得水。这样的风气若不及时纠正、扭转,将会给干部队伍建设带来不利影响,廉洁政府的建设也就无从谈起。

净化政治生态并非一蹴而就的,需要综合施策、协同推进。②

(1)要认真贯彻执行《关于新形势下党内政治生活的若干准则》,增强党自我净化、自我完善、自我革新、自我提高能力,提高党的领导水平和执政水平、增强拒腐防变和抵御风险能力,营造风清气正的政治生态。

(2)要坚持正确的用人导向,把好干部选出来、用起来,促进能者上、庸者下、劣者汰。

(3)要抓紧建章立制,立“明规矩”、破“潜规则”,查找漏洞,吸取教训,完善党内政治生活等各方面的制度,通过体制机制改革

---

① 魏礼群.建设服务型政府:中国行政体制改革40年[M].广州:广东经济出版社,2017:301.

② 同上,第303页.

和制度创新逐渐完善政治生态。

政治生态在作风建设上也有所体现。当前，有的地方和单位违反党中央八项规定精神的现象依然存在，有的在落实国务院"约法三章"时打折扣、搞变通。由此可见，"四风"问题顽固，作风建设永远在路上，需要严抓不懈。要持之以恒纠正"四风"，倡俭治奢，进一步推进政风作风转变。

(五)加大监督执纪问责力度，保持反腐败高压态势

当前，反腐败斗争形势依然严峻复杂，在此形势下，必须坚持惩治腐败，加大监督执纪问责力度，保持高压态势不放松，做到无禁区、全覆盖、零容忍。

要严肃查办发生在政府机关和领导干部中的各类腐败问题，严肃查办国有企业和金融机构及其从业人员利用职务便利搞利益输送、以权谋私等违规违法行为和腐败问题，严厉惩治群众身边的腐败，坚决纠正行业不正之风，严厉打击食品药品安全、公共安全等领域的违法犯罪行为，严肃查处相关失职渎职和腐败问题。

要综合运用"四种形态"，扩大谈话问询覆盖面，达到惩处极少数、教育大多数的目的。

对发生地区性、系统性等重大腐败问题的地方、部门和单位，实行"一案双查"制度，不仅要追究当事人责任，而且要倒查追究相关人员的领导责任和监管责任。

要健全重大案件剖析制度，对教训进行总结，发挥反面教材的精神教育作用和查办案件的治本功能。

(六)加强巡视和监督检查，形成强大震慑

党的十八大以来，党中央重新明确巡视工作的定位，提出巡视方针，聚焦党风廉政建设和反腐败斗争，围绕"四个着力"，发现问题、形成震慑，有效提高了巡视工作的力度、强度、效果。

巡视以具体事、具体人、具体问题为出发点，推动查处了一批

严重违纪违法案件，并公开反馈整改情况，强化了不敢、知止的氛围。廉洁政府建设也可以利用巡视方式更有效地发现问题，发挥其对腐败的震慑、遏制和治本作用。

对巡视发现的问题和线索，要进行分类处置、注重统筹，在“件件有着落”上集中发力。巡视中所发现的一些问题，除了历史与主观原因，体质机制不健全是其客观原因。因此，有必要进一步深化监管体制改革，管细管实，提高效率。

（七）加大国际追逃追赃力度，不给腐败分子藏身之地

在全球化时代，反腐败已成为世界各国面临的共同难题，需要共同应对挑战。通过反腐败国际追逃追赃，震慑企图外逃的人，这是遏制腐败蔓延势头、建设廉洁政府的重要环节。

要将加强追逃追赃纳入反腐败工作总体部署之中，健全集中统一、高效的工作机制，及时研究解决追逃防逃重大问题。

要加强与外逃腐败分子集中国家的协调与合作，将我方主张明确表达出来，尽量减少分歧、寻求支持，拒绝为腐败分子提供“避风港”。

要加大国际追逃追赃力度，推动二十国集团、亚太经合组织、《联合国反腐败公约》等多边框架下的国际合作，实施重大专项行动，综合运用多种手段，集中时间与力量抓捕一批腐败分子，劝返一批外逃人员，推进追逃追赃工作。

要加强我国追逃追赃配套法规制度建设，研究建立刑事缺席审判制度，细化违法所得特别没收程序，使国内法律与国际规则有效衔接起来，为国际追逃追赃提供制度上的支撑和法律上的保障。

第八章 行政审批制度改革

行政审批制度作为资源配置的一种手段，是世界各国政府所普遍都采用的用于管理社会公共事务、经济事务和文化事务等的一种方式。随着我国政治、经济、文化的体制改革和改革开放的不断深入，原有的行政审批制度已经不能适应我国当今的具体国情，行政审批制度也必须与时俱进地发生变革。传统的计划经济是审批经济，在建国初期，这种计划体制下的行政审批可以集中有限的资源和力量去发展经济和维护国家、社会的稳定，但随着社会主义制度的建立以及社会主义市场经济体制的逐步建立和完善，审批经济已经不能适应当今国家的发展。市场经济是准入和监管经济，而审批经济则是以行政审批权代替市场机制，以政府选择代替市场选择，这在客观上造成了资源配置的无效率和低效率，限制了市场主体的自由选择，增加了政府、企业和社会的成本，造成了政府职能的“错位”“越位”和“缺位”。许多政府部门却热衷于具体的行政审批事务，行政审批事项过多、过滥等，严重阻碍社会主义政治、经济、社会、文化的发展，与行政审批制度改革所相辅相成的政府职能转变也迫在眉睫。行政审批制度改革是政府职能转变的突破口，政府职能转变是巩固行政审批制度改革的重要保障。政府职能转变既是经济转轨的关键，又是推进政治体制转轨的起点，政府职能转变构成了联结经济体制改革、行政体制改革和政治体制改革的关键一环。因此，对现有行政审批制度进行改革已成为改革开放 40 年最主要、最迫切的任务之一。行政审批制度改革涉及体制创新、制度创新和管理创新，是一项涉及面广、牵引力大、效果明显的系统性改革，关系到能否建设一个企业满意、社会信任、公众认可的有为、有效、有益的政府。本章就来研究行政审批制度改革的必要性。

第一节 行政审批的基本内涵

行政审批作为一种法制化的行政管理方式,无论是审批事项的确立,还是审批行为的实施,都需要有相应的法律法规和制度规则作为依据,因此行政审批具有高度的制度化、规范化和程式化的特征。严格的制度化是行政审批区别于其他行政行为的显著标志。

一、行政审批的含义

"审批"的字面意思是审查、批准,"行政审批"顾名思义就是行政机关依据法律对行政相对人做出审查和批准的一种行政行为。对于行政审批概念的准确定义,学术界尚无定论,也一直存在着争论。这些争论可以分为三类:第一类观点认为行政审批等同于行政许可;第二类观点认为,行政审批是行政许可的一部分;第三类观点认为,行政审批包括行政许可。考虑到概念的权威性和准确性,这里对行政审批概念的界定,采用国务院行政审批制度改革工作领导小组《关于贯彻行政审批制度改革的五项原则需要把握的几个问题》中的定义,即行政审批,是指行政审批机关(包括有行政审批权的其他组织)根据自然人、法人或者其他组织依法提出的申请,经依法审查,准予其从事特定活动、认可其资格资质、确认特定民事关系或者特定民事权利能力和行为能力的行为。[①] 行政审批的种类有很多种,从表现形式来看,主要有十种形式,具体是指审批、许可、批准、核准、审核、备案、登记注册、证明、认可、特许等。从行政许可的性质、功能及适用条件的角度来看,主要分为普通许可、特许、认可、核准以及登记这五大类。

---

① 转引自欧桂英等.行政审批制度改革若干问题解说[M].北京:中共中央党校出版社,2003:8.

行政审批是行政权的核心内容并支撑其有效存在的基础，是任何一级政府公共职能的重要构成和外部体现。作为一种具有普遍制约能力的行政权力，行政审批与公共权力相生相伴，古已有之，不过“行政审批”一词是近些年才产生并被热炒的。

二、行政审批制度

行政审批制度是国家行政机关依法审查相对人的申请，并决定是否准许行政相对人从事某种活动或者实施某种行为的各项具体制度的总称，是包括行政审批的设定权限、设定范围、实施机关、实施程序、监督和审批责任等内容的一个有机整体。[①]

行政审批作为一项重要的行政权力，对经济、社会的发展有非常大的影响。市场调节和政府干预是资源配置的两种形式。在社会主义市场经济条件下，市场在资源配置中起决定性作用，但是市场调节存在着自身缺陷，即信息的不对称性、垄断、负外部性等。这就需要政府适当干预，行政审批就是政府宏观调控经济、社会发展的重要手段之一。首先，行政审批制度有利于合理配置有限的社会经济资源。我国的资源是有限的，如果完全依靠市场自发地调节和配置资源，则必然会导致资源的巨大浪费，所以需要政府通过行政审批的方式进行资源的合理配置。其次，行政审批制度有利于弥补市场失灵。资源配置的形式有计划与市场两种主要形式。在目前市场经济的条件下，市场机制模式在运行过程中也存在许多低效率和其他不足之处。当市场无法解决市场机制本身存在的缺陷问题时，国家就介入进行干预，行政审批就是市场经济体制下国家进行宏观调控的行政管理手段。最后，行政审批制度有利于维护公共秩序。市场经济条件下，市场主体的价值导向是追求利益最大化，这必然会造成经济社会的无序竞争。所以，通过行政审批这一行政管理手段，能有效避免市

① 汤睿君．中国行政审批制度改革探析[D].南京：南京航空航天大学，2014：17—18.

场机制的盲目性、消极性，促进社会经济健康有序发展。[①]

三、行政审批制度改革

行政审批制度改革就是要减少不必要的审批项目，调整行政审批的权限，减少环节、规范程序、提高效率、强化服务、加强监管、明确责任，建立结构合理、管理科学、程序严密、制约有效的与社会主义市场经济体制相适应的行政审批制度。行政审批制度改革是行政管理体制改革的重要内容，是转变政府职能的核心环节。在社会主义市场经济条件下，市场应对资源配置起决定性作用，政府的主要职能是经济调节、市场监管、社会管理和公共服务。当前我国政府职能转变不到位，行政审批弊端明显，制约了市场及其他资源配置机制作用的发挥，并且造成政府效率低下，权力腐败严重。行政审批制度改革就是要从权力配置和运行入手，打破现有利益格局，按照经济社会发展需要重新配置审批权力，重塑政府与市场、与社会等方方面面的关系，在更深层次和更大范围上转变政府职能，建立科学高效的政府管理运行模式，让权力在法治的轨道上运行，推动国家治理体系和治理能力的现代化，构建高效、廉洁、公正、法治的服务型政府，从而促进经济社会的进一步发展。

第二节 我国行政审批制度改革的发展进程及重要意义

我们在对审批改革的过程中收获了可喜可贺的成果，政府对市场不足的弥补在一定程度上促进了社会的发展。但是，我们不能忽视行政审批行为本身存在的不合理现象，这些不合理的地方阻碍经济的进一步发展。因此，对行政审批的改革不可间断，该项任务任重而道远。

---

① 潘秀珍．转型期中国行政审批制度改革的利益——制度分析[M]．桂林：广西师范大学出版社，2010.

一、行政审批制度改革的发展历程

行政审批制度改革是行政管理体制的重要内容，是政府职能转变的关键环节，也是从源头上防治腐败的根本性举措。回顾十八大以前我国行政审批制度的改革，大致可以分为以下四个阶段。

第一个阶段，从1978年到1982年，改革的中心主要是围绕着简政放权（中央下放行政审批权给地方）和冲破高度集中的计划管理体制。十一届三中全会后，我国首先从经济领域开始改革开放，随着经济体制改革的深入以及经济的发展，作为上层建筑的行政审批制度也随之发生变革。改革之初，我国面临的主要问题是如何打破高度集中的计划经济管理模式，中央采取了一系列的重大方针政策调整，给地方下放了一些必要的权利。1982年，国务院在机构和人员方面进行大幅度调整。在十三大会议上第一次提出转变政府职能的要求，随后第二年，中央进行了第二次大规模的机构改革，这次改革以经济部门为主要改革领域。这一阶段的改革取得了一定的成效，但也存在一些问题，各级政府部门及其工作人员缺乏对行政审批制度改革的深刻认识，部门利益的分割也阻碍了行政审批制度改革的进程。①

第二个阶段，从1993年至2000年，改革的中心主要围绕着进一步转变政府职能、政企分开、政社分开、控制审批项目数等。1994年，党的十四大确定了建立社会主义市场经济体制的目标，随着市场机制的发展，政府与市场的矛盾日益突出，为了促进地方经济的发展，1993年3月，国务院秘书长罗干做关于国务院机构改革的说明，他在会议中强调，要减少对企业的直接管理，削减一定数量的具体行政审批事项，坚决把属于企业的权利交给企业自我管理，把应该由企业解决的问题交给企业自己解决，这一阶段还把对一些投资项目的管理，从审批制改为登记备案制。1997

① 张雯雯．当前我国行政审批制度改革研究[D]．青岛：中国海洋大学，2009．

年，行政审批制度改革在全国各地逐渐展开，深圳市率先实行了行政审批制度改革，其改革在全国产生了积极影响，在深圳改革的示范下，各地区也逐步进行改革。这一阶段市场经济才刚开始建立，改革的力度不大，并且改革的范围也比较小，虽然改革开始把政府系统内部的权力下放给社会、企业，但是这些向社会、企业下放的权力主要还是集中在经济领域方面，仍然存在诸多问题。这阶段实行的行政审批制度改革，虽然精简、下放了一些行政审批项目，对经济社会的发展有一定的促进作用，但是对于精简、下放的行政审批事项的后续监管仍存在一系列问题，并没有完全建立行之有效的行政审批制度替代机制，一些地方政府还因此出现了混乱的局面。

第三个阶段，从 2001 年至 2012 年，改革的中心主要是围绕精简行政审批事项、规范行政审批程序、设定行政审批时限、公开审批内容和建立一整套便民的行政服务体系等展开的。2001 年 9 月，国务院行政审批制度改革工作领导小组成立；2001 年 10 月，国务院下发《关于行政审批制度改革工作的实施意见》，确定了改革的指导思想、总体要求、原则、步骤等，为改革指明了方向；2004 年 7 月，《行政许可法》正式实施，标志着行政审批进入有法可依的时代；68 个国务院具有行政审批职能的相关部门和单位，总共取消和调整行政审批项目 1806 项，占到总数一半左右，基本实现了该阶段的改革目标。2001 年至 2012 年这段时期，国务院已经取消了两千四百多项行政审批事项，将近占到原有审批事项的 70%。①

第四个阶段，2013 年至今，是行政审批制度改革的攻坚期。经过六批行政审批改革，我国在削减审批项目、转变政府职能、创新审批方式、建立审批制度等方面取了一些显著成就。特别是近几年来，随着政府职能调整，经济快速发展以及社会不断进步，中央和地方政府行政审批制度改革力度逐步加大。但由于利益集

① 杜宝贵．中国行政审批制度改革的特点与推进思路[J]．行政管理体制改革，2014，(3)：13－14．

团和制度惯性两大改革难题的存在,行政审批制度改革存在着“边减边增、明减暗增”的数字游戏和“有利不放、无利推让”的隐性规则。审批项目依然过多,缺乏严格系统的审批标准和程序,滥用审批权限,审批监督不力等问题依然存在,行政审批制度依然无法适应当前的服务型政府建设,无法适应日益成熟健全的社会主义市场经济体制,行政审批制度往下改革越来越难,改革已经步入深水期和攻坚期。

行政审批制度改革的发展历程具体如表 8-1 所示。

表 8-1 行政审批制度改革的发展历程

1984 年 10 月	国务院颁布《关于改革计划集体的若干暂行规定》,提高地方政府在投资项目审批方面的决策权
1989 年 3 月	国务院进一步放宽投资审批权,简化审批程序
1993 年 3 月	罗干做出国务院机构改革的说明,强调减少具体审批事项对企业的直接管理
1998 年 1 月	深圳率先开始地方行政审批制度改革,在全国产生积极影响
2001 年 1 月	国务院召开电视电话会议,对全面开展行政审批制度改革做了详细部署
2002 年 11 月	第一轮行政审批制度改革,国务院明确了要取消的行政审批项目多达 789 项
2003 年 2 月	第二轮行政审批制度改革,国务院取消 406 项行政审批项目
2003 年 8 月	第十届全国人民代表大会常务委员第四次全体会议通过了《中华人民共和国行政许可法》
2004 年 5 月	第三轮行政审批制度改革,国务院再次取消和调整 495 项行政审批项目
2004 年 7 月	《行政许可法》正式实施,国务院总共取消和调整行政审批项目 1806 项,占总数的 50.1%
2007 年 10 月	第四轮行政审批制度改革,国务院取消和调整 186 项行政审批项目
2010 年 7 月	第五轮行政审批制度改革,国务院取消和下放管理层级行政审批项目 184 项

续表

2012 年 9 月	第六轮行政审批制度改革，取消和调整 314 项行政审批项目
2013 年 4 月	国务院常务会议决定取消和下放 71 项行政审批事项
2013 年 5 月	国务院常务会议再决定取消和下放 62 项行政审批事项
2013 年 7 月	国务院关于取消和下放 60 项行政审批项目和决定
2014 年 2 月	国务院印发《国务院关于取消和下放一批行政审批项目的决定》，再次取消和下放 64 项行政审批项目和 18 个子项目
2014 年 3 月	李克强在第十二届人大二次会议上指出要继续取消和下放行政审批事项 200 项以上，深化投资审批制度改革，取消或简化前置审批，建立权力清单，全面理清非行政审批事项
2014 年 6 月	李克强主持召开国务院常务会议，取消下放一批共 62 项行政审批事项，将 36 项工商登记前置审批事项改为后置审批
2015 年 3 月	李克强在十二届人大三次会议上指出本届政府减少 1/3 行政审批事项的目标提前实现，国务院各部门全年取消和下放 246 项行政审批事项，已经取消下放行政审批事项达 76%，将全部取消非行政许可审批，制定市场准入负面清单，公布省级政府权力清单、责任清单

二、行政审批制度改革的重要意义

我国“审批经济”的发展特征，既反映了政府与企业、政府与市场的关系，也体现了我国行政管理体制的内在实质。行政审批制度包括行政审批的事项设定、权限划分、管制范围、实施主体、申报主体、权利义务、办理程序、监督制约、审批责任、行政救济等内容，行政审批制度改革就是通过对上述要素的增减存废、简化优化、规范提升等，以法律制度的方式构建起导向明确、配置科学、功能合理、规程简便、权责明晰、制衡有效、管理严格、注重效能、满意度高的行政审批制度。在我国，行政审批制度改革的重要意义体现在如下几个方面。

（一）建立通行的审批规则

在长期计划经济环境中所形成的制度顽症和体制桎梏，要靠体制内的自我力量加以改变是非常困难的，朱镕基对此有着更加强烈的切肤感受。经过15年的艰苦谈判，2001年，中国政府与世界贸易组织（WTO）正式签署协议。

就行政审批制度改革而言，加入世界贸易组织无疑是对“说不听”“推不动”和“改不了”的行政审批的一次大扫荡，它带来的直接结果就是强制各级政府在规定的时间内，对既有的涉及信息披露、市场准入、公平交易等行政审批的各类法律制度进行全面清理，实际上开启了一次体现“国际惯例和通行规则”的行政审批制度改革。

WTO的基础是自由经济和自由贸易，遵循和体现的是市场经济的规则，它所反对和削弱的是政府对市场的垄断和干预，改变“无所不批”的行政审批制度，给市场主体“松绑”，使行政审批符合国际通行规则，使企业依法按市场规律运作。我国加入WTO的最基本承诺是：遵守规则、开放市场，核心是在市场领域用国际法的规则调整和修改国内法，为此就必须对政府的权力义务重新进行校正，对政府管制行为进行重新清理，取消与世贸规则不相符的审批事项。

据统计，中国加入WTO协议书中有90%以上的内容都是我国政府所需履行的义务。为此，国家层面的法规制度修改工作从1999年底开始，截至2002年12月份，据国务院法制办的不完全统计，中央层面共制定、修改、废止法律、法规、部门规章和有关政策措施1000多条；与此同时，各地按照统一部署，到2002年6月底，31个省、自治区和直辖市清理了200多万件地方性法规、规章和其他规范性文件。

从WTO的规则体系来讲，它所规定的多边贸易成员方的法律义务，主要是成员方政府在其国内履行的义务，或者说它所规范和约束的对象主要是政府职能活动和行政审批，而非贸易商的经营活动。加入WTO就意味着要与“世界接轨”，将要经历世界经济市场化和全球化的洗礼，意味着中国将要面临世界经济新规则的挑战。这些挑战是全面的，但首先接受挑战的是政府的行政管理制度、行政审批制度等。将政府面对的压力概括起来，主要是对政府行政理念、行政体制、政府职能、政府行为及政府管理方式等的挑战，它要求政府同样成为市场规则的遵守者，要求政府摒弃管制行政的传统，代之以服务行政的理念，建立善治的有效政府。

WTO的原则主要包括：非歧视原则、市场准入原则、透明度原则，效率原则等。于是，我们对政府有了许多新的理解，并开始给政府加上了不同的限定词，从不同角度对政府的存在方式和基本价值做出独特的解读，如法治政府、透明政府、责任政府、民主政府、高效政府、廉洁政府、学习型政府、创新型政府、服务型政府等，这些对什么样的政府所下的定义词，实际上就是对政府应该是什么样的不同视角的要求，政府改革和政府治理的问题被迫切地摆上了议事日程。

就行政审批制度改革而言，就是要实现审批事项设定的合理化，审批条件的公开化，审批手续的便民化，审批行为的法制化，审批效率的高效化，审批结果的透明化。在此背景下，2001年起，国务院统一组织和强力推进了行政审批制度改革工作，从而使改革工作更具有全局性、指导性和强制力。

加入WTO对各级政府来讲，无论是主动或者被动、积极或者不得已，都是一次从观念到方法、从制度到运作、从规则到行为的深刻洗礼。此后，法治精神、阳光行政、效益原则以及保护公民权利等理念渗透进了行政立法和行政管理工作，行政审批制度改革开始关注行政运作的合理性、行政审批的合法性、行政服务的便利性，开始重视行政审批的经济效益、社会效益。

借助WTO所形成的外部力量，政府开始学会换位思考，行政机关更加尊重行政相对人，行政立法开始寻求与国际接轨，这些都对行政审批和行政审批制度产生了全面的积极影响。

当然，改革行政审批制度是为了健全完善，而不是取消行政审批。开放市场必须是对等互利的，不能被“与世界接轨”的幌子迷惑而不顾及自身利益的无条件放开，建立符合国际通行规则的行政审批制度也要与中国的实际情况相结合。采取贸易保护和设置技术壁垒等变相的贸易措施在西方国家是普遍存在的，也是他们惯常运用的维护本国企业利益的手段，其重要体现就是设置了一系列的强制许可措施。

对非行政审批性的贸易措施，我们同样要学习借鉴，任何时候放弃对国家利益保护的取消管制、不能体现平等竞争的外资企业特殊待遇、损害本国企业和公民利益的放松规制都是不可取的，该管制的一定要有效地管制，该审核批准的照样要严格把关，绝不能一方面对国内企业的经营活动进行严格的行政管制，另一方面对涉及国外企业进入中国市场的经济活动不敢运用行政审批的手段，或者过度地迁就。

(二)保障权力正确的行使

无论是对行政审批相对人的赋权，还是对申请人禁止性行为的解除，审批部门处在“不报不理”“报也可不批”的优越地位，需要申请人主动申报的审批形态，使行政审批成为所有行政管理方法中最简便易行同时行政成本又相对较低的管理制度和管理手段。

行政权力的自我扩张性，使其在缺乏约束、监督乏力和责任模糊的状态下，会不断地扩展审批范围、扩大许可权限，审批事项数量增加的内在本质是行政权力渴望延伸和渗透的欲望。我们这样评价行政权力，并不排斥此中审批部门所具有的公共性以及行政审批的非自利性动机，而且它也是客观实际。

事实上，只要拥有了能够左右他人利益实现的权力，任何组织或者个人都会产生通过审批方式实现自我意志的意愿和冲动。对权力本位官僚体制下的行政审批进行现象分析，其弊端具有以下显著特征。

(1)扩张权力，让事情不那么容易办。有着权力扩张属性的审批事项不断衍生和繁殖，实施审批的许可范围、管制领域和管理程度不断扩展和加深，为审批行为的主观操纵预留了空间，以审批通过替代监管职责、以未予审批表明没有责任，本应正常取得的批准许可成为行使权力者的“恩赐”，为此申请人往往要赔笑脸、给好处、托关系，市场进入难、项目投产难、企业经营难，都大大增加了整个社会的成本。

(2)提高门槛，使简单问题变得复杂化。行政审批是从制度层面给行政相对人取得许可设置了条件，即设置了进入门槛，这本来是正常和可接受的。但是，设置过高进入门槛的动机，是审批部门为了增强权力任意行使的有效性，需要营造更加不对称的实施环境，最常用的方法就是简单事项烦琐化、简易业务程序化、部门意图法定化，导致审批规程的随意性和假规范，以及依法行政包裹下的手续烦琐、环节颇多、时限过长等。缺乏公开透明和广泛参与的监督制约机制，就为审批许可暗箱操作打开了便利之门。

(3)以事养权，突显审批部门的权力存在。审批事项是行政权力介入社会经济生活的重要手段，在内控机制软弱和外部监督乏力的情况下，行政机关及其内设机构“根据需要”设定或者变项设立审批事项，意味着是在为权力的存在和存在的体现进行审批许可。为了稳妥地实现这个目的，审批部门的职权扩张、权力“寻租”将不可避免，将工作变事权、以事权变职权，进而实现审批事项的职能法定是行政机关惯用的操作手法。

上述违背行政管理客观需要、践踏行政审批制度基本理性的做法，是权力在缺乏制约和以自我为中心下的恣肆张狂。推进行政审批制度改革的一个内在逻辑，就是行政审批制度体系难以实现对审批许可权有效的自我制约，因此取消审批事项似乎就成为釜底抽薪的解决问题之道，虽然它可能忽略了审批事项存在所依附的行政职能。

例如，原国家电监会借鉴欧美等国家电力市场改革经验，在2005 年 12 日 1 日起施行的《电力业务许可证管理规定》(电监会9 号令)(以下简称《规定》)，确立了企业在国内从事电力业务必须取得电力业务许可证的制度。

但是，在权力意识膨胀的作用下，这项制度虽然包裹的是市场化的外衣，骨子里流淌的却是全面管控、从严审批的意念，许可门槛设置过高，比照该《规定》，单站装机容量 1MW（不含）以下的小水电站，6MW（不含）以下的太阳能、风能、生物质能、海洋能、地热能等新能源发电项目，6MW（不含）以下的余热余压资源综合利用开发等均要报原国家电监会许可批准，电监会成了审批许可会。

由此导致的结果，必然是审批部门愿望与现实的背离、能力与可能的分离，该许可证一方面是“奇货可居”下的“洛阳纸贵”，另一方面是“佯装不知”下的“不管不问”。

据原国家电监会的调查显示，2012 年当年，就有 551 家自备电厂、小水电企业等并网发电企业实际上根本就没有取得发电许可。由于地方政府对此并非积极配合，对诸如小水电、小风电等的许可审批和监督管理，国家能源局是鞭长莫及、力不从心，根本无法管理到位，最后的结果迫使国家能源局在 2013 年豁免了部分发电业务许可，简化申请流程，为分布式能源、清洁能源发展创造相对宽松的环境。

由此可以看出，行政审批制度改革要紧紧抓住审批许可权和许可审批这个核心，通过削减权力、规范权力和限制权力等，为改革行政管理体制打开突破口。

从理论上说，政府应该是一个“政治人”“道德人”和“经济人”的集合体，其中“政治人”是其基本特性，作为“经济人”追求自身利益最大化时，首先要具备“道德人”的基本要求，把谋求公共利益和帮助公众更好实现自身权益放在优先位置。行政审批制度改革是围绕对审批许可权进行削减、公开、规范、控制、重塑、改变等为核心的改革，其目的在于使行政审批的权力受到有效制约、确保合理使用，使行政审批归依政府的价值使命，建立行为规范的廉洁政府。

（三）协同创新深化改革实践

在中国融入全球化进程加快和经济社会发生深刻变化的背

景下，各级政府在感知僵化的官僚体制受到挑战的同时，又要在现行体制保持相对稳定的前提下，通过技术性、业务性变革，实现管理改善、机制转换、效能提升。官僚制隐含的保守、僵化、拖沓、按规则办事、缺乏效率以及部门之间的隔离等，与责任政府应具有的回应性、创新性、协调性和高效性等是相悖的。一方面官僚制供应不足，另一方面官僚主义盛行，是行政审批制度改革所要正视和面对的。

一直以来，各方面对行政审批十分关注，对行政审批制度改革的期望值始终很高，期冀在不动机构改革“外科手术”的状态下，又能够发挥政府整体改革突破口的作用，实现由管制型政府向服务型政府的转变。近20年来，行政审批制度改革不断深化，同时又表现出较明显的相对稳定性，具体体现为以下三条主线。

(1)按照市场化的原则，以减少审批事项为主线，希望通过压缩政府管制范围，优化行政审批的结构功能，最大限度地减少对工商企业设立及其生产经营活动的审批，减少对市场准入的限制，降低市场进入“门槛”，允许社会资本能够进入更多原来限制的领域，打破国有企业一家独大和行业垄断，充分发挥市场在资源配置中的决定性作用，给资本提供营利沃土，激发企业动力，释放市场活力。

(2)以规范审批行为为重点，强调依法行政、依法审批，推进行政审批的公开透明，不断规范和完善审批行为，提高行政审批的法治化、规范化程度，对所有保留的审批事项都要明确规定审批许可的对象、内容、条件、程序、时限、依据和监管、救济措施等，推进行政事业性收费制度改革，全面落实“收支两条线”管理，降低审批管制的内在冲动，强化对审批活动的过程监管和责任追究，降低腐败和违纪现象的发生概率，进一步转变机关作风，增强政府的公信力。

(3)以优化审批机制建设为核心，建立政务服务中心，持续提升政府治理能力，压缩审批时限，改善办理方式，优化流转规程，丰富审批服务手段，提高办理效能，改进服务质量，将改革与进一步转变政府职能、完善机构改革和推进电子政务建设相结合，与提高政务服务水平、政务服务品质相结合，降低行政成本和社会成本，促进行政管理体制转变、制度变革和管理机制创新，提升行政审批相对人的满意度。

从根本上讲，现状审批事项过多过滥的问题并不是计划经济的遗物，而是带有计划经济的管制思维和管控方法的结果，这种思维和方法同样还影响到了行政审批制度改革，比如给改革定精简审批事项的指标等。如此，才能回答审批事项诞生最多的阶段，恰恰是处在中国经济发展最为迅猛、立法成果最为丰硕时期的疑问，进一步讲这些现在看来已不合时宜的审批事项在设定之初却发挥了重要的建规立制、确立规则、规范秩序的作用。

日渐丰富起来的行政审批制度，一方面参与构建了培育市场经济的规则体系，该规则体系虽不完整却发挥了助推市场经济快速发展的作用；另一方面又使市场经济在发展初期，充满了活力，又不至于陷入混乱无序、无法管控的泥沼。因此，精简审批事项、减少规制管理，必须从重新审查既有的法律制度做起，废除不必要保留的、合并可以整合的、调整需要改变管理方式的法律、法规和规章。法的进步，更具有根本性。40 多年来中国发展速度如此之快，时过境迁，行政审批制度改革自然要与时俱进，我们不仅要看到审批事项"边减边增"的表象，还要认识到行政审批在结构、功能和质量等方面的重大变化。

行政审批制度改革的行政节制推动模式，需要依靠审批部门的"自查自纠"，改革虽然总的方向是放松管制，对市场主要是减少干预，特别是对微观经济活动的干预，对社会主要是培育、增强社会自治能力，同时要加强对自然资源、生态环境、生命健康、人身安全等领域的行政审批（从严管理不一定是行政审批，但不能离开对行政审批的运用）。因此，改革不是要取消行政管理成本最低、效果最直接的行政审批，而是要促进政府职能转变、政府管制方式转变。换个角度讲，就是要精简那些不合法、不合理和不必要的审批事项，依法规范行政审批的范围，使保留下来的审批事项更好地发挥应有的作用。

有学者反思了十多年来的改革历程，提出行政审批制度改革虽然稳步推进、卓有成效，但改革仍然面临着许多来自管理体制、法律制度、部门权责利、文化行为习惯、行政管理能力等因素的困扰，认为改革已经深度进入攻坚克难期。强调要解决行政审批制度改革进程中的各种突出问题，必须要有壮士断腕的勇气，以系统化思维、战略性选择、科学的理论方法、绩效管理的策略，突破文化观念的束缚、体制性障碍，特别是利益的“雷区”。

为此，提出行政审批制度改革攻坚必须要有全局、全程、全员、全民等四方面的系统性思维，“全局”是指改革的全局视野和大局观念，“全程”是指审批业务全流程再造和优化，“全员”是指全体内设机构和公务员的全员参与创新，“全民”是指全民观念和民本意识。

在一般层面的理解，推进改革的目的要能够最大限度地发挥行政审批制度改革的功能、作用和价值，最大限度地释放改革“红利”。当然，对行政审批制度改革的理解和把握，不能仅停留在“利”的层面，还要在“道”的层面有所提升，从而在改革中实现制度的、体制的、管理的和服务的重新构建。

(四)促进政府职能的转变

政府职能是行政机关依法对国家和社会公共事务进行管理时应承担的职责和所具有功能的总称，它回答的是“什么该政府管”和“政府该管什么”的问题，前者反映的是对政府的客观要求，后者体现的是政府的理性选择，与之相关的第三个问题就是“如何管得更好”。之所以提出这三个问题，就在于政府并不是一种自然的存在，而是人们为了某种目标而组建成立的，对此它需要对自己的存在做出证明。简言之，政府需要做的是公民个人、各类法人以及社会都无意愿做、不能做，或者无法很好地做到的事情，正是这一点决定了政府的不可替代性，也决定了政府在实施公共管理上手段的独有性，以及实施方式的不可比拟性，但这并不能使政府能够脱离社会需求这个本质限定。

就功能而言，政府职能分属安全管控职能、秩序维护职能和公共服务职能三类。

(1)政府安全管控职能的基本特征是行政强制，既按照国家的统治意志和立法机关的授权，依据宪法和法律的规定，对关系国家主权、领土完整、基本人权、社会动乱、突发事件、严重刑事犯罪等带有政治性质或涉及政治性质的社会事务施以行政强制。

(2)秩序维护职能是政府的基本职能，主要表现在政府依据相关法律法规，通过行政审批等政府管制，对关系国计民生的社会公共事务进行有效管理，如调控国民经济、管理国土资源、保护生态环境、维护社会治安、实施社会管理等，以保证社会有序运行。

(3)公共服务职能是现代政府的重要职能，作为公共行政的公共服务应向社会和全体公民提供非盈利、非排他的公共服务和公共产品，其重要性不断增强的理由和依据在于对政府存在原因、运作目的和活动产品的重视。

政府的上述三大职能相互关联、不可分割，以不同的作用方式共同发挥着治理国家和服务社会的作用。只是在不同的发展阶段，政府履行职能的侧重点会有所不同，这主要取决于国家社会制度的成熟程度、经济社会的发育程度、民众的生存生活状态、社会的治理水平等实际国情和其他客观因素，也就是说政府职能是动态演进的，需要根据情势变化的实际需要适时地调整、转换职能的指向和重点。

改革开放以后，我国重新走上了以经济建设为中心的发展道路。随着深化改革和市场机制的逐步确立，具有计划控制思维和色彩的行政管理体制、行政审批制度对建立社会主义市场经济体制的制约作用日渐明显，要求改变不相适宜的僵化的政府组织架构、组织形态、组织运作的呼声越来越强烈，政府机构改革成为顺应变化要求、破解发展障碍的重要方式。改革不可能是对现状的简单化改变，任何没有设置目标、没有制度设计、没有价值追求的

"改革"只能称为改变。全国范围的行政审批制度改革正式推行之前,历次政府机构改革都不约而同地提出了与行政审批制度密切相关的转变职能、简政放权、提高效率的要求,为行政审批制度改革正式登场做了预热。

2001年之前的政府机构改革,可以分为以下三个阶段。

第一阶段:从1979年到1982年,机构改革围绕中央政府与地方政府之间的权力分配,表现为政府行政系统内部的放权与收权。当需要"发挥地方政府积极性"时,就主动放权,把诸多审批许可权交给地方;当经济和社会发展出现"混乱"或者"失控"迹象时,便又强行收权,恢复原先的行政审批格局和管制模式。

第二阶段:从1983年到1988年,机构改革重点是转变政府职能、调整行政组织结构,希望通过"拆庙赶和尚"的方式实现更少的人不得不管更少的事的预期,侧重于下放审批许可权、减少管制层次,力求使行政机关对国有企业的干预由大量直接微观介入式的审批管理转向间接的宏观调控式管理。

第三阶段:从1993年到1997年,机构改革将对政府职权的调整侧重在了经济领域,减少涉及市场干预和企业经营有关的具体审批事项,把本属于企业自主经营的权力交还给企业,力求使企业成为自负盈亏的独立主体,企业管理决策的问题交由企业自己负责,给行政审批设置了管制边界。

我国的行政管理体制模式源自苏联,主要特征体现在国家权力的高度集中上。政府对政治、经济、社会、文化等各个领域都实行了集权式的管理,宏观管理与微观管理混合使用,管理方式以计划安排、行政命令、组织动员和行政审批为主,其中行政审批既是其他管理方式实现的基础保障,也是各类行政措施中最为有效的"硬"手段。

管理方式简单化,管理水平粗放化,导致了对既有管理方式的进一步严重依赖。行政管理体制改革是政府"改"自己,是"革"自己的命;正因为此,行政管理体制改革不可能由体制外的力量操刀来"改",更不能允许别人来"革"命,从这一点讲,自己"改"自己、自己“革”自己的命也是不得不做出的选择。

自1979年后，也就是全国范围行政审批制度改革正式全面实施前的二十年中，历次政府机构改革无不包含行政审批制度变迁的内容，这些改革为行政审批制度改革的单独推出提供了不可或缺的前奏，行政审批制度改革与政府机构改革一道，共同成为实现政府职能转变、建立社会主义市场经济体制的一个重要助推器。

（五）推进法治政府的建设

改革开放先行一步的深圳，最先感受到了以计划管理和微观干预为特征的行政审批制度对发展经济、对外交往的束缚，也有着率先突破的改革勇气和制度环境。为解决国有企业机制不活、管制过多和缺乏自主性的问题，深圳提出了简政放权、减少审批、规范政府行为、促进廉政建设和行政职能转变的改革思路，率先拉开了以确立企业市场主体地位和放权让利为特征的行政审批制度改革的帷幕。

随后，各地纷纷效仿，在20世纪末行政审批制度改革逐渐成为政府改革的主旋律，主要目标锁定在了对审批事项的削减上。1999年2月，深圳市发布了《深圳市审批制度改革若干规定》（市政府令第83号），共取消和合并审核事项463项，审批、核准事项由1091项精简为628项，减幅42.4%。

2001年10月24日，国务院召开全国行政审批制度改革电视电话会议，批转下发了监察部、国务院法制办、国务院体改办、中央编办《关于行政审批制度改革工作的实施意见》（国发[2001]33号），确定了行政审批制度改革应坚持合法、合理、效能、责任和监督的“五项原则”，全国性的行政审批制度改革得到广泛动员并全面开展起来，地方政府基本完成了审批事项大幅减少的预定目标。

2002年年底，据那时公布的数据，国务院各部门取消或改变管理方式的审批事项共1300项，占其全部事项总数（3948）的

33%。在大幅减少审批事项的同时,涉及的行政事业性收费也相应取消,大大减轻了企业和人民的经济负担。改革在大幅度精简审批事项的同时,还对事项名称、审批程序、办理时限、办事公开、服务承诺等作了明确,肯定了建立集中办理行政审批的政务服务中心的创新做法。

这场“减审批就是给企业松绑,提效率就是谋发展”的政府自我革命有着政府浓厚的功利性身影,这个功利性不同于政府的自利性,它与市场主体强烈的发展愿望对放松政府管制的要求是一致的,丰富的改革探索为国家制定统一的行政审批立法奠定了基础。

2003 年 8 月 27 日,第十届全国人民代表大会常务委员会第四次会议审议通过了《中华人民共和国行政许可法》。2004 年 7 月 1 日起施行的《行政许可法》规定,“本法施行前有关审批许可的规定,制定机关应当依照本法规定予以清理;不符合本法规定的,自本法施行之日起停止执行”,为启动新一轮的行政审批制度改革设计了时间表。《行政许可法》的颁布和实施意味着对行政审批制度改革成果的法律确认,是行政审批制度改革走向制度化、规范化和法制化的重要标志,极大地推进了法治政府的建设进程。

与此同时,在行政审批制度改革的强力推进下,以“一站式”服务、“一条龙”办理、“一窗式”服务为特征的政务服务中心在各地开始普遍地建立起来,为行政审批制度改革注入了审批实施行为的元素,改革进入了审批事项精简与审批方式优化、“运动式”改革与日常性创新相结合,行政审批由立足政府自身改善到以申请人为导向的新阶段。法治是规则之治,是公正之治,是人本之治。法治政府所体现的不仅是一种制度,还是一种理念,是一种状态,更是一种境界,应当成为行政机关及其工作人员的一种信仰和行为方式。

(六)优化机理提升政府效能

政府职能是政府一切活动的逻辑与现实起点,既体现为政府所担负的基本任务，也是政府实际行为能起到的作用。审批许可权来自法定的政府职能，政府职能是行政审批的制度前提，并具有层次性、动态性的特征。

(1)所谓层次性，是指不同层级的政府有着不完全相同的基本任务和行为方向，行政层级越高政治职能更突出，审批事项的重大性、关联性越高；行政层级越低公共服务职能更显著，审批事项的个人化特征越明显。

(2)所谓动态性，是指政府的基本任务和行为方向会随着外部环境的变化和自身认识的改变而发生转变，“运动式”的行政审批制度改革的阶段性目标也会随之发生调整。

政府职能为行政审批提供了功能基石，是行政审批制度改革的落脚点，政府职能转换不到位，行政管理就必然要更多地依赖行政审批。这就决定了行政审批制度改革必然涉及政治、经济、社会、文化、民生以及国家安全、军事战争准备等各个领域，关系法律制度、政府机构、行政运作等各种因素，改革必然要触及政府管理的方方面面，不仅触及领域极其广泛，有些审批事项还具有很强的专业性、技术性。

为适应在市场经济条件下政府职能转变的要求，行政审批的事项设置应坚持三个原则：一是市场调节优先原则，二是社会自治优先原则，三是制度规范优先原则。既要从促进政府职能转变的角度精简审批职能，又要从行政审批整个业务办理链条角度审视审批业务调整的合理性，还要从政府整体职能履行的角度着眼行政审批制度的构建。

审批事项的背后是审批职能，审批事项是表象，审批职能是核心，并以审批许可体现审批业务、审批服务。改革如果只在审批事项上下功夫，往往不能触动行政审批制度改革的实质，难以避免审批事项的明减暗藏、明放暗收等现象的不断重演。

对审批事项的精简，如果不能与审批职能、审批业务的改变联系起来，通常只是数目层面的变化；对审批职能的调整和审批业务的改变，则要涉及审批事项的增加、减少、取消和下放、转移等相关的行政管理、业务运作的相应调整，涉及审批组织和办理流程的重构，包括审批部门之间和审批部门内部之间的审批职能归并和业务整合，其实质就是要建立权责更为清晰、运转更为简明、组织更为精简的审批机制。

与政府机构改革不同的是，虽然行政审批制度改革会产生调整行政机构及其编制配备的诉求，但会以部门职能为基础在更加宽泛的范畴上着眼审批事项的调整，理顺与审批对象的关系，改善审批职能的履行机制，强化协同办理的沟通配合，加强对审批许可的监督管理，通过改进创新提升审批绩效；当这些改革积累到一定程度时，必然会促使政府建立起新的运作方式、运作形态、运作机制，并进而构筑与此相适应的职能配置、组织机构和管理体制。

机构改革具有极强的刚性，往往要求“一刀切”、必须一次性定型，之后再对不适应、不完善问题进行微调改进，相对于建立职能匹配、运转协调、廉洁高效的政府而言，其有效性可能不涉及对组织机构中的人员素质提高和制度环境、运行机制的改善。机构职能是行政审批的基础，行政审批制度是政府职能履行的重要构成，其改革是一个日常发生、持续改进的过程，这些都会作用于审批部门机构的完善、机制的健全、运作的顺畅和效能的提高。

改革行政审批制度，切实推进政府职能转变，必然要求行政审批制度做相应的调整，如下所述。

(1)转变行政审批的政治特性，要求行政审批必须依法审批，确保审批许可必须在法律、法规和规章所确立的范畴实施。

(2)转变行政审批的经济职能，要求确立市场在资源配置中的决定作用，在此基础上实现政府与市场之间的动态平衡，要放松规制，着力培育市场，推进市场化改革，既避免市场垄断和市场失灵，也避免政府垄断和政府失灵，为经济发展创造相对宽松的市场环境。

(3)转变行政审批的社会职能，要体现公民本位、法治社会的理念，行政审批要按照公共服务的要求，遵循公平、公正、透明、高效的原则，为公众和各类组织提供多样化、可选择的审批服务。

(4)转变行政审批的生态职能，行政审批要尊重自然生态规律，建立完善的环境保护审批制度，在实施开发保护、破坏恢复、受益补偿、污染付费等原则时，不能为了眼前的经济收益而付出不可挽回的环境代价，要体现为子孙负责的精神。

行政审批制度改革的核心目标是要在市场经济、法治社会和互联网时代的大背景下，重新确立政府审批职能、明确管制边界、改善许可绩效，使审批业务的开展更加符合社会公众的需要，提高申请人的认同感、满意度；为此，要时刻警惕政府"没有自身利益"的自负，时刻警惕"为了实现公共利益"的表白，以善为目的的正当性并不足以证明手段的合理性，更无法得出结果的公正性，但的确会使权力人变得更为"理直气壮"、更为"大义凛然"、更敢"一意孤行"。

因此，将政府定位为法治的服务型政府，就是要以法制的方式确定政府在行政审批制度上科学合理的职能、责任、权利、义务以及行使方式，这是进一步推进行政审批制度改革的前提。

第三节 行政审批制度改革的困难

行政审批制度改革既要减少不必要的审批事项，调整政府审批职能的边界，发挥市场在资源配置中的决定作用，促进法治政府、法治社会建设，实现由管制型政府向服务型政府的转变；同时，还应从方便申请人办事、改善运作机制和提升规制效果的角度，重建行政审批的许可权限、业务关系、制度规范，在审批许可中减少环节、规范程序、优化流程、提高效率、改善服务、健全监管、落实责任，从而构建结构合理、功能科学、规程严密、管制有效的与市场经济、法治社会相适应的行政审批制度。

也就是说，要将行政审批的制度变革、体制创新与机制优化有机地结合起来，重新构建行政审批制度，这种重构将是一项十分复杂的系统工程，绝非孤立实施能够完成，它涉及对现行的法律制度、管理体制、组织方式和运作机制等进行改革和创新，更重要的是要把它放到政治体制、行政体制改革的大背景、大趋势之中进行定位把握和综合推进。这显然绝非一件易事，不可避免地要面对巨大的阻力，必须消除推进中的诸多障碍。正如英国经济学家凯恩斯所说：改革的难度与其说在于提出各种新思想，不如说在于摆脱旧思想的束缚。

一、外部效应

改革是近 40 多年讲得最多的词汇，无论政治、经济、社会、文化、卫生、教育等的大改革，还是与人民群众日常生活密切相关的小改革，耳熟能详、不绝于途。如何改革似乎大家都有话说，虽很少有人在一般意义上反对行政审批制度改革，但在具体问题上却又仁者见仁、智者见智，甚至存在着言行不一的情形。

我国行政审批制度改革是制度环境约束、路径依赖规定、利益主体博弈的利益冲突性制度变迁。其中利益冲突是转型期我国行政审批制度改革的核心内容，这规定着我国行政审批改革的方向、形式、速度、内容。决策者、执行者、特殊受规制者、普通受规制者以及消费者之间的利益冲突演绎着我国行政审批制度改革的过程，是引致行政审批制度变迁的深层原因和内部动力，包括经济环境、政治环境、法律环境、意识形态和技术环境在内的制度环境的变化则构成制度变迁的外部动力。

行政审批制度改革是在信息不完全对称之下进行的，这就决定了改革必然会产生外部效应；对信息非对称性的消除程度，将决定改革的定位、取向和成效。

(1)改革工作在很大程度上有赖于审批部门及其审批人员的配合参与，审批部门是否有变革意愿，审批人员是否提供真实充分的情况，能否按要求“自查自报”“自纠自减”就成为改革取得预期成效的前提和基础。改革组织者为推进改革所必需的审批事项信息有赖于被改革者的报送，即使改革组织者预先设定详细的填报内容、标准和要求，但在此范畴之内提供哪些、报送多少、告知到什么程度仍取决于审批部门对自身权益的考量、对改革力度的预判、对实际影响的评估，即在一定程度上取决于作为被改革对象的审批部门的配合程度。

(2)行政审批的“权力迷宫”在审批部门内部同样存在，特别是在行政职能较为宽泛、内设机构较多、审批业务政策性和专业性较强的审批部门表现得尤其突出。行政管理的繁复性和随机性，组织体系中的横向阻隔与纵向封闭，行政审批实际办理不可或缺的自由裁量，以及行政机关人人都需要懂得并遵守的“不该听的不听、不该问的不问、不该说的不说”的“三不该”禁区，“术业有专攻”所形成的隐性知识，使得要全面透彻地掌握条件弹性化、判断个性化、程序权限化、决定层级化的行政审批是有很大难度的，这种情况即使是审批部门内设机构相互之间也是如此。

(3)行政审批制度改革的运动式的轮次推进方式，往往使改革方案的跟进实施、改革成果的落实见效成为改革中相对薄弱一环，正所谓“高高抬起轻轻放下”“雷声大雨点小”，改革工作前紧后松、虎头蛇尾是改革循环往复的原因和状态之一；由于改革的非日常性，不同阶段(轮次)的行政审批制度改革缺少有机承接，有些时候每一轮改革都需要重敲锣鼓再开张，抽调参与改革的审批人员又需要有一个认知和理解情况的过程，很难在改革任务所设定的期限内对审批部门的情况做到全面的掌握、透彻的理解，这就难免使改革工作在一些具体问题上不被审批部门牵着鼻子，在审批部门有意取舍所描述的事项语境中或多或少地受到胁迫。

(4)行政审批根植于行政管理体制，是行政管理目标实现的体现和要求，虽然行政审批制度改革可以发挥行政体制改革突破口的作用，但随着改革的深化，“不动外科手术”式的改革如果缺乏有力的配套支持，同样也会影响改革的深化和成效的取得。比如，在中央集权的管理体制下，审批事项需要“自上而下的确认”或者是“由上而下的下放”，上级主管部门要求实施许可审批的，下级政府是无权取消的，这样改革就会处于“下动上不动”的窘况，当然也会有相反情形的存在。另外，审批事项的设立大多是以法律、法规和规章为依据的，取消审批事项应与清理法律、法规、规章同步进行，但这在改革实践中往往很难做到无缝衔接、时序同步。审批事项该不该取消，不仅受制于市场需要，还取决于政府职能转换是否到位，政府管理能力是否具备，机构改革是否匹配等。如果政府自身行政职能、运作机制、管理方式等的调整不能及时到位，不能在行政审批制度改革中实现真转真变，在有的审批事项取消后，出现行政管理真空的可能性也是有的。

(5)审批职能取消到什么程度，还取决于市场和社会的发育程度，取决于整个社会的民主法治建设和社会诚信程度，取决于与行政管理体制相匹配的法律制度体系转变程度。企业不仅要从市场中赚取利润，取得在市场中的竞争优势，当然不会无视掌握公共政策制定、公共资源分配和负有市场管理职责的政府，特别是与政府关系密切的国有企业、与政府官员关系亲密的民营企业，甚至被宠惯了的跨国企业，无不希望能够从政府处谋取相应的非竞争优势，以利于企业的经营发展；当属地企业特别是有代表性的骨干企业遇到经营困难，需要拉一把推一下时，地方政府很难做到因秉持不干预态度而漠视不管，事实上越来越多的地方政府对微观市场的干预行为已经越来越多地体现为对特定企业的偏爱和帮扶。

现行的行政审批制度深受计划经济管制和计划管理思维的浸染，给审批事项下达取消、下放、合并和转移任务指标的改革方式同样隐含着计划管理思维对行政审批制度改革的影响。

二、体制僵化

行政审批制度改革在推进过程中首先遇到了来自体制内的巨大阻力，并形成了从思想认识到推进实施的工作障碍。在集中统一领导的条块分割、分层授权的行政管理体制下，行政审批的体制性弊端在审批许可中表现为：一方面是审批部门林立，办理环节众多，职权分割严重，流转程序烦琐，无论是组织还是个人对行政审批的行为、结果都缺乏负责；另一方面是由于没有建立以申请人为导向的运作机制，普遍存在着政府权力部门化、部门审批权益化、许可办理利益化的现象。这两方面表现的结合，就集中体现为行政审批中的集体性“公权私用”。集体性“公权私用”是堂而皇之的权力异化，这同时也就意味着改革固有的行政审批制度模式，必然要触及审批部门及其审批人员的核心权益，触动行政管理体制的这根粗大的神经。

对审批事项的精简一般体现为审批许可权的取消、下放、合并和转移，就行政管理体制自身而言，这与中央集权体制要求的强化内部管控和增强体制向心力是有抵触的，如果强化集中统一领导的行政运作模式不改，在行政审批领域的简政放权就是缺乏配套的。在这种情况下，行政审批制度改革必然有赖于更高层次权力的强力推行，改革必须从中央部委做起，并为地方政府创新改革留足空间，否则地方推进行政审批制度改革就只能在上级对口审批部门同意的范畴内进行。作为政府整体改革突破口的行政审批制度改革，其顺利推进也有赖于行政体制改革的进程，在于能够给它提供多大的改革空间。

由于审批事项的精简不仅会削减审批部门的集体权益，还存在着引发更为彻底的管理体制发生变化的风险，于是如何维系现行体制不发生根本性质变，既在表面上迎合改革又不至于职能内核和管理体系发生颠覆性变化，就成为审批部门“拿捏”行政审批制度改革范畴和深度的艺术。在通常情况下，审批部门都会运作“信息不对称”策略来应对本级政府和角色部门所提出的改革要求，对行政审批制度改革采取“整体方案支持”“一般原则赞成”而在“具体条文和事项上有不同意见”的方法，调整审批事项的计算方式，以达到“事项数量公布减少而审批业务实际保留”的目的。另外，由于不同程度存在抵触情绪，审批部门会利用改革与实施“两张皮”的管理盲区，对已公布取消的审批事项会持消极观望或“我行我素”的态度。一旦成为行政审批制度改革的“受损”者，审批部门及其审批人员较难保持积极跟进和完善的态度，甚至有的还会“斗气”地不主动添补由于取消审批可能导致的管理真空。

三、传统观念

在现行的行政审批制度安排中，行政审批以法律为基，但是审批许可不可避免地要体现行政权的意志，许多时候是以权力为本。由此，行政审批难免沦落为“服务和服从”政策目标、发展大局下的工具，使审批许可走了过场，一些审批事项形同虚设。在这种情况下，虽然少部分人的权益追求会得到特殊的照顾，但这种照顾很难体现为对行政相对人普遍的合法权利的尊重，这种“以权为本”下的“以利为本”的审批许可造成了社会成员之间事实上的不平等，缺乏对社会公平、公正维护的责任感。

在外部压力不足、内部排异强烈的情况下，审批部门及其审批人员会潜移默化地将行政体系中的政治文化、行政理念、价值准则，内化为与所在组织中的群体意识、群体价值，体现为相近的思想观念、思维定式和行为习惯，进而再外显为与行政审批相关的制度设计、程序安排、人员组织、业务要求等，这就使审批部门很难自觉地有主动改变现状缺失的真正意愿。

在审批部门内部，任何组织的职权都会转化为与组织成员地位、职责相对应的影响、利益、荣誉，以及内在的自我成功与否的体验。掌握有多大程度的审批许可权，通常也就意味着得到了附着于行政审批之上多大的身份尊荣、额外收益等，“权多不压身”，使拥有审批责任、许可职权的审批人员很不情愿接受管制权力收缩、许可权削减所带来的“权力旁落”“资源丢失”“管理失效”的权力剥夺感、认可失落感，将精简审批事项视作“自废武功”，从而在行政审批制度改革中态度消极、行动抵触。

行政审批主要是事前管理，针对行政相对人行为活动的过程监督、违规处罚不但辛苦还要承担更多的责任，在这种情况下，避难就易、避重就轻、避责就权自然成为行政机关的普遍现象，就形成了重审批发证、轻监管服务，以及以审代管的工作习惯。

在推进行政审批制度改革进程中，我们还应注意到，一方面中国几千年的专治传统，长期的计划经济浸染，使人民群众对行政审批有着高度的依赖性；另一方面转型时期所特有的社会无序、市场混乱，又使得人民群众对行政审批有着较高的信赖性，因此，社会上也存在着对保留和新设行政审批的呼声，人们觉得有了政府信誉的介入，对能够取得许可批准的公民、法人和其他组织感觉上相对更踏实些。

事实上，对政府管制的态度，处在不同社会阶层的人需要程度是不同的。在行政机关内部，相当多的工作人员认为，对经济、社会和文化事务实行适度管制是政府的基本职能，由此有的人甚至认为不审批就不能彰显政府的管理效力和应有权威。由于对行政审批制度存在的问题认识不足，对行政审批管理的规律揭示不够，对改革的必要性和价值认知不深，从而对改革的具体内容、目标实现、方式方法等存在分歧，导致了改革被不断地“翻烧饼”情形的出现。

在改革的实施中，也产生了触及权益的“不敢改”、能力上欠缺的“不会改”、准备上不足的“不善改”、实施遇阻上的“不能改”和在主观意愿上抵触的“不愿改”、目标不明确的“不懂改”等问题，这些问题会以不同的方式体现于改革实践、以不同的表现作用于改革工作，形成了来自体制内的巨大阻力和障碍。

四、权益冲突

行政审批制度改革必然要在行政管理体制内实施，它不可能脱离各级政府的主导，并高度依赖各级政府的领导和推进。这是因为行政审批制度改革将审批部门的审批许可权及其行使方式作为改革的对象，自然会演绎为对其现实权益的剥夺、削弱，并体现为审批部门的责任履行和使命回归，从而带来政府内部权力格局的改变、审批部门管制权能的下降和对行政审批相对人影响力的降低。

作为简政放权改革的对象，行政审批制度改革究其实质是对审批部门原有权益的侵蚀，是要求审批部门对不合理的既得利益的放弃。道理是高悬的，利益是现实的，减少审批事项就是审批部门的“割地”，对涉及组织机构核心职能的审批事项不能坚守就如同是“丧权辱局”，在这种观念认同下，审批部门上上下下自然会齐心协力地努力守住阵地而不会轻易后撤。于是，处在“简政”“削权”和“转型”之中的审批部门，面对行政审批制度改革普遍表现为“三怕”和“三虑”。

（1）因怕失权而顾虑，审批许可权是审批部门存在之基，保护和扩大既有权益是任何组织都有的本能，取消或者削弱行政审批就可能意味着动摇行政权力的根本，因而审批部门多会强调和解释保留拟取消审批事项的意义，而不是主动地提出取消审批事项。

（2）因怕失利而忧虑，有权力就必然附带利益，审批部门在管制制度安排中能够获得大量合法、合理的显性或隐性的权益，精简审批事项必然使这些权益因“皮之不存”而消失，使审批部门及其审批人员产生被剥夺的失落感。

（3）因失控而过虑，行政审批虽然不是政府管制的唯一手段，却是政府实现有效管制的基础性工具，并为其他管理工作的开展提供相应的便利性支持，审批部门担心如果过早、过多或过快地削弱行政审批，会对市场秩序、社会规范和公共利益产生负面效应，导致行政能力的下降，使行政管理的成本骤增甚至失控。

以上审批部门的“三虑”是有合理性成分的，但“三怕”从根本上讲是权力的自利化思维的体现，二者同时都会转换为对行政审批制度改革的深层掣肘。

五、依据不足

真正的改革不仅是对不合理管理体制、制度规则现状的改变，更是遵循客观规律、符合发展趋势的对运作模式、运转机制由无到有的系统完整的科学创建。在既定制度体系和管理体制没有发生较大改变的情况下，行政审批制度改革的深化推进必然会遇到对既有法律制度的突破和自身改革依据不足的双重压力，既缺乏标准无以遵循，创新改革又依据不足会招致质疑。

比如，消除行政审批现实不合理性的改革举措如果与审批部门依规审批、依据许可之间产生冲突，审批部门即使不会挑战行政审批制度改革的必要性、合理性，但在具体审批事项的保存、废止、改变上，仍会分别从法律制度、法定职能和实际情况上，对改革工作提出合法、合规和合理的要求，因为这涉及他们的职能行使、职责履行，并进而影响到公共管理。

一般而言，有关行政审批的法律、法规和规章在设定审批事项的同时，对行政审批的主、客体之间的权力与责任、权利与义务关系也就做了相应的约定，但是在很多时候所谓从实际情况出发具体落实到工作中，就变成了从本部门的需要和工作人员的习惯出发，由此我们可以进一步推论，根据审批部门提交的立法或政策建议所构建起来的行政审批法律制度存在价值缺失的情形就是不可避免的。

此外，单项法律、法规和规章之间缺乏有机衔接是长期存在的制度顽疾，立法本意与具体条文明显冲突的问题也都是存在的。但是，针对这些问题真正地实施改革又会遇到改革效力、程序履行和时效错位等阻碍，很难将既已确立的改革原则逐一地加以兑现，也就是说行政权力推行的行政审批制度“改革方案”，在相应的法律、法规和规章没有及时修改的情况下，要强制推行存在着“没法的改有法的”这样的虽是问题但不应成为问题的问题。

《行政许可法》存在着的规范性条文过于原则、限制性表述十分简洁的情形，对行政审批的行为活动缺少强制要求，对解决现状问题缺乏有针对性的明确指引，以致对行政审批制度改革不能提供强有力的制度支持。

六、环境惰性

在无危机逼迫或者无外力推动的情况下，思维的惰性、行为的惯性和对现状的熟悉、情况的适应，使任何组织及其成员更倾向于维持既成状况；在激励机制缺失、逆向淘汰普遍和注重表面融洽的行政机关，审批部门及其审批人员会更倾向于接受安排而非自觉适应变化，更不会在行政审批制度改革中主动地寻求不确定是利我还是非利我下的改变。

行政审批制度改革的全局性、根本性，决定了推进它需要有政治家的改革精神和领导禀赋，行政官僚能做的只是在体制、制度基本不变情况下的机制改善，是现实利益导向下的修修补补、功能提升下的小改小变。法官不能审判自己的案件。背负权益实现的审批部门在习惯惰性面前很难成为行政审批制度改革的倡导者，具有理性自觉的实践者，这就使得政府在简政放权问题上处于较为矛盾的环境之下。

比如，一方面政府要求行政机关"不该管的不管、管不好的不管"，防止手伸过长，做了吃力不讨好的事，"该市场的给市场、该社会的归社会"，从而厘清各自的职责边界；另一方面地方政府肩负着区域社会经济发展的主导者、推动者和实施者的职责，负有无论是市场还是社会出现问题时的应对和处置的责任，要推动发展就要掌握资源，要保持秩序就得具有权威。

在社会转型过程中，面对固有顽弊和新涌现的各类矛盾，使政府极易产生管制权力弱化后的方法不足和手段缺失感，这固然是政府由无限政府向有限政府转变的成果之一，但"弱政府"状态下会使行政机关处置复杂情况的能力变得更加的柔弱，这又促使政府难以摆脱依赖行政审批解决问题、控制局面的行政思维和行为习惯。

总之，行政审批制度改革如果仍沿用原有的思维方法和实施路径，"隔山打虎"的行政成本越来越大、效果越来越低，很难在审批流程、服务整合、协同机制等方面进一步深化，瓶颈无法突破，转变职能的改革实践成效就难以持续扩大。

改革只有将对审批事项的静态清理与动态实施管理结合起来，更加注重对行政审批的常态化、长效性的管理和改革，从而消除改革者与审批部门在审批信息上的严重不对称性，提高改革者对审批信息的收集能力和辨识能力，掌握足以支持改革推进的真实情况的前提下，才能化解改革工作的困局。

第九章 推进以“放”“管”“服”为核心的行政审批制度改革

行政审批制度改革不仅是我国改革开放的必然要求，还是世界性政府改革浪潮的一个缩影。将我国行政审批制度改革放在这一大背景下进行分析和思考是非常有意义的。行政审批制度改革的范畴非常广泛，内容非常丰富，其要求以“放”“管”“服”为核心，即做到简政放权、规范管理以及优化服务，以公正、公平的姿态体现政府的责任。本章基于这三点来探讨行政审批制度改革。

第一节 以简政放权为核心的行政审批改革

简政放权是实现中央集权制下的计划经济向多元社会结构下的市场经济转变的必然要求，是促进政府职能转变的基本前提，它有赖于行政审批制度改革的推进。简政放权是行政机关对既有权益的自我剥夺，在推进过程中难免会遇到强大的体制性阻力。例如，有的审批部门消极抵触，在取消审批事项上采取了“抓大放小”“避实就虚”“表放里收”“明减暗增”的做法，在下放、转移审批事项方面采取了“放责不放权”“放审批不放许可”的做法。

一、持续强化行政审批事项综合管理

审批事项是政府职能的重要构成，它所体现的政府管制行为决定着政府介入社会经济生活的程度。为突破计划经济的枷锁，增强国有企业对市场的适应能力，20 世纪 80 年代起许多地方实施的以给企业经营松绑、培育企业市场独立地位为初始特征的国

有企业改革，就是从大幅取消审批事项开始的。大批束缚企业经营自主权的审批事项被取消，对促进政府职能转变、市场经济培育发挥了重大作用，对推进行政审批制度改革功不可没。之后，行政强制性地核减审批事项的数量，成为衡量行政审批制度改革工作的显性标志和主要指标，成为地方政府推进此项改革的主要方式。另外，对审批事项数量减少的不实事求是的要求和对行政审批片面化的理解，也会导致行政审批制度改革出现功利化、简单化和表面化倾向，在有的地方甚至成了“数字工程”，不利于改革务实推进。精简审批事项既是行政审批制度改革的核心，也是行政管理体制改革的基础，成了政府改革中最难啃的“硬骨头”之一。

(一)清理行政审批事项

行政审批具有广泛性的特点，除了以法律、法规和规章作为依据的审批事项外，还有审批部门基于核心职能、出于履责需要，基于管理规则而建立的审批事项。对通过职权扩展方式构成的审批许可，需要结合情况进行具体分析，关键看出发点是什么，看它产生的社会效果是什么。这类涉及行政审批相对人的行政审批，有的是为了促进经济发展和帮助企业成长，建立的具有鼓励性、导向性的审批事项；有的是在法律不健全、社会诚信不完善下，出于对公共秩序和公共利益的维护，具有规范社会行为的审批事项；有的是政府部门“以审代查“以批代管”惰性行政下，行政权力“要从此路过、留下买路钱”的职权无序扩张下异化的审批事项；有的是审批部门根据自我需要，对审批职权在内部的重要配置转交给下属事业单位实施的审批事项；有的是审批部门以增加前置条件的方式，强化该前置许可单位的作用，从而带有一定权益合法让渡形态的审批事项等。

最大限度地精简审批事项的基本思路是突出政府职能转变、优化政府职能配置、实现简政放权，核心是按照市场经济的基本要求调整政府与市场、政府与社会、政府与公民的关系，建设有限、有效的服务型政府。但在行政审批制度改革的推进中，也要避免在重视理顺政府与市场关系的同时，对政府与社会、政府与公民关系的理顺关注不够的问题，把最大限度释放改革红利狭隘地当成了激发市场和企业的活力，解决经济下行压力的手段。

从市场角度看，审批事项设定越多，意味着对市场主体设置的“禁区”越多，市场准入的壁垒就越高，开放竞争的障碍也就越大。2013 年开始，新一届中央政府强力推进的行政审批制度改革就是以市场化为标杆，在政府职能转移（取消）、职能下放、职能整合、职能加强四个方面着手，突出五大重点领域审批事项的最大限度精简。

（1）最大限度地减少、下放投资项目审批，减少生产经营活动审批，落实企业和个人投资自主权。

（2）最大限度地减少资质资格许可。

（3）最大限度减少达标评比和相关检查活动。

（4）最大限度取消行政事业性收费和政府性基金项目。

（5）改革工商企业注册登记制度，最大限度放宽企业登记条件。

这体现了中央政府完善市场机制、促进政府职能转变以及应对经济低迷的决心，体现了希望通过行政审批制度改革“以小搏大”的良苦用心。

能否最大限度地精简审批事项，就政府内部而言还取决于政府与审批部门的博弈。审批部门隶属于本级政府，受政府节制，理应听命于政府，保持与政府的一致性，包括审批事项的取消、下放、合并和转移等，然而，这种“上下同心”往往并不存在，或被打了折扣。地方政府基于经济社会发展的压力，希望通过放松管制释放市场活力、激发财富创造动力，有着减少审批事项、转变审批方式、提升服务效能和改善营商环境、增进公众福祉的压力和愿望。审批部门则不然，他们“守土有则”“屁股指挥脑袋”，面对行政审批制度改革，考虑最多的通常还是审批事项的存废可能对自身权益、组织机构、人员编制和经费预算的影响，特别是那些“含金量"高、有可能伤筋动骨的审批事项。政府与审批部门之间在审批事项精简的范畴、力度等方面,各怀心事,难免会在改革中形成博弈关系。

精简审批事项是政府职能转变的前提,依据客观实际,遵循一定的法制程序增加审批事项同样有助于促进政府的职能转变。是否有利于政府职能转变,关键在于行政审批的实施领域和管制程度,合理的行政审批一定是有限和适度的。近年来,各级政府出于维护人身安全、保障公共利益和社会秩序的需要,在环境保护、食品安全、在校学生权益保护等方面新设了一些审批事项,不仅必要而且发挥了很好的作用。

(二)变动审批的事项种类

随着行政审批制度改革的推进,对改革工作的科学性和严谨性就提出了更高要求。然而到目前为止,什么是行政审批依然是一个各方认识差异较大的概念,对审批事项的认定、审批事项的构成也没有形成统一标准。由于缺乏统一规范和切合实际的对审批事项的科学认定、准确界定和合理区分,必然导致审批部门和地方政府对行政审批制度改革的理解差异,在实践中哪些审批事项必须削减、哪些审批事项应予保留很难明晰地加以确定,客观上影响了行政审批制度改革的进一步深入推进。在这种情况下,许多地方政府试图从法理上对行政审批的不同属性进行阐述和分类,并将这种分类方法运用到审批事项的精简上。

不同审批事项种类的划分,为行政审批制度改革打开了运作空间。例如,将行政许可类的审批事项改为非行政许可类的审批事项,或者将非行政许可审批事项改为行政服务类的审批事项,或者直接将审批事项改称为内部管理或工作事项等,通过调整审批事项种类的方式,就能在改革中完成减少审批事项数量的任务要求。这表明,如果我们对行政审批作为一种依申请的批准行为的实践性特征重视不够,对审批事项法律属性的认定就很难摆脱本本主义的教条以及主观性的羁绊、随意性的陷阱。有观点就指出，将行政审批作为行政许可的上位概念，创设“非行政许可审批”的概念等做法，就具有规避《行政许可法》约束之嫌，有悖法治思维。通过“操纵”审批事项种类的调整，达到完成行政审批制度改革任务的做法，使审批事项的精简数量成了“改革者”手中的玩偶，如同老千手中的扑克牌般可以随心所欲，行政审批制度改革走向了忽视本质、脱离实践、玩弄概念、体现政绩的数字游戏。

对审批事项如何做出切实合理的分类，既是行政审批制度改革要解决的问题，也是行政审批的实践活动所需要的。例如，有的地方以办理时限作为审批事项的分类标准，将能够当场办结的称为服务事项，不能当场办结的称为审批事项。还有的将行政审批从审批与办事两个角度进行定义，办事的要求是符合条件就必须办理，一般只做形式性审查即可，审核批准手续较为简单，办事事项涉及的相对人主要是自然人；审批的要求则较为宽泛，审批的方式也不确定，一般要有严格的审查程序和许可条件。将行政审批区分为审批与办事两类，从概念上讲是较模糊的，但从申请人办事的角度似乎又是较为明确和易于把握的。属于行政许可、非行政许可类的审批事项改为服务事项、办事事项后，有的地方就不再将这类审批事项纳入行政审批的范畴，从而实现对审批事项的大幅精简，而这种改变对行政审批的监管工作又提出了新的问题。

(三)改变审批的方式名称

审批事项的权利属性、关联效应和办理规程不同，在审批部门实施“许可审批”的强度上就会产生相应的差异，具体表现为对审批、审核、审查、批准、核准、登记、注册、备案、确认等不同审批方式的运用，这些不同审批方式体现了行政审批在管制需要、管理形态上的差别，这当然是行政审批的客观要求。这种客观要求也会被用于行政审批制度改革中，于是改变审批事项的审批方式名称，对审批事项的审批方式“降格”就成了减少审批事项数量的有效方法之一，如将“审批”转为“核准”、将“登记”改为“备案”，并以此调整作为审批事项减少的数量。不管是“审批”，还是“核准”或“备案”，反映的都是审批办理的过程，以什么样的语言描述和定义这些审批方式，在法律解释上的确有着区分此种差异的必要，但对于审批部门、申请人而言，更本质的是所有的审批事项都是必须由申请人主动报“批”（提交许可申请）、如果得不到批“准”（许可审批）就不具备相应的资格资质、不能够进入相关的领域、不允许从事相应的活动。

从积极的态度理解，这种以调整审批方式名称达到对审批事项减少的改革手法，虽近乎“换汤不换药”，但也可以被视作对业已存在和需要继续保留的审批事项办理方式的简化，作为工作改进当然是应当受到鼓励的。然而需要引起注意的是，这种操作手法运用到以精简审批事项为目标的行政审批制度改革中，很难避免在运动式改革中不断被重复使用，其结果是在帮助一轮又一轮的改革实现“预设目标”的同时，也加剧了审批事项的底数不清、家底不明的窘况。缺乏实事求是态度所取得的改革成绩，则如同肥皂泡上的绚丽光彩。

一般而言，行政审批是政府履行公共管理职能的工作基础。核准、登记、注册、备案等审批方式往往就是行政管理的起点，也是建立有效的行政管理的前提，因此不宜以精简审批事项之名，将只需要进行形式审查的核准、登记、注册、备案等确定具体管理相对人的审批事项“一刀切”地加以取消；这种做法，貌似降低了进入门槛、放宽了准入限制，实际上增大了行政管理成本、加大了实施管理的难度，还不利于建立明晰的社会秩序，不利于市场主体互信机制的建立，对保障交易安全也没有帮助。比如，通过申请人主动申报登记，能使行政机关较为简便地掌握行政相对人的情况，无须“满大街漫无边际地寻找和甄别”管理对象。建立规章制度、实施行政管制，就是以必要规范保障自由，以适度限制保障权益。借助行政审批对申请人的基本信息进行登记，对他们所需要的资格资质做出相应的审查，对他们按照要求的申报情况有所掌握，为行政管理有效开展创造了有利前提、奠定了实施条件。

公共管理是一个有机的管理系统，对实施行政审批、设立审批事项的必要性、充分性和可行性的判断，应放在政府管理的整体范畴内进行分析和审视。总之，政府改革是一个极其复杂的系统变革，行政审批制度改革要在行政规制与社会自治、行政管制与市场自由之间保持动态平衡，在行政成本与社会成本、个体成本与集体成本之间取得相对合理的均衡，政府改革就是要在不断变迁的社会经济发展中持续优化这种系统性均衡。

二、职权调整要上下左右联动

条块分割下行政体制的核心问题，是对行政权、审批许可权的切割与划分后权力边界的合理设置。审批事权是审批部门权力、地位、影响力最为直接和具体的体现，审批许可权直接与审批部门及其审批人员的权益密切相关，掌握了审批事项往往就意味着权力加身，对权力“要说不爱那不是真话”。因此，推进行政审批制度改革绝不能依赖审批部门、审批人员的觉悟来保障实施，那是极其有限和完全不可靠的，即使在改革进程中发挥了很大作用的行政理性和行政节制力，同样我们也可以用经多轮改革后行政审批依然存在的诸多问题来证明依赖行政节制力改革的时代正在过去，运动式改革的边际效益正在迅速降低。与行政审批相伴相生的有形与无形、合理与灰色的各种权益，使审批部门很难主动出让审批许可权，轻易放弃既有的权益，即使是不适当的审批许可权、不恰当的既得利益。

行政审批的事权大与小是相对的，行政审批的事权转交主要是指上级主管部门将本部门行使的审批事权交由下级政府审批部门全部或者部分承办，审批事权的转交内容、转交方式是由审批许可权相对应的行政职权层级决定的，审批事权全部转交的标志是不再保留许可证发放的最终环节，甚至也无须事后备案。审批事项转交的形式主要有两种情况：一是上级主管部门将审批事项交由下级政府审批部门具体实施，主管部门不再直接负责和具体承担审批行为。审批事项交由下级对口部门行使后，主管部门可以视不同情况要么彻底移交此审批事项的权责,要么实行总量、规模和限额管理,将一定许可额度之内的批准权限交由下级政府履行;二是上级主管部门将审批事项的受理、初审交给下级政府审批部门负责,也就是将负责审核材料的职责移交,但仍保留此事项的批准权。上述审批事项的转交形式所反映出来的问题,前一种通常是放小不放大,后一种通常是形放实不放。

审批事项转交中的形放实不放的典型表现就是只下放审批事项的业务受理、材料初审(有的还包括现场勘察),但不转交终审的许可批准权。例如,上级主管部门公布"取消"的审批事项,在"取消"的实质内容上是有区分的,有的是取消了审批事项的直接管理权,有的是放弃了审批事项的终审权,有的是下放了审批事项的受理权。反过来讲,从下级政府审批部门的角度,对于移交的审批事项则需要区分清楚、区别对待,明晰主管部门移交的审批事权,哪些是需要"承担"职责的,哪些是需要"承接"工作的,哪些是可以"放掉"不管的(即所谓对"上级政府下放事项均不再审批")。

移交审批事权应尽量避免上级主管部门放一半留一半、审批许可委托代理的肢解情形,不宜把审批事项的许可权切割开来由上、下两个层级的审批部门分享行使。因此,要加强对移交审批事权的管理,确保其始终是一个有法可依、目的明确的有组织的法治行为,而不是审批部门的"趋利"或者"逐责"的分食行为。实际情况是,下级政府面对主管部门同意转交的含金量不高的审批事项,为了不增加本级政府审批事项的数量,有时会采取凡是上级政府移交的审批事项、本级政府再下放一级的做法,从公共行政管理的角度看这种做法显然是应提倡的;当然,这从另一个侧面也反映出,上级主管部门移交的通常是些"油水"不怎么大的审批事项,因而诱惑力就没有太多。另外还有一种情形,就是垂直管理的审批部门以"移交"审批事项下管一级为由,实际上是通过对审批事项的办理事务的细化,将审批许可的终审权"上收",这也是造成审批事项数量减不下来,甚至申请人感受行政审批还越减越多的原因之一。与转交审批事项、下放审批职能相关的，还应考虑与财政“分灶吃饭”的匹配性，任何审批事权移交的背后都是财权的重新分配，因此要把转交审批事权这盘棋走好，同样需要把它当作一个系统工程加以推进。

第二节　在规范管理为核心的行政审批改革

权力应当受到制约已然成为公理。行政审批是政府权力之基，更需要严格规范管理，促使审批行为体现依法行政的要求，符合公平、公正和对社会正义的维护，以此实现审批权力的正确行使、规范运作、高效实施。以规范权力行使为核心的行政审批制度改革，注重对审批活动的管束，要求对审批许可权的具体内容、受理条件、行使规程以及许可范围等尽可能地明文限定，将健全制度与加强监管相结合，采取各种措施强化对审批行为、办理过程、许可结果的日常监督。规范许可审批不是行政审批制度改革的全部，却是对行政审批最基本的要求。

一、规范管理审批许可的要求

在激烈的区域竞争态势下发展经济，政府必须提升行政效能，营造优良的投资发展环境，特别是改善政府直接提供的行政审批的“软环境”，以企业自主“选择”的方式引导实现资源的重新配置。不规范甚至被滥用的行政审批，如将行政审批转换为“私权”的无度使用，审批许可前的索拿卡要，审批过程中的强制收费，许可批准后的行政处罚，不同程度恶化了企业的生存环境，恰恰成了发展道路上的拦路虎。上述情况的存在，显然是各级政府所不能容忍和接受的，必然要采取各种措施加以解决。

（一）政府驱动的自我改进

行政审批制度脱胎计划经济的管理模式，要适应建立市场经济的要求必然要改革其原有的制度体系、运作方式，并成为政府整体改革的重要构成。过多过滥的行政审批，以及由此产生的过度管制，使原本不可或缺的社会秩序、市场秩序和生活秩序变得机械而缺乏活力、凝固而缺乏生机，从而严重束缚经济社会发展。行政审批制度改革正是基于中国政府对此问题的清醒认识，对问题存在的理性分析，在吸纳和借鉴先行一步的地方政府成功实践基础上，以近乎政治动员的方式，确立明确目标、明确基本原则、制定改革策略、建立组织保障，从而有计划、有要求、有检查地在整个行政体制内得到自上而下地强力推进。

在行政审批制度改革的初始阶段，各级政府以“减少审批事项”为突破口，力图通过大幅度精简审批事项为市场松绑，达到消除制度顽弊、激活僵化体制的效果，让行政相对人得到更多的自由；同时，改革也迫使行政机关转换思想观念、行为方式，达到简政放权、促进政府职能转变的目的，减轻行政管制对社会生活的束缚，整个社会在“以经济建设为中心”的指挥棒下，释放出前所未有的发展动力。

审视行政审批制度改革的历程，不难发现在审批事项数量变化的背后，是行政审批结构功能的调整，是政府规制管理和审批方式与经济社会的发展要求，在彼此密切互动中的理性自觉与客观要求、主动实施或参与推进的持续演变，其中包括审批部门不同程度的消极配合、变相抵触。审批事项在“精简—反弹—再精简—再反弹”的交替往复过程中，除了由国家法律确定的体现政府基本管制职能的行政许可类审批事项基本稳定外，各级政府实施的审批事项总体构成已发生很大的变化。总体来讲，取消的审批事项多是限制市场准入的，保留的审批事项多是构建社会关系的，减少的审批事项多是考核评比等附加行政管理的，增加的审批事项多是主体条件能力确认等涉及公共安全、公众利益的，在此种审批事项增减调优的变化中，政府转变了职能、改善了运作、提升了效能，促进了市场自律和社会自治，扩增了个人自由。

（二）着眼办事的整体创新

通俗地讲，行政审批就是申请人只有找政府才能达成所愿的行政管理方式，审批事项就是申请人向审批部门申报的希望能够给予办理的具体事宜。即使充分自由竞争的市场也不可能是完全开放、没有规制的，行政审批为市场和社会提供了基础秩序，从而降低交易风险、提高市场效率，集中体现为政府对一些特殊行业、特定领域实行的“牌照管理”。行政审批制度改革不是不要行政审批，而是要求行政审批制度必须与经济社会发展紧密结合，结合政府职能转变的需要，在政府整体职能构建中重建行政审批制度。

申请人找政府是要办事的，如何“办成事”才是最重要的，这里所说的“办成事”是指申请人完整地办成与其行为目的有关的所有审批事项，而非其中的某些事项或某些环节。换言之，政府要能够从申请人的角度，构建基于整体管理和一体化运作的行政审批服务机制，建立无缝隙的许可申报。在行政审批中各行其是、协同不足的表现，最终会体现为对行政审批相对人实现应有权益的负面影响，也就是政务服务的低效率和低质量。在政府管理中如果不能建立部门之间的合作与协调机制，就会造成碎片化的运作状态，而碎片化的运作又会强化政府部门的孤立性、封闭化和保守性，进而形成制度文化上的碎片化，从而导致政府在计划、安排、组织、实施、检查、考核等一系列行动中缺乏协同。但是，长期以来多头管制、各自为政、政出多门现象的大量存在，导致行政审批在政府层级之间、审批部门之间的碎片化，既重复审批又互为钳制，缺乏有效的沟通协调和支持配合机制，损害行政审批相对人的切身利益，影响行政审批的公正性和实现价值目标的社会正义。

以申请人为导向，需要政府进一步审视自身的使命，重新寻找自身的价值实现，这就必然促使行政审批的组织形态、运作模式、行为方式等发生相应的变化调整，这种变化调整必然要求从整体政府的角度实施行政审批制度改革。政府组织机构条块分割的行政职能配置，割裂了审批部门之间的有机联系，部门壁垒不利于政府系统效能的提升。例如，某个审批部门对审批许可的简化优化，如果不顾及审批事项的前后置关系、不考虑审批业务的关联性，碎片化的创新就有可能造成合成谬误的频繁出现，而统筹协调不足又可能使大量问题得不到及时解决，在整体审批流程中产生“死循环”。从整体政府出发推进行政审批制度改革，就是要打破体制分割、部门壁垒，实现对所有审批事项的集约管理、集成服务，以及基于流程优化的数据整理、信息共享、结果互认、知识管理，推进行政审批从业务到模式、从职能到组织、从制度到体制的全面变革，重构行政审批的管理体制。

二、实行“一站式”集中审批

政务服务中心开展“一站式”审批许可办证服务，由以前的“找我求着办事”变为“我等着服务你”，使审批方式、审批行为、审批过程到审批结果都被注入了集中服务、集中管理的新基因。政府作风的改进、形象的改善、效率的提高，政务服务中心发挥了降低市场主体进入门槛，加快要素流动速度，增强企业竞争力，提高资源配置效率，优化经济发展环境，促进当地经济快速发展的作用。真知源于实践，创新源于基层。政务服务中心建设具有涉及审批部门多、影响覆盖面广，受社会公众欢迎，以及改革创新的风险小、好控制、易实施的特点，具有为行政管理体制改革探路的绝佳优势。

（一）集中审批的业务办理

政务服务中心将本级政府行政辖区内涉及行政审批、便民服务的事项，集中起来集合办公，为自然人、法人和其他社会组织提供“一站式”审批许可、“一条龙”运作办理、“一窗式”受理发证的政务服务。开展“一站式”审批许可办证服务，是营造和优化区域投资环境、促进区域经济发展的重大举措。实行审批业务集中受理、集约办公是为了方便人民群众，不是为了方便审批部门自身。政务服务中心“窗口式”受理、“柜台式”交件、“一条龙”的行政审批办理方式，与“一条街”“一栋楼”“一站式”的集中审批服务形态，使昔日高高在上的神秘衙门，变成了今日能平等交流的服务机构；往日申请人需要寻门子、找关系、看脸色的政府官员，而今成为坐等接待的工作人员。政务服务中心应运而生后，起到了立竿见影的社会效果，对审批部门的审批许可权及其运作方式带来了不小冲击。

如何解决门难进、人难找、脸难看、话难听、事难办的“五难”顽症，既是政府抓自身建设的重要任务，也是政务服务中心的核心使命。政务服务中心建立之初需要解决的问题主要有三个：一是改善为申请人服务的态度，二是依法规范审批行为，三是提高办事效率。政务服务中心改变了长期以来审批部门遵循自我意愿的组织逻辑，改变了以权力为轴心建立起来的审批秩序、业务关系和行为模式，把过去由审批部门分散、封闭和串行、冰冷的审批许可状态，改造为集中、开放和协同、友善的审批服务形态，它鼓励不同服务窗口之间的沟通配合、业务协作，以服务窗口为基础对审批许可权从实施源头开始进行梳理、规范、优化和整合。

为了保证集中审批的有序高效运作，政务服务中心围绕审批许可中社会公众最关注的受理条件、办理时限、审批依据、许可标准、行政缴费、投诉救济等内容进项梳理，公开相关信息。在审批业务办理方面建立如下的制度规范：一审一核制、告知承诺制、首问责任制、首交办理制、预约办理制、补办确认制、协商办理制、绿色通道制、绩效考核制、责任追究制，以及审批专用章管理、审批事项目录公告、建设项目审批申报办法、多部门审批流程引导图、审批事项的办事指南等。将一般审批事项的办理程序简化为“受理—审核—审批”三个环节，根据审批事项的实施差异，实行了分类办理制：一般事项直接办理制、特殊事项承诺办理制、急特事项特别办理制、关联事项会审联办制、上报事项跟踪办理制等，并相应设置了即办件、承诺件、联办件、补办件、退回件、特急件等审批材料的文件处理制度，全面覆盖政务服务中心审批许可的各项业务。

政务服务中心所要求的审批效率，不仅是单个审批部门或单一审批事项的办事效率的提高，更在于从政府整体要求上，按照审批许可一体化运作的要求，形成基于服务窗口运作、审批部门参与、多个部门协同的行政审批联动机制，从而提升整体审批效能。在进驻单位的支持配合和参与协助下，政务服务中心通过“化暗为明”“化繁为简”“化难为易”“化零为整”“化长为短”的方式创新、流程优化、跨部门协作，既提高了单个审批事项的效率，也提升了政务服务的整体效能，实现了集中对外办公、集合对外服务的“因集中而变”，申报许可更加简便、快捷，实现让申请人真正受益并得到申请人普遍欢迎，使得夹杂其间的批评和质疑能够转换为政务服务中心自我完善的动力。

政务服务做得如何，关系政府核心能力的建设。政务服务中心在推进行政审批集中办理的过程中，必须具备以下五种能力，也就是能够实现集成政务服务的五项基础能力：一是平台汇聚能力，做到审批部门“该进必进”、审批事项“应进必进”，纳入政务服务中心的工作人员、审批事项都能够按照统一规范的要求有序地组织；二是服务管理能力，具体包括场所秩序的维护、办公需要的保障、制度规范的创立、一体化运作的组织、申请人需求的响应、行政文化的建设等方面的完成能力，使审批部门和工作人员在政务服务中心既舒心又自律，使申请人既暖心又自觉；三是业务整合能力，就是从审批部门办理业务和申请人申报许可两个角度，对具有关联性的审批事项按照相关性的要求，从业务关系、法律关系和逻辑关系入手，建立衔接紧密的整体流程业务链条，避免出现业务流转和材料递交的梗阻；四是审批创新能力，就是要能够通过简化受理要求、优化办理环节、改进审批方式，借助沟通配合、业务协同以及数据开放、信息共享、结果互认等，实现审批效率和行政效能的大幅提升；五是网络构建能力，要打造政务服务体系，将线上政务服务中心与实体政务服务中心有机结合，把服务理念植入信息技术体系中，实现标准化、均等化和体系化的无缝隙政务服务。

（二）统一制度的整体管理

对行政审批制度改革的理解认识、路径选择、价值判断的分歧越来越小，共识自然就越来越多。2011 年 6 月 8 日，中央办公厅、国务院办公厅联合印发了《关于深化政务公开加强政务服务的意见》（中办发[2011]22 号）文件，对政务服务及政务服务中心的建设和发展做了较为系统的制度安排，特别是明确了政务服务中心的机构性质和人员编制，有利于解决长期困扰政务服务中心建设和发展的体制障碍。将行政审批纳入政务服务的范畴，无疑给行政审批做了新的定位，赋予了新的价值属性，行政审批制度改革与政府机构改革、行政体制改革的协同联动受到重视。

以块为主的政府层级管理，在注入了自上而下的条条管理因素之后，使地方政府的行政审批必然要接受上级主管部门的具体指导，接受法规、规章和规范性文件的制度预设管束，而这些对政务服务中心都不能形成支撑作用，反而对于实行横向整合的政务服务中心还多了一层制约因素。由于“一站式”的相对集中审批许可是在行政管理体制改革滞后、缺乏机构改革配套的背景下实施的，这就使得政务服务中心的起步难免定位偏低，难以实现整体构建、系统建造。但是，这些影响并没有阻滞到政务服务中心在建设中走向快速地成熟和发展，其原因就在于它是立足于政府层面进行构建，从而使其在组织机制上保持了较大弹性，始终能够从政府整体出发进行改进创新。

制度体系的重要性在于它是组织职能的外显，是组织权力和责任的明确，是实现组织使命的保障，是完成工作的保证。也就是说，不同组织需要建立所需要、相适应的制度体系，这一点对实行多行政机关集约办公、集中审批的政务服务中心尤其重要。如果审批部门只是将各自既有的制度规范直接带入政务服务中心，就不可能适应和满足新的行政环境下对服务提升、规范管理和创新提高的要求，还会因为各个部门制度规则、行政文化和行为习惯的差异，造成横向联系的断档、前后衔接的断层，甚至产生人际冲突,从而导致制度规范的无效,集中审批运作管理的混乱。

政务服务中心代表政府对服务窗口的审批业务进行管理、协调、监督、指导和服务,规范审批许可的行为,维护申请人的权益。为了规范指引实施集中审批的各种行为,政务服务中心应健全行政管理、基础业务、服务提供等的制度体系,搭建统一规范的制度平台,确立集中审批的办理规程、服务规范,构建了审批部门之间的调适机制,建立服务窗口之间的衔接机理。政务服务中心用规章制度管人和理事,用行政文化约束和激励,以制度标准和组织文化所确立的行为规范和价值追求,引导服务窗口的队伍建设、业务建设、作风建设。以制度管人理事,有利于避免政务服务中心与审批部门及其审批人员之间的直接摩擦,建立基于统一规则的信任、配合、支持的行政文化,而后者对"一站式"的集中审批能否走向成熟更为重要。

组织服务也是需要明确职能才能有效推进的。在这方面,沈阳市行政审批服务中心通过统一规范的制度规则,强化对审批部门的约束,力求建立科学高效的运行机制方面,具有一定的典型性。他们重点实施了八项运行机制:规范审批程序的办理机制;各部门的行政审批办公室报告每日工作情况的控制机制;需要联合办理的审批事项实行"三级联席会议"制的协调机制;重大或重点审批建设项目的特办机制;进驻行政审批中心的行政审批办公室既向派出单位负责又向行政审批中心负责的双重责任机制;纪检组及投诉中心对审批过程和审批行为实时监督的监督机制;对进入行政审批中心的工作人员进行日常培训的培训机制。政务服务中心实行统一的整体性管理,管理范围包括场所设施、形象标识、制度规范、秩序维护、行为准则、考核投诉等,几乎涉及除人事任免、行政权力以外的其他所有方面。由服务保障、平台建设到一致化的整体管理,是集中审批的必然要求,也是审批业务一体化运作的客观需要,对于建立起高效有序的协同机制至关重要。

政务服务中心确立公开、规范、廉洁、高效的行政理念,以此为基点建立相应的内部管理的制度规范体系；确立以申请人为导向的服务理念，以此为基点建立相应的对外服务制度规范体系。行政审批中存在的问题，有可能发生在服务窗口，但症结一定是根植于审批部门。在平台策略和整体优先原则下，无论是政务服务中心的内部管理制度规范体系，还是对外服务制度规范体系，进驻政务服务中心的审批部门及其审批人员都必须遵循。同时，政务服务中心鼓励服务窗口在统一制度的基础上，结合各自人员状况、组织形态、窗口业务等完善操作细则，或者制定更高的工作标准。政务服务中心的制度规范要高于各个审批部门自身的制度规则，不仅是相关内容要覆盖到所有审批部门，服务窗口的工作还要优先遵守政务服务中心的制度规范。

政务服务中心坚持整体优先的组织形态，体现了“整体政府”的政务治理模式。这种治理模式，坚持协同政府的理念，以社会公众为中心，注重公共服务供给的公平公正，强调跨政府部门之间职能履行的联合与协作、知识信息的交换与共享，采用交互的、协作的和一体化的管理方式与技术，力求为公众提供无缝隙而非分离的服务，不仅满足公众的一般性需要，而且可以满足不同群体的差异性需要，促使普遍服务的行政审批走向均等化。

三、完善责任监督机制

（一）健全内部责任监督机制

“有权必有责，权责必统一”，享受了权力，就要履行义务，就要负责任。对于行政审批机关及其工作人员来说，作为享有国家法定权力的主体，在运用法定权力办理行政审批事项同时，也应该接受监督，实行权责负责制。具体来说，要规范行政审批权力，明确审批权责，加强内部监督制约。

要深入推进“阳光审批”工程建设，扎实推进政务公开，逐步扩大公开范围。对于涉及审批流程、审批注意事项、审批工作人员的责任、公众享有的权利等内容都要公开透明，提高工作透明度，切实实现审批机构与审批相对人的零距离，从自身信息公开约束审批行为，强化自身监督。要进一步完善审批廉政风险防控机制，强化对行政审批权力行使的监督与管理，建立健全行政审批权力监督体系，推进行政问责的法制化、程序化，实行谁办理、谁负责，领导终身负责制，从体制机制上杜绝行政机构工作人员懒政、怠证、“寻租”违法违纪审批行为的产生，切实做到廉洁自律，打造一个廉洁、高效、优质的为人民办实事的政府。此外，建立完善权力清单动态调整机制，各行政审批机构应根据民众需求、自身职能转变以及国家相关法律政策文件的调整，及时依法依规进行权力职责的调整，并实时向社会公众公开，接受民众监督，切实实现权力公开、依法行使，让违法行为无处可藏。

(二)提升外部监督效力

行政审批服务的有效开展，除了依靠行政审批机构和提供行政审批服务的中介组织自身加强责任考核监督以外，社会组织、媒体和公众的监督则发挥着必不可少的作用。

首先，对于社会组织来说，应利用政府充分放开中介服务市场的机会，鼓励那些有条件的社会组织参与到提供行政审批服务当中，与相关中介组织展开竞争，充分发挥市场机制的淘汰和调节作用，促使那些服务质量好、办事效率高的中介服务组织发展壮大，为行政审批相对人提供质优价廉的行政审批服务，在一定程度上避免中介组织垄断行为的产生。

其次，对于媒体来说，要树立正确的舆论价值观，积极发挥媒体舆论导向作用。对于行政审批机关及其中介组织的良好行政审批行为要积极报道，树立社会正能量；对于行政审批机关及中介组织的违法违规行政审批行为，要敢于曝光、敢于披露，对相关责任机构和人员起到震慑和教育作用。

最后，对于社会公众来说，行政审批改革的最终目的就是为社会公众提供优质高效的服务。因此，作为一名社会公众，要努力提高自身知识能力和素质，清楚明白办理行政审批业务中自己享有的权利义务，树立维权意识，对于行政审批机构和中介组织工作人员怠政、懒政、故意刁蛮、违规违法的行为要及时举报监督，充分维护自己的合法权益，坚决避免违规邪气滋生。在新的时期，更要通过电子监察、视频监控等多种信息化手段，实现对行政审批机构和中介组织全方位、多角度的智能监控。

第三节　以优化服务为核心的行政审批改革

服务行政、能动行政是建设服务型政府的客观要求，它以转变政府职能的方式，追求政府工作社会效果的最大化、社会效益的最佳化。从社会关系的角度讲，服务行政就是要从“政府本位”转变到“社会本位”“公民本位”，从“权力本位”转型为“权利本位”。在服务行政指导下的行政审批制度改革，是地方政府根据政府自身建设和经济社会发展的需要，针对行政审批制度或审批许可行为主动采取的行政措施、行政干预，包括行政审批的事项存废、制度创设、条件更改、程序调整、机制构建、权益保护和结果给付等，以及在审批许可过程中所应用的方法、运用的方式和动员的资源，它在使政府的服务水平、服务能力和服务品质得到普遍提升的同时，使特定申请人、特定申报项目更便捷地获取可预期的许可结果。由此我们可以得出，以提升服务效能、改善服务品质为核心的行政审批既是服务行政、能动行政在行政审批中的实践，也是审批许可权在政务服务中得到改善的效果。

一、大力推进政务服务

“服务型政府”是蕴含了中国特色的一个理念，也是行政改革的最终目标，其理论基础是美国学者登哈特提出的新公共服务的概念。我国目前各级政府行政改革的目标都是改变政府的服务方式。

（一）思想意识上要注重导向化

为从根本上转变广大民众对政府的态度，各个市委、市政府推出“树立良好形象,为民众及社会提供优质服务”的口号,此口号的实施需要行政审批工作者有很强的责任心,要有不怕苦、不怕累的精神,以为人民服务为中心。除了权责约束之外,行政人员更应该拥有积极的态度,无论是个人业务还是企业业务,都需要审批人员有积极的态度,尤其是涉及企业紧急业务的时候,开通“绿色通道”,为企业提高专业的疑惑解答,从管制型向问题导向型转变。要树立公共服务理念。任何行为的产生都有思想作指导,服务型政府的建设离不开公共服务理念的支持与指导。提供高质量的公共服务、满足公共需求,不仅是政府落实职责的重要体现,也是对政府管理能力及水平进行客观评估的关键指标。各级市政府需要以百姓为根本,树立亲民观念,切实围绕民众需求而开展相应工作,并将民众意志作为追求;树立责任意识,将提高服务能力与水平作为基本职责,将民众的满意度作为衡量标准,将对民众负责作为最高使命。

(二)技能知识上要注重专业化

政府的行政审批工作者存在素质低、专业知识缺乏等问题,只有充实与提高工作者的技能知识,才可以打造一支专业的审批队伍,在公众服务方面,可以为人民提供高效的服务。行政审批人员要熟练知晓每个行政审批的过程,既要对自己负责的领域专业化处理,也要有全局统筹的思想。要通过项目定制、分类培养的方式,根据行政审批窗口岗位设置的不同特点,开展差别化、有针对性的培养。一是“走出去”,组织窗口人才赴干部学院开展革命传统教育,践行群众路线,坚定理想信念,并组织他们到国内外著名高校和知名企业进行专题研修、参观考察,拓展思维眼界,提高经营管理水平。二是“请进来”,引进海外专家,对各类审批人才进行专题培训,提高人才通用实践技能、审批操作水平。三是“沉下去”,利用当地师资力量,充分挖掘本土教育资源,对市(区)及镇街相关职能部门审批人员等开展专题培训,推动重心下移,提高人才解决实际问题的能力。

(三)队伍建设上要注重规范化

政府工作效能的高低主要体现在政府工作人员的素养上。作为服务民众的政府工作人员，须树立明确的服务观念、提高技能知识。所以，市政府需采取有力措施或手段来加大行政审批工作人员的培训力度，旨在提高工作人员的整体素质，并且对各市区的行政工作人员数量进行精简与分配，在加强管理的基础上对其审批结构进行优化调整。也就是需要构建与择优招收相匹配的选拔制度、建立与社会需求相符的培训体系及灵活的流动制度，同时还要建立与贡献相匹配的奖惩机制，使审批团队呈现出显著的制度化、法制化。当前，政府在推进行政审批制度队伍建设的过程中，可以引入第三方评估机制，对进驻审批服务大厅的各级窗口人员的工作技能和本领进行评估，以百分制对其进行考核，并结合人员的调整及时拿出队伍建设的工作建设方案。服务型政府是责任政府，要求政府必须回应公众的基本合法要求并且采取积极的措施加以满足。这不仅仅是政府的权利，也是政府的责任。在行政审批改革过程中，需加大对专职行政审批制度的改革，在赋予行政审批权的同时，也规定他们相应的责任，实现权责统一，在年度考评、窗口及个人评优时，要将考评结果与入驻单位的绩效评估和个人考核绩效奖金相挂钩。此外，行政审批人员不可滥用职权，纪委监察部门要监督违法行为，对于违纪、违法的行为，必须承担相应的法律责任。

二、牢记树立为人民服务意识

按照西方公共选择理论的观点，政府是“坏的”，但是没有政府作为公共权力存在下的情形会“更坏”；政府是不得已的选择，因而是不可信的，对政府的最终选择权应该保留给权力的出让者。公共选择理论主要是建立在功利主义的逻辑基础上的，认为政府存在的目的只是为人们进行成本和利益的竞争制定规则，即从最小限度的政府接受度出发，计算个人成本和利益的分配。在功利主义者看来，利他主义虽然很好，但在现实中是找不到的。使政府权力回归民本位，需要政府工作部门工作人员转变价值观念、改变工作方式、丰富服务手段，从根本上讲更依赖于行政体制的改革，重构行政体制的评判体系和运作机制。衡量服务型政府的一个最显著标准，就是看这个政府的施政行为能否最大限度地遏制自身的功利性、逐利性，是否千方百计地通过普惠性的改善行为、改进结果来“讨好”最广大的人民群众。

(一)将申请人置于中心位置

在治理体系中要将公民置于中心位置。一个追求善治目标的政府，应该是一个民主的、法治的、负责任和具有服务意识、服务能力的政府，是将社会公众置于施政首要地位的政府。为行政相对人通过提供充足优质的政务服务，是政府自我证明存在的合法性与价值的需要。政务服务下的行政审批就是要颠覆管制型政府的权力逻辑，即将行政审批相对人的需要、感受和认可放置在审批许可的重要位置，确立以申请人为导向的审批运作、许可机制、服务模式，体现对行政相对人的真正尊重。

从理论上讲共和制的政府是属于人民的，政府是什么样，应该由人民群众说了算。这种政治层面的政府定位契合了政务服务的理念和要求，当然应该体现在行政管理、公共服务中，也应该体现在行政审批中。申请人对行政审批的咨询权、知情权、获得权、监督权、申诉权等得到充分保障，依法取得许可审批，既是政府向社会和公民提供的高效、便捷、规范的审批服务，也是每一位申请人不可剥夺的权利；只要申请人的诉求合理，只要没有其他因素阻碍，政府就不能加以拒绝，或者不对自身的运作机制和办理方式做出相应的调整。行政审批是受益性行为，在具备合法性、合理性要求的审批事项数量确定的情况下，审批许可的发生量无论是对申请人自身还是对社会而言都是有益的。因此，除严格限制类生产领域、淘汰行业或可能对其他相关方形成权益损失的审批事项外，政府对申请人的许可申请是持欢迎态度的，它所体现的是一个地方经济社会的活跃度、与外部交往的开放性，以及该区域的吸引力和竞争力。

在政务服务的理念下，必然对行政审批的制度设计、行为方式和结果导向提出以人为本的要求，这是对传统行政体制中以权为本的颠覆。这种颠覆体现在行为结果上，就是在法治的准则下，以满足对外服务的需求导向代替对内的权力盲目遵从导向。“发展的目的是为了人，发展的目标是为了服务人民。”要以政务服务的视角重新构建行政审批的制度模式和办理方式，始终围绕维护公民基本权利、促进人的全面发展推进行政审批制度改革。

(二)放权社会在于还权于民

经济的发展、技术的进步、人类生存方式的改变，以及事态人心都决定了促进社会自治是大势所趋。实现社会自治的前提，是政府与社会的重新定位、权力格局的重新配置，是行政审批制度改革的分权调整：一方面设立审批事项必须以实现社会发展、社会进步和服务社会为目的，应该是有利于促进社会自治、公民权力保障，否则应当予以取消；另一方面应确立社会自治优先的原则，在放宽管制中大力培育各类社会组织，要使社会能够在法治的基础上健全起来、壮大起来。在保证公益的前提下，凡是可以由社会自行解决的问题就不再实施审批管控，凡是由社会组织承担比政府承办更具有效率的就尽可能地少介入，由社会自我管理。

政府与社会共同构建的二元社会基础，决定了处于社会转型中的政府或者社会，在完成相互转变中将是一个非常痛苦且具有一定风险的过程。实现社会自治不是没有政治性的前提，更不是搞无政府主义的“民治”。社会自治呼唤的是建立起法制完备、行为规范、权力有限、服务健全的行政审批和政务服务的制度体系，不是要做“弱化”政府，而是要政府在职能有限中实现强而有力，在与社会合作的善治中实现管理有效。行政审批的制度设计要与社会发展、法治化程度相适应，审批事项的设立、审查范围的设定等要体现最少化原则，即社会需要、市场必需、公民有益和管理方式的不具有替代性，体现对行政相对人最大限度的信任尊重，以政府法治提升社会法治，促进社会文明进步。由行政审批到政务服务，其外溢效应本身就是社会自治的有机构成，它所体现的申请人主体的理念，在促进政府与社会的良性沟通和互动中有利于重新构建基于公民自觉的社会秩序。

没有一个机制健全、自我运行、良性规范的社会大系统，就不可能出现期望中的“小政府”。政务服务的责任之一就是要体现对社会大系统的培育，为此行政审批制度改革要以“不为”行“有为”之举，在政府自我改革中实现对社会的保卫，必须服务和服从于社会公共利益，以社会公共利益的真正实现为自身的归宿，即应把社会公共利益的实现作为改革的核心目标。只有在民主法治、市场经济的背景下放松规制，推进行政审批制度改革，循序渐进地还权于民、放权于社会，才有可能培育起自治的社会、自净的市场和自律的申请人、自觉的公民。

(三)铸造公平的许可审批

“塔西佗陷阱”警示我们，当政府失去公信力时，无论说真话还是假话，做好事还是坏事，都会被认为是说假话、做坏事，这是万劫不复的“深渊”。对经济增长和区域发展的渴望，使审批效率相对于许可公平总是会处于优先地位，但缺失公平的审批效率是不完整的，何况审批效率本身就是公平行政的有机组成。公平、公正是行政审批的精髓，行政审批不能保证公平、公正，政府的公信力就会受到质疑，市场自由就无从谈起，市场经济就会受到扭曲，并会导致社会秩序的混乱。行政审批的要求公开、审批公平、许可公正，是政府建立公信力的根基，必须让公平成为行政审批的天平。公正的行政审批才是区域协调发展、社会和谐稳定、公众安居乐业的长期保障。

公平的审批许可应该是“认事不认人”，公正的审批许可应该是“认理不认权”，它所秉持的是市场自由、社会自治和依法审批的取向。平衡效率、经济和公平的要求是公务员的职责所在。然而，如果公务员只理解经济和效率的复杂性，而对公平和平等缺乏详细的理解，这种平衡就不可能实现。体现服务型政府基本要求的行政审批制度，至少应当坚持市场自由、社会自治、服务行政、依法审批和公共利益的五个维度，其改革应体现整体构建、系统推进和促进政府职能转变的要求，按照政务服务的要求发挥改善政府的内部治理功能的作用，使之成为具有完整性特征的政府改革。在这个过程中，能否体现和践行公平、公正的原则是衡量改革价值最为重要的尺度，它事关改革的合法性，事关改革能否凝聚人心、凝聚共识，事关政府的公信力。

“无论是在哲学上，还是在实际事务中，人们都非常关注公正、正义和公平。如果对此三者缺乏某种程度共同认可的制度安排，道德共同体的存在是不可能的。”政府的最基本职能就在于提供并维护基于法治的社会秩序，即能够提供公平的、透明的、稳定的、公正的、廉洁的、有效率、可预期和以人为本的行政审批规则体系，切实维护最广大人民群众的根本利益，其中政府自身守法是行政审批的法治秩序确立的前提。行政审批作为一种法律活动，必然要依法依规开展，只有依法审批才能保障审批许可的公平、公正性。为了保障公平、公正的审批许可，还应建立健全政务服务的救济机制，在行政审批制度改革和审批许可过程中引入司法审查和司法救济机制。

三、持续推进行政审批服务标准化建设

俗话说，无规矩不成方圆，标准、规则的建立是一个组织建立运行的前提。对于提升行政审批效能来说，建立行政审批服务标准至关重要。审批行为作为一种不间断、持续办理的行政行为，有必要建立一套严格、科学的标准体系。通过行政审批标准化体系的建立，为规范行使审批权力、实现审批环节的互联互通、提升审批效能提供制度保障。因此，应继续稳步推进行政审批服务标准化体系建设，约束行政审批人员自由裁量权的使用，对行政审批工作中存在模糊不清的条件要加以明确、量化，以此来规范行

政审批权力行使，避免权力滥用，产生腐败为，破坏市场秩序。具体来说，可以从如下几点着手。

（一）规范行政审批行为

我国政府应加快推进行政审批服务标准化体系的建立，以标准规则规范自由裁量权，避免行政审批人员工作的随意性，确保行政审批服务稳定、规范进行。为此，一方面，行政审批机构对内要建立行政审批业务书册，将审批业务的时间、流程、程序、责任追究等事项一一以明确的条例加以明确说明，确立审批事项的各种标准，切实保障审批工作人员按照指定的标准依法公开开展审批工作，确保自由裁量权的规范行使，实现阳光、规范审批。另一方面，行政审批机构应对外全面编制行政审批事项办事指南，为行政审批相对人办理审批业务提供指导。在行政审批事项办事指南中，行政审批机构应将办理时间、办理所需材料、办理程序和流程、办理回复期限以及工作人员失职办理行政审批事项责任追究办法等内容明确说明，切实保障公众权利，方便公众办理行政审批事项。

（二）严格把关行政审批服务质量

行政审批标准化是一个制定—执行—评价—完善—再执行的螺旋上升的过程，也是不断优化行政审批服务效能，提升群众审批满意度的过程。我国政府应通过行政审批标准化体系的建立，严格把关行政审批服务质量。一方面，对于单一行政审批事项的办理，通过建立标准规则，明确办理事项权力所有者的职责和办理要求，相关工作人员要严格遵守相关办理标准，按照办理程序，公开、细致办理，确保行政审批服务的高质量。另一方面，对于并联审批事项的办理，通过建立标准规则，整合相关部门的审批权，明确各审批部门的职责，实施谁办理、谁负责的原则，确保并联审批事项处理流程各个环节高质量衔接。

四、搭建行政审批网络一体化系统

建立网上审批平台系统，要实现高效快捷的并联审批就必须升级改造平台系统，建议市政府信息中心逐步实现市和市（区）两级行权网联网运行，联系条线部门打破条块分割和信息壁垒，实现两级行权网、行权网与部门专网之间互联互通、信息共享和数据实时推送，将政府行政审批权限晒在“阳光下”，还要基于网络平台构建审批服务大厅，实现实体与网络的同步审批，使广大民众轻松办理审批事项。

网上行政审批最显著的特征是：公众参与度高、公开化强，可防止行政审批出现非法行为，从而避免部分公职人员利用手中的审批权限以权谋私，或者办事推诿扯皮，不讲效率。具体来说，可以从如下几点着手。

（一）培养相关人才

搭建行政审批网络一体化系统，不仅需要专业的行政审批人员，还需要更多的计算机方面的人才。同时，现在对于审批实行一体化办公，交叉学科的人才尤其缺乏。例如，政府机关组织、人社部门可每年到相关高等院校集中招聘或定向招录这方面的人才，同时，可以选派相关人员到企业一线、园区一线、基层一线了解企业的所想所求，挖掘影响实体经济发展的关键因素。人才是改革的动力，人才的素质决定了改革的高度，因此市政府都需要重视人才的培养，坚持将人才引进工作作为党委、政府的“第一工程”。要利用好当前实行“人才券”政策，并放大其效应，着力引进国家“千人计划”高端人才，同时积极引导人才创业，从家属就业，子女上学等福利方面予以保障，还要积极打造城市“软环境”，以创成全国文明城市为契机，深化创建成果，利用好“道德讲堂”等载体，全面提升市民素养，为外来人才充分感受到活力之城、魅力之城、创业之城的精彩所在。

第一，“牵头不包办＋抓总不包揽”的组织管理模式才能管出心齐气顺、携手共进的好局面。人才培养点多线长、需求各异，依托“整体统筹、分类实施”的组织模式，针对行政审批事项人才的特点和需求，量身定制培养路径，一方面可以突出人才办的统筹功能，避免“单个部门抓不好、多个部门抓得乱”的情况；另一方面能够真正激发职能部门履职尽责，形成品牌引领、差别建设、系统推进的人才工作新格局。

第二，“针对性培训＋示范性资助”的双轨制培养模式才能培养出素质全面、能力出众的优秀人才。人才成长程序复杂、涉及面广、要求较高，从理论和实践两个方面双管齐下、双向发力，为人才成长提供复合式培养路径和叠加式培养体验，织密人才培养的“功能网”，才能使培养更加科学合理，使人才素质提升更加均衡全面。

第三，“多层级监管＋动态式督查”的管理监督模式才能提高资金使用效率，增强培养实效。坚持“抓部署、抓关键、抓督查”的思路，明确资助对象本人、资助对象所在单位、市（区）人才办或市主管部门的职责，对项目实施进程进行全程跟踪把控，强化动态督查考核，有助于各层级各部门履行主体职责，落实培养举措，提高资金使用效率，确保培养成效。

（二）建立网络审批流程

行政审批网络一体化系统最重要的就是完备的网络审批流程了，如图 9-1 所示。

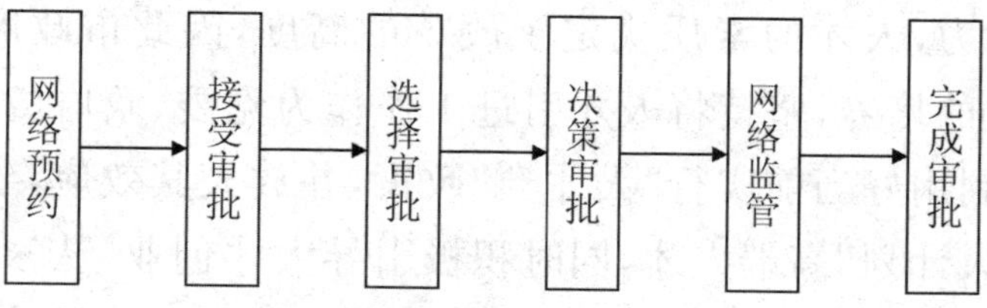

图 9-1　行政审批网络流程图

（资料来源：居裕强，2017）

（三）研发网络行政审批系统

网络行政审批系统是以人为本的服务型政府的要求，但是网络的自由性是一把双刃剑，在扩大公众参与度的同时，隐含了网络造成的不可控性，网络安全问题不可避免，因此政府实行网络行政审批一体化，还要攻克的难题就是网络安全性。例如，可以建构如图 9-2 的网络终端。

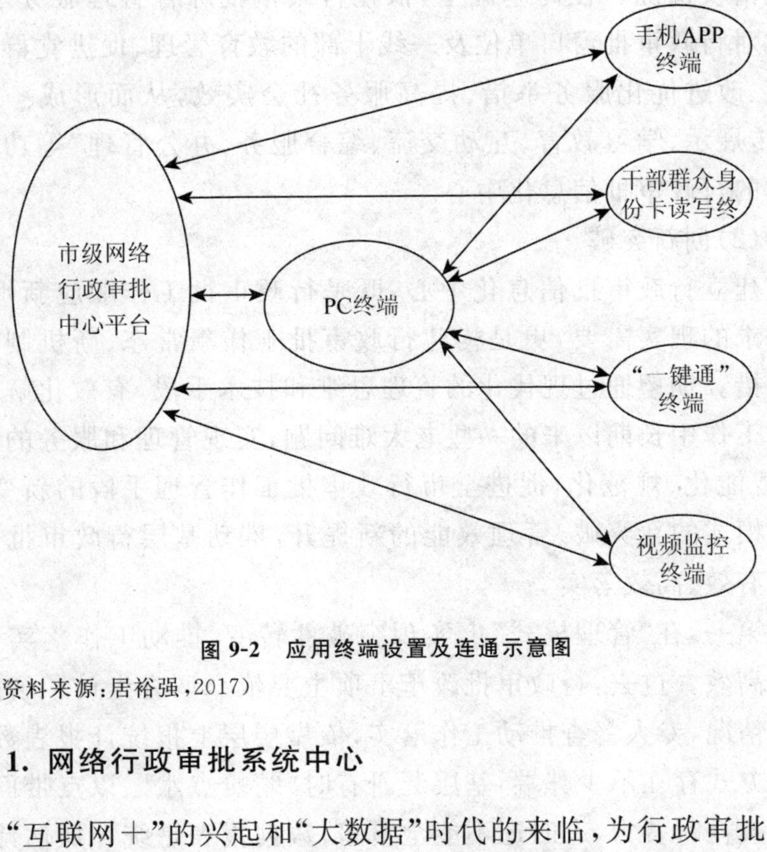

图 9-2　应用终端设置及连通示意图

（资料来源：居裕强，2017）

1. 网络行政审批系统中心

"互联网＋"的兴起和"大数据"时代的来临，为行政审批工作的改革创新带来了前所未有的机遇。将现代网络多媒体技术应用于新时期行政审批工作，建立高效、准确、及时的信息资源和现代化的管理手段，将成为一种潮流，也必将加快审批工作的创新发展。基于以上理念，建议建设行政审批信息化中心，实现全市行政审批工作的转型升级。

(1)总体目标

根据政务服务工作的实际需要，以互联网和大数据技术为支撑，通过设立大数据中心，建立横向覆盖市、县（市、区）、镇（街道)、村(社区)纵向覆盖每个基层党组织和群众的互联网络,搭建集成化的行政审批综合管理服务平台,结合党员干部日常管理、中心工作推进,实现行政审批管理数据的实时动态采集和科学分析研判,准确掌握基层行政审批动态、基层服务需求和工作推进、责任落实情况。在此基础上,依托行政审批综合管理服务平台,强化对行政审批窗口单位及一线干部的教育管理、促进党群干群交流、改进优化服务举措、提高服务社会实效,从而形成一个集"宣传展示、学习教育、互动交流、综合服务、办公管理"等功能为一体的行政审批信息化中心。

(2)创新突破

建立行政审批信息化中心,既是行政审批工作顺应新形势、新要求的现实需要,更是构建行政审批工作新常态、新机制的创新举措。期望通过现代化的管理思维和技术手段,有效化解行政审批工作中长期以来的一些老大难问题,实现管理和服务的精准化、智能化、规范化,促进全市行政审批工作管理手段的新变革、管理模式的新突破、管理效能的新提升,推动基层行政审批责任制的有效、高效落实。

第一,在"管理模式"上实现突破性转变,推动工作落实更加快捷高效。过去,行政审批改革事项主要依靠调查走访了解基层一线情况,专人督查推动工作落实,依靠层层上报统计报表数据,传统方式存在不少弊端:基层调研有时"蜻蜓点水"、以点带面;专人督查耗时费力,有时还不能全覆盖;数据报表是统计加估计,统计上来的数据不够准、不够全。建立行政审批信息化中心之后,要能实现变点上调研为全面掌握,变专人督查为中心监测,变人工统计为自动生成,既能动态监督工作开展情况,又能科学评估制度落实情况;既能做到全面覆盖,又能做到迅速准确。通过这种管理变革,有效推动基层行政审批工作开展。以服务泰州市"项目大突破"有关情况为例,如果要对全市近600个亿元以上项目行政审批事项的流程进行"回头看",寻找改进效率的方式方法,工作面广量大,再加上活动时间不统一,在较短的时间内检查要全面覆盖难度较大。可以通过行政审批信息化中心，实时监测哪些项目正在加快落实，哪些项目由于审批事项不到位等因素，项目建设没有实质进展，相关情况都将通过终端设备实时传输到行政审批信息化中心数据中心，并立刻统计生成项目审批事项及时办理的统计图、数据表。同时，每个亿元重点项目都安装有摄像头，在行政审批信息化中心的监测设备上可以清晰地看到每个项目建设的情况。行政审批信息化中心的工作人员只需坐在监测设备前，便可以立即掌握数据，进行动态监测，建立信息档案，定期通报情况，并及时将发现的问题进行系统梳理分析，交办相关市区或机关部门，督促其加以改进。

第二，在“分析研判”上实现突破性转变，提供决策参考更加科学智能。以行政审批数据库为基础，运用数据技术进行科学分析，进行精准的数据分析，弥补依靠经验、习惯进行研判决策的不足，提高研判方式的科学性、结论的准确性、前瞻性。例如，运用大数据技术分析市本级及县（市、区）行政审批事项，以便捷管理的初衷，加快审批制度改革。行政审批信息化中心建成后，可以为领导决策提供以下几个方面的支持。一是猎头服务支持。涉及服务人员任用，可以按专业、年龄、学历、任职年限等条件筛选人员名单，供领导参考。例如，组织上需要挑选某种特长的干部进驻企业或重点城建一线提供审批服务，通过扫描行政审批大数据可以立即搜索出全市范围内所有符合要求的人员，并提供所有人员的详细资料。二是分析预测支持。定期对各级政府行政审批事项进行分析，尤其是一个项目或一个证件、执照的办理，需要多个部门联合审批的，找出特征规律，分析存在问题，预测苗头性、潜在性问题，形成综合分析报告，提出建议方案。三是舆情监管支持。通过搜集梳理网上互动平台的群众留言，以及某一时间段内各网络论坛群众最关注或最不满意的问题，判断未来一个时期内审批事项的状况以及矛盾焦点。

第三，在“服务基层”上实现突破性转变，新型服务举措更加灵活管用。借助现代网络技术，将行政审批工作有机融合到管理对象的学习、工作和生活中，通过开发可在手机、平板电脑等移动设备使用的APP软件，上传精品微课件，供党员干部及企业家、基层群众人才随时随地掌握机关各单位行政审批目录及权力清单。APP软件还包含意见诉求模块，党员、干部、群众可以就某个问题，通过APP软件提出自己的意见建议，或结合自己的实际情况提出合理的服务诉求等。行政审批信息化中心的工作人员定期对各类意见建议和服务诉求进行梳理汇总，及时做出反应。同时，考虑到年龄较大的群众可能不擅长使用移动通信设备，在基层支部安装"党员一键通"，党员只需轻轻点击功能按钮，便可迅速与行政审批信息化中心取得联系，反映服务诉求。行政审批信息化中心的工作人员将及时做好记录，帮助协调解决。

(3)运行模式

以及时化的数据采集、数据共享、数据处理为核心，在市政务服务办建立现代网络办公信息系统，同时开设部分直接面向基层群众等服务对象的办公窗口，实现其综合管理服务功能。

(1)数据采集。以有行政审批事项需求的干部、群众身份卡采集、手机APP终端采集、各机关部门办公平台录入为手段，多途径、全天候、自动化采集行政审批工作的各种信息，发送至行政审批大数据中心，汇聚生成互相关联、应有尽有的海量数据存储。

(2)数据共享。建立行政审批大数据中心，利用互联网技术，依托管理功能模块，实时收集并分类存储终端采集数据到服务器，提供数据共享。

(3)数据处理。根据工作需要，设计部门行政权力信息公开、部门办事指南、共性问题解答等功能模块，充分应用行政审批大数据，实现行政审批信息化中心的各大功能。

(4)窗口服务。开设专门办公窗口，利用电子化办公的优势，进行高效、便捷的窗口一站式服务。同时，在信息中心内部安排部分空间设立行政审批展厅，作为向社会各界展示全市行政审批工作的对外宣传窗口。

2. 网络行政审批系统应用终端

为实现行政审批信息平台的区域网络全覆盖、根据工作需要并结合基层实际，运用现有技术手段，设置基层应用终端，满足采集信息、网上办公、服务基层等各种需要。

(1)PC终端

以有线或无线方式，通过互联网接入市级行政审批信息平台。每个PC终端由市行政审批信息中心根据工作需要进行分类授权，并实行实名验证许可登录。设置PC终端的各相关单位明确专人进行登录使用和信息维护，按要求完成各项工作任务。干部群众等以个人身份登录PC终端的，进行严格登记授权，有限访问功能模块，查阅与本人相关的单位和个人信息。

(2)手机APP终端

以GPRS或WIFI方式接入市级行政审批信息平台。手机APP公众平台由市行政审批信息中心负责维护。手机APP终端程序可自由下载安装，但必须以本人手机号或身份卡号向信息中心平台注册登记，经验证许可后方可登录并发送信息。通过手机APP发送的信息，在所属市区的网络平台均可进行实时记录监控和管理。干部群众通过手机APP向信息中心发送有效信息的，由系统自动按类按次积分，并根据积分情况，以赠送手机流量或话费等方式给予适当奖励。

(3)“一键通”终端

以有线方式接入行政审批信息平台，呼叫诉求实行平台、级终端，终端具体经办人手机短信同步提示，由各单位电脑终端工作人员进行受理，并视情进行反馈督办，信息中心予以跟踪督查。

(4)身份卡写读器

以有线或无线方式接入市级行政审批信息平台，读卡器以基层党组织为单位设置安装，并与信息平台连接，由终端管理员管理维护，进行实时刷卡和向系统平台传送读卡信息。

(5)摄像头

以有线或无线方式接入市级行政审批信息平台,各级机关及有关服务单位设置安装,由县(市、区)安排专人管理维护。视频图像信号可在市级平台和服务对象所在单位电脑终端同步实时查看和录存。

参考文献

[1][澳]休斯.公共管理导论[M].北京:中国人民大学出版社,2007.

[2][德]奥托·迈耶著,刘飞译.德国行政法[M].北京:商务印书馆,2002.

[3][德]汉斯·沃尔夫、奥托·巴霍夫、罗尔夫·施托贝尔著,高家伟译.行政法(第一册)[M].北京:商务印书馆,2002.

[4][法]罗伯斯庇尔著,赵涵奥译.革命法制和审判[M].北京:商务印书馆,2012.

[5][法]孟德斯鸠(Montesquieu).论法的精神[M].北京:商务印书馆,2009.

[6][美]古德诺(Goodnow).政治与行政[M].上海:复旦大学出版社,2011.

[7][美]乔治·霍兰·萨拜因著,刘山等译.政治学说史(下册)[M].北京:商务印书馆,1986.

[8][苏]列宁.列宁选集[M].北京:人民出版社,2012.

[9][英]亚当·斯密著,郭大力、王亚南译.国民财富的性质和原因的研究(下卷)[M].北京:商务印书馆,1981.

[10][英]约翰·梅纳德·凯恩斯著,徐毓枫译.就业、利息和货币通论[M].北京:生活·读书·新知三联书店,1957.

[11][英]约翰·密尔著,汪瑄译.代议制政府[M].北京:商务印书馆,1982.

[12]《全面推进依法治国热点解读》编写组.全面推进依法治国热点解读[M].北京:新华出版社,2014.

[13]阿里研究院.互联网+[M].北京:机械工业出版社,2015.

[14]艾琳,王刚.行政审批制度改革探究[M].北京:人民出版社,2015.

[15]艾琳.行政审批制度改革探究[M].北京:人民出版社,2015.

[16]薄贵利等.建设服务型政府的战略与路径[M].北京:人民出版社,2014.

[17]查庆九.现代行政法理念[M].北京:法律出版社,2012.

[18]陈德权.电子政务[M].北京:清华大学出版社,2016.

[19]陈光中.法治思维与法治理念[M].北京:清华大学出版社,2016.

[20]陈洪波.法治政府建设的理论与实务[M].武汉:湖北人民出版社,2010.

[21]陈云坤.电子政务与信息技术[M].北京:中国人事出版社,2013.

[22]登哈特.新公共服务[M].北京:中国人民大学出版社,2016.

[23]窦效民.中国共产党反腐倡廉历程[M].郑州:郑州大学出版社,2006.

[24]高小平.服务型政府导论[M].北京:人民出版社,2009.

[25]顾海良.西方市场经济模式[M].北京:人民出版社,1994.

[26]洪毅.中国电子政务发展报告[M].北京:社会科学文献出版社,2014.

[27]姜士林等.世界宪法全书[M].青岛:青岛出版社,1997.

[28]联共(布)中央特设委员会编.联共(布)党史简明教程[M].北京:人民出版社,1975.

[29]列宁.列宁选集(第三卷)[M].北京:人民出版社,1995.

[30]刘华.经济转型中的政府职能转变[M].北京:社会科学文献出版社,2011.

[31]刘熙瑞,马德普.中国政府职能论:基于现代化与社会主义国家治理的战略思考[M].北京:学习出版社,2017.

[32]龙海波.行政审批改革红利与绩效评价:2013—2015[M].北京:中国发展出版社,2016.

[33]罗贤春. 电子政务信息资源共享与社会化服务研究[M]. 北京:人民出版社,2012.

[34]骆孟炎,周隆基. 行政法治视域下的政府职能转变研究[M]. 北京:知识产权出版社,2017.

[35]欧桂英. 行政审批制度改革若干问题解说[M]. 北京:中共中央党校出版社,2003.

[36]潘秀珍. 转型期中国行政审批制度改革的利益——制度分析[M]. 桂林:广西师范大学出版社,2010.

[37]任建明. 腐败与反腐败[M]. 北京:清华大学出版社,2009.

[38]石茂生. 法治评论[M]. 郑州:郑州大学出版社,2009.

[39]孙宝文. 面向公共服务的电子政务管理体系研究[M]. 北京:经济科学出版社,2012.

[40]汤志伟. 电子政务原理与方法[M]. 北京:国防工业出版社,2015.

[41]唐鹏. 互联网+政务[M]. 北京:电子工业出版社,2016.

[42]王进敏. 廉洁高效政府研究[M]. 北京:中国方正出版社,2006.

[43]王克照. 智慧政府之路[M]. 北京:清华大学出版社,2014.

[44]王浦劬. 国家治理现代化[M]. 北京:人民出版社,2016.

[45]王义主编. 西方新公共管理概论[M]. 青岛:中国海洋大学出版社,2006.

[46]王益民. 电子政务规划与设计[M]. 北京:国家行政学院出版社,2013.

[47]魏礼群. 建设服务型政府:中国行政体制改革40年[M]. 广州:广东经济出版社,2017.

[48]魏礼群. 中国行政体制改革报告[M]. 北京:社会科学文献出版社,2017.

[49]吴爱明. 服务型政府职能体系[M]. 北京:人民出版社,2009.

[50]习近平. 习近平谈治国理政[M]. 北京:外文出版社,2014.

[51]徐继华.智慧政府[M].北京:中信出版社,2014.

[52]徐双敏.行政管理学[M].北京:科学出版社,2008.

[53]许育典.宪法[M].台北:元照出版公司,2006.

[54]杨登峰.当代中国的法治政府建设[M].北京:法律出版社,2017.

[55]应松年.行政法学新论[M].北京:中国方正出版社,1999.

[56]于施洋.电子政务绩效管理[M].北京:社会科学文献出版社,2011.

[57]张成福.公共管理学[M].北京:中国人民大学出版社,2007.

[58]张锐昕.电子政府与电子政务(2版)[M].北京:中国人民大学出版社,2016.

[59]张万宽.政府流程再造[M].北京:清华大学出版社,2013.

[60]张文显.法哲学通论[M].沈阳:辽宁人民出版社,2009.

[61]张文显.全面依法治国[M].北京:党建读物出版社,2016.

[62]张渝田.建设法制政府机制研究[M].北京:法律出版社,2011.

[63]中共中央关于全面推进依法治国若干重大问题的决定[M].北京:人民出版社,2014.

[64]中共中央马克思恩格斯列宁斯大林著作编译局.马克思恩格斯选集[M].北京:人民出版社,2012.

[65]中共中央文献研究室.十七大以来重要文献选编[M].北京:中央文献出版社,2009.

[66]周卫东.廉政理论研究[M].北京:中央编译出版社,2005.

[67]居裕强.地方政府行政审批制度改革研究——以江苏省泰州市为例[D].南京:南京理工大学,2017.

[68]梁婷婷.当代中国廉洁政府建设问题研究[D].扬州:扬州大学,2016.

[69]汤睿君.中国行政审批制度改革探析[D].南京:南京航空航天大学,2014.

[70]张雯雯.当前我国行政审批制度改革研究[D].青岛:中国海洋大学,2009.

[71]张孟君.新形势下廉洁政府建设的理论探索[D].太原:山西师范大学,2015.

[72]人民日报.法治政府建设实施纲要(2015－2020 年)(第3 版)[N].2015－12－28.

[73]曹闻民.行政改革 30 年:中国政府发展之路[J].甘肃行政学院学报,2008,(6).

[74]陈宝生.中国行政管理体制改革[J].当地世界,2015,(11).

[75]邓毅.德国法律保留原则论析[J].行政法学研究,2006,(1).

[76]杜宝贵.中国行政审批制度改革的特点与推进思路[J].行政管理体制改革,2014,(3).

[77]刘刚.德国"法治国"的历史由来[J].交大法学,2014,(4).

[78]谭琪,李嘉娜.论转变我国政府职能的法治途径[J].云南行政学院学报,2006,(5).

[79]王浦劬.论转变政府职能的若干理论问题[J].国家行政学院学报,2015,(1).

[80]王天维.经济新常态下加快政府职能转变的必要性与路径探析[J].中共珠海市委党校、珠海市行政学院学报,2015,(4).

[81]吴江.我国政府机构改革的历史经验[J].中国行政管理,2005,(3).

[82]杨培新.中央政府必须带头精简[J].生产力之声,1993,(3).

[83]周志忍,徐艳晴.基于变革管理视角对三十年来机构改革的审视[J].中国社会科学,2014,(7).